Edda

Finnur Jónsson

SNORRI STURLUSON

EDDA

UDGIVEN AF

FINNUR JÓNSSON

MED BIDRAG AF PROFESSORERNES FRITRYKSKONTO.

KØBENHAVN
FORLAGT AF UNIVERSITETSBOGHANDLER G. E. C. GAD
TRYKT HOS NIELSEN & LYDICHE
1900

Min gamle lærer og ven

prof. dr. M. C. GERTZ

er denne udgave

i hengivenhed tilegnet.

FORTALE.

Hensigten med nærværende udgave af Snorres Edda er den at give en kritisk håndudgave, d. v. s. en tekst, der såvidt som muligt kan antages at være Snorres egen oprindelige, til almindelig brug (skolebrug) og læsning. En sådan tekst kan ikke fastsættes uden en grundig undersøgelse og sammenligning af alle de forhåndenværende håndskrifter. En sådan sammenligning ligger til grund for denne udgave, idet jeg har været istand til at benytte alle håndskrifterne samtidig her i København. At der er trang til en udgave som denne kan næppe være omtvisteligt. Sveinbjörn Egilssons udgave fra 1848 (Reykjavik) er forlængst udsolgt; Þorleifur Jónssons fra 1875 (København) er ikke udarbejdet med tilstrækkelig nöjagtighed og kritik, og er, i det mindste til universitetsbrug, meget ufuldkommen. Den Arnamagnæanske udgave er den eneste kritiske og videnskabeligt brugelige udgave, men også den er for de første binds vedkommende udsolgt og antikvarisk meget kostbar. Uagtet denne udgave nu er noget forældet, vil den dog i lange tider endnu sikkert kunne fylde sin plads som kritisk udgave, navnlig når man ser hen til de meget nöjagtige aftryk i 2. bind. Også aftrykket af codex regius i 1. bind er gennemgående nöjagtigt. At der dog kunde være trang til en ny kritisk udgave med varianter fra alle håndskrifter efter nutidens principper, er naturligvis en anden sag.

Denne udgave grunder sig ligesom de tidligere på codex regius i henhold til den opfattelse, jeg har udtalt i min afhandling

»Edda Snorra Sturlusonar« i Aarbøger for nordisk Oldkyndighed og Historie 1898. Den opfattelse af håndskriftforholdet, som jeg der har gjort gældende — og hvorom jeg tillader mig at henvise til afhandlingen selv —, har jeg ved den nye sammenligning på alle punkter fundet bekræftet; kun tor jeg nu, hvad nogle enkeltheder angår, som jeg dengang endnu ikke var klar over, gå videre, men herom nærmere i det følgende.

Håndskrifterne er i al korthed følgende, (der kan i øvrigt henvises til den AM.'ske udg, 3. bind):

1. Codex regius, 2367, 4⁰ i gml kgl samling, det kgl. bibliotek i København, fra omtr. 1325. Her mangler det første blad; i øvrigt er teksten fuldstændig, undt. for så vidt som enkelte ord og den øverste del af et enkelt blad er afreven. Mærket R[1]).

2. En papirsafskrift fra omtr. 1600 af en tabt membran, der snarest har været skreven i slutningen af det 13. årh. (c. 1280), efter visse retskrivningsejendommeligheder at dömme Denne afskrift findes i Utrechts universitetsbibliotek (jfr. fortalen til SnE. III, s. CXIV—VII; afhdl i Aarb. slutn.). Her mangler begyndelsen, svarende til den første side i den tabte mbr., der måske har været ulæselig af slid, samt slutningen fra og med k. 137 i den AM.'ske udg., se her s. 170, note 4. En afskrift heraf findes nu i AM., Accessoria, 18. Mærket T (ɔ: Trektarbók)

3. Codex Wormianus, AM. 242, fol., er meget defekt både fordi en del deraf er tabt og fordi et par afsnit aldrig har været indførte deri, nemlig kap. 39—43 (her: 37—39 og Tillæg VI) i Skáldskaparmál samt 2. afsnit af Skáldskaparmál, k. 51 (54)—64(66); det 3. afsnit har stået i W, men stærkt udvidet og omarbejdet; deraf haves en rest, udgivet under mærket Wb. i Sn.-E II. Af Háttatal er der et större brudstykke tilbage, ɔ: 152₈ (hams)—177 v. 86⁵. Her findes hele fortalen, men stærkt interpoleret[2]). Mærket W.

4. Codex Upsaliensis, Uppsalabók, 11 i den Delagardieske

[1]) R betegner gamle rettelser i R, se Arkiv VII.*

[2]) Ganske uvedkommende ting findes optagne i dette hdskr., nemlig de 4 grammatiske afhandlinger og Rigsþula. De deri indhæftede papirsblade indeholder en tekst, der er en afskrift af Utrekterhåndskr., der i sin tid tilhørte Ole Worm.

samling i Upsala Universitetsbibliotek. Håndskriftet er som sådant fuldstændigt, men som tekst af Snorres værk indtager det en ejendommelig stilling. Foruden at ganske uvedkommende stykker her er optagne, som Skáldatal, Sturlungernes slægtregister, Lögsögumannatal efter k. 18 i Skáldsk., samt den 2. grammatiske afhandling foran Háttatal, er teksten her ganske vilkårlig behandlet og omstillet, således som det er nærmere påvist og udførlig behandlet i min afhandling. Disse omstillinger er foretagne i Skáldsk. Det var skriverens hensigt, efter afslutningen af Gylfaginning, af Skáldskaparmál kun at skrive de mytiske kapitler, hvorfor han begyndte med k 17—18 (om Tor og jætterne Hrungne og Geirröd); dette skete enten fordi disse kapitler særlig interesserede ham eller fordi han havde knap tid, eller snarest bægge dele på engang. Efter de indskudte stykker begynder skriveren på Skáldsk. (AM. k. 3, 2 o. s. v.—16, og fortsætter omtr. på følgende måde: 19—20, 22—32, 36—39 (beg.), 44 (slutn.) — 56, 63 (56 slutn.). — 74, 58, 60, 62, 50 (hel), 34—36, 39, 40 (kortet), 44, 43, 45 (kortet), med forskellige forkortelser og udeladelser, tildels også mindre gentagelser Men i grundtrækkene er det klart, at den samme ordning af stoffet her ligger til grund som i Regius-Wormianus-T. I øvrigt henvises til min afhandling i Aarb. Endelig findes Háttatal på følgende måde: først er der skrevet begyndelsen af de første 36 vers (÷ v. 35) med versemålenes navne som overskrifter og derpå de første 56 vers med den fuldstændige kommentar som i Reg.-Worm.-T. Vi skimter atter her skriverens samme arbejdsmåde, at forkorte og egenmægtig behandle teksten. Navneremserne findes her slet ikke. Hdskr. stammer fra omtr. 1325. Mærket U.

5. 748, 4° I—II i AM. Bægge disse håndskrifter er kun udtog og brudstykker. 748 I er fra omtr. samme tid som R, U, men beror på et gammelt hdskr. og frembyder en i det hele særdeles god tekst, såvidt det når. Men her findes kun k. 45 i Skáldsk. til slutningen (navneremserne i deres udvidede form), idet der dog findes enkelte afvigelser fra ordningen i R.-W.-T. Hvorledes det hænger sammen med denne afskrift, er vanskeligt at sige; hdskr. mangler begyndelsen og heri har der sikkert stået noget mere af Skáldsk., eftersom der et par steder henvises dertil. Der fore-

ligger således her en bevidst omredaktion af Eddas 2. hovedafsnit. Nu begynder hdskr. med slutningen af en islandsk retorik (?) og Olaf Tordssons grammatiske afhandling. Mærket 748.

748 II er det brudstykke, der tidligere har været opbevaret i AM. 1eβ, fol. Det stammer fra den sidste halvdel af det 14. årh. og slutter sig særdeles nöje til R, T, men frembyder et par steder oprindeligere tekst. Dette brudstykke begynder i nærværende udg. s. 105_{19} og slutter med navneremserne, men der er en större lakune deri, fra i v. 172 (s. 117) til ind i det vers, der her findes anført i anm. 9 s. 126. Mærket 1eβ.

6. 757, 4⁰ i AM. Dette hdskr., der stammer fra tiden ved 1400, er en afskrift af teksten, som den foreligger i 748 og slutter sig nær til dette. Men afskriveren eller originalens istandbringer har haft ved hånden et eksemplar af den fuldstændige Edda. Derved har han opdaget, at der var meget udeladt af Skáldsk.; for at bøde herpå indskyder han efter dette hdskr., der ses at have været nærbeslægtet med Worm., Skáldsk. k. 2—16, 19—31, 1 + eptirmáli (beg.), 32 (i denne orden) mellem k. 46 og 47 (eller her: 43 og 44). En större lakune findes fra inde i v. 129 (s. 112) til s. 135_1; dog mangler der ikke k 55 (58) første del, 57 (60), da disse kapitler her er blevne omstillede[1]*. Mærket 757.*

Det vilde føre for vidt — og det er heller ikke nødvendigt — her at give en detaljeret og ganske nöjagtig fortegnelse over hver enkelthed, der mangler i de enkelte håndskrifter hvert for sig. Ganske vist kan man ikke altid af noterne se, hvilke hdskrr. der forefindes, når der f. eks. står »alle«, d. v. s. alle, som har pågældende tekst, men det er ikke nødvendigt her, hvor formålet kun er at give ét hovedhdskr.s tekst, renset efter de andre, og angive, hvilke ændringer der er gjort i denne På ethvert punkt (bortset fra skrivefejl, se nedenfor) vil man af denne udgave se, hvad der står i R og hvor dette hdskr. forlades og de andres læsemåder er optagne eller egne og andres rettelser indsatte.

Intet af håndskrifterne har bevaret Snorres ægte oprindelige

---

[1]) *Det aldeles ubetydelige brudstykke i AM. 756, 4⁰, er der intet hensyn taget til. Det stemmer med W, og er måske en afskrift deraf.*

tekst, hverken med hensyn til ordning eller ordlyd. Kun en nöjagtig sammenligning kan give bægge dele — for så vidt som der overhovedet kan være tale derom, hvad jeg dog tror for det meste er tilfældet. Alt i alt må R siges at være ikke alene det fuldstændigste, men også hvad ordlyden angår et af de bedste. Ved siden deraf står T, for så vidt som afskriveren fra c. 1600 ikke har læst sin original fejl eller misforstået den, hvad han bevislig flere steder har gjort, samt W, såvidt det når. Det forekommer ikke sjælden, at T og W stemmer med hinanden mod R; jeg har da i reglen optaget deres læsemåde, skönt dette princip sikkert ikke er aldeles afgörende. Også med T stemmer U undertiden mod R, hvad jeg har tillagt en særlig betydning[1]). Enkelte gange har jeg optaget læsemåder fra T alene, dette gælder navnlig, hvor T har ældre ordformer som ér (f. þér) og lign Dette bemærkes i noterne blot ved »sål. T.«. Meningen er altså, at alle de andre har þér. Når det blot hedder, at noget »Mgl R.« (ɔ: mangler i R), betyder det, at dette findes i de øvrige hdskrr.; ligeledes når et ord anføres som »tf. R.« (ɔ: tilföjet i R), betyder det, at det kun findes i R, men ikke i de øvrige og er her i tilslutning til disse udeladt Bortset fra de i noterne således betegnede afvigelser, er R's ordlyd helt igennem fulgt. Skrivefejl er stiltiende rettede og findes ikke anførte i noterne; af sådanne er de fleste optegnede i SnE. III, s. XXXIX—XLIII, hvortil der, ligesom også til den der forangående beskrivelse af retskrivningen, kan henvises. Der kan dog i enkelte tilfælde være tvivl, hvorvidt der foreligger en afskriverfejl eller en anden slags fejl; jeg har da nogle gange anført R's skrivemåde. Jeg skal her tilföje enkelte tilfælde, hvor jeg ikke har anført skrivemåden (bortset fra en skrivemåde som guð, hvor der her i udgaven for konsekvensens skyld allevegne er skrevet goð): tileygr f. bileygr s. 25, v. 28_{10} blindi f. biblindi s. 26, v. 28_{17}', vetr f. nætr s. 28_{13}, -hvarfn- s. 36, v. 39_4 (-varfn- i den foranstående prosa), sendi f. sendir 39_{10} f. n., $\frac{M}{m}$ — menn s. 54_8 f. n., þessi f. þessa s. 58_6 f. n. (næppe f. at þessi), -fótum f. bótum s. 61_6

[1]) At dette viser, at U aldeles ikke er opstået på den af Müllenhoff antagne måde, er klart; men det er tillige af mange andre grunde bevisligt, at U er grundet på et hdskr., der har været nærbeslægtet med W, T. R.

f. n., Gimlene *f.* Gimle *(dittografi af det følgende* hrimne*) s* 65_6 *f. n.*, megi *f.* móði *s. 66, v.* 64_4, -toins *f.* -roins *s. 81, v.* 51_1, let*urs f.* lauks *s. 110, v.* 115_2, kvað *s.* 114_1 *mgl. R*, skiold- *f.* skiald- *s. 127, v.* 227_4, vandla *f.* vanda *s. 133, v.* 267_2, hroðr *f.* hróðrs *s. 140, v.* 320_4, alm- *f.* ǫln- *s.* 146_{10} *f. n.*, sár *f.* sás *s. 148, v.* 1_1 *(dette* sár *er sikkert intet andet end en dittografi af det foranstående* lætr*)*, hreins *s. 161, v.* 28_7 *(*s *er i R udskrabet)*, finn *f.* finnz *s.* 165_{19}, avrar *f.* afar *s. 166, v.* 46_4, hrað- *f.* harð *s. 168, v.* 55_4, taugnir *f.* raug- *s. 183 v.* 3_4, ǫst *f.* ǫfst *s. 203,* $l._{11}$; bað- *f.* bǫð- *s. 204 Skjold* $l._{11}$, hnoc- *f.* hnak- *208,* $l._{19}$.

Hvad retskrivningen angår, er der ingen særlig grund til at komme nærmere ind derpå. Den er overhovedet den selvsamme, som i min udgave af Snorres Heimskringla; også versene er behandlede her som der, idet de ældre former (som es, vas *og lign.), er indsatte; dette bemærkes her engang for alle, ligesom også sammentrækningen af* 's *og foranstående ord (jfr.* at *i* því(a)t*); også* ǫ *findes her anvendt. I Snorres eget digt, Háttatal, er retskrivningen noget yngre.*

Jeg skal nu göre rede for tekstens ordning og behandling.

Hvad da først »fortalen« (prologus) angår, findes den i R, T, W og U; i det sidste haves den i dens oprindelige udstrækning. Men i R, T mangler, som alt bemærket, begyndelsen, i T kun en side (af den til grund liggende mbr.), i R to sider (ɔ: det første blad). Det kan heraf ses, at indholdet har svaret til U's prolog. I W derimod er prologen åbenbart stærkt interpoleret ved middelalderlig lærdom, der slet ikke passer til sammenhængen og som er affattet i et sprog, der stikker grelt af mod Snorres; det er den AM'ske udgaves k. 2 ÷ slutningen, 4 den sidste halvdel, 5—8 I nærværende udgave er der intet hensyn taget til dette makværk, og der var ingen grund til at trykke det som tillæg.

Hvad dernæst Gylfaginning angår, er den omtrent ens overleveret i alle håndskrifter. Det 1. kap. (om Gefjun og Gylfe) mangler i U. Da det også af indre grunde (jfr. E. Mogk, Untersuchungen) er hojst mistænkeligt (anførsel af skjaldevers m. m.), stammer det sikkert ikke fra Snorre selv, men er dannet på grundlag af hans fremstilling i Heimskr., Yngl. k. 5 (med samme vers). W har ved sin begyndelse af k. 2 bevaret den ægte tekst. Kapiteltallet i Gylf. er derfor et kapitel mindre end i SnE (AM). K. 18, der mangler i U, er derimod sikkert oprindeligt.

Efter slutningen af Gylfaginning i k 54 (AM) fortsættes i den AM.'ske udgave med de såkaldte »Bragaræður« med fortløbende kapiteltal (ɔ: 55—58), hvorpå den såkaldte »Eptirmáli« her følger, idet et stykke af slutningen af k. 58 er (ligesom hos Rask) blevet flyttet til efter Eptirmáli og stillet som k. 1 i Skáldskaparmál Dette sidste er ikke gjort i Þorleifur Jónssons udgave, der beholder — og med rette — håndskrifternes ordning; men han opstiller slutningen af k. 54 som en særlig »Eptirmáli« til Gylfaginning, hvilket er ganske vilkårligt. Så trykker han »Bragaræður« med et særskilt kapiteltal (1—6), hvorpå »Eptirmáli« følger. Hverken navnet »Bragaræður« eller »Eptirmáli« er gammelt. Hele denne opfattelse beror nu ganske sikkert på en misforståelse. Først og fremmest er det meste af »Eptirmáli« en senere tilföjelse; det er middelalderligt lærdomsvrøvl, som det er ganske umuligt, at Snorre kan have skrevet. Sin stilling til »Trojanere« og Odin som en østfra kommende konge havde han tydelig og tilstrækkelig angivet i sin rigtige prolog. Indholdet beror på et hdskr. af Trójumannasaga (et ord som Volukrontem f. Polupoitem, jfr. Indledn. til Hauksbók s. CII). Her har U uden tvivl det oprindelige, idet det viser, hvor langt Snorres tekst omtrent gik (se side 74, anm. 9). Fjærner man dette interpolerede stykke, ses det straks, at alt det foranstående fra slutningen af Gylf udgor et så logisk og vel sammenhængende hele, som ønskes kan; i håndskrifterne er det da også skrevet omtrent ud i et. Det er også klart, hvor træffende fortsættelsen (denne udgaves k. 2 s. 74) slutter sig til det foranstående. Med andre ord, der kan ingen tvivl være om, at den i denne udgave givne form er den eneste rigtige, og at de hidtil såkaldte »Bragaræður« bör forsvinde som et selvstændigt afsnit; de er kun 1. kapitel af Skáldskaparmál; det er dette navn, som er os overleveret fra oldtiden, men i og for sig kunde »Bragaræður« gå an som navn, men da som ganske identisk med »Skáldskaparmál«. Angående sammenhæn-

gen i stykket kan jeg henvise til, hvad jeg har udtalt i min litteraturhistorie II, 690—91.

Dette 2. hovedafsnit er i øvrigt næppe overleveret i noget af håndskrifterne ganske i dets oprindelige form. Spørgsmålet gælder særlig de i nogle håndskrr. optagne længere stykker af gamle digte, ja hele sådanne digte.

Tydeligst fremtræder forholdet med Grottesangen (se s. 107). Kapitlet slutter med ordene þá varð sær saltr, *og så følger digtet i R, T med overskriften Grottasöngr (der vistnok også har stået i R, hvorved det rettes; som bemærket er herom i min afhandl. s. 301). En sådan pludselig overgang er ganske enestående og viser, at vi ikke her kan have den oprindelige tekst. Denne giver os derimod 1eβ, der inde i selve kapitlet, efter nævnelsen af sangen, anfører dens »ophav«. Dette er Snorres tekst; men ved ændringen heraf mindes vi uvilkårlig, at en sådan tilföjelse af hele digte, uagtet det var den egenlige forfatters mening kun at anføre begyndelsen, også forekommer andre steder, f. eks. i Egilssaga (se min udg. s. 224, 286, 288) og i selve Heimskringla, hvor hele Hákonarmál indsættes ved slutningen af Hakon den godes saga. Men herved falder der lys over de andre digte og digtbrudstykker, der findes samlet. Det er to brudstykker af Haustlöng (s. 88, 90), Þórsdrápa (s. 90), samt to brudstykker af Ragnarsdrápa med endel af den foranstående prosa (s 106, 119). Jeg tager nu ikke mere i betænkning at erklære alle disse digtbrudstykker for senere tillæg eller interpolationer i Snorres tekst. Jeg har gjort opmærksom på, hvor mærkeligt det er, at vi langt inde i selve Skáldsk. får det afsnit af Haustlöng, der handler om Iduns rov og gudernes mellemværende med Tjasse, der udførlig er beskrevet og omtalt, åbenbart tildels efter digtet, i Skáldsk. k. 1 (»Bragaræður«). Her havde der været anledning til at anføre digtet eller den pågældende del deraf, hvis forf. havde tænkt sig overhovedet at ville anføre noget deraf. At Snorre henviser til digte i almindelighed, men uden at anføre noget af dem, ser vi klart af k. 5 og 8, hvor der henvises til Húsdrápa. Men her er der tillige den omstændighed, at der foran det her omtalte stykke af digtet findes 2 kapitler, hvoraf det ene mangler i U, om Sif og Idun (AM. k. 21, 22). Ser vi på ordningen i det foregå-*

ende, afsluttes behandlingen af de mandlige guder i k. 16, hvortil der föjes de to jættemyter om Tor (k. 17—18), hvis plads overhovedet kun kunde være her. Herpå kommer to kapitler (19, 20) om de to hovedgudinder Frigg og Freyja. Det sidste kapitel slutter med en almindelig regel for omskrivninger af alle gudinder (svá má kenna allar ásynjur *osv.*); *det er da så tydeligt som tænkeligt, at det har været Snorres hensigt, ikke at opregne alle de øvrige forholdsvis lidet fremtrædende gudinder hver for sig, men efter at have nævnt de to vigtigste at lade sig nöje med en summarisk bemærkning, der gjaldt dem alle, altså de andre. Da bliver det tillige vanskeligt at forklare, hvorfor der af den øvrige skare kun er medtaget Sif og Idun, der i kap. 34 (35) af Gylfaginning ikke engang er nævnede blandt asynjerne. Dette er afgörende. Nu har nogen, der havde k. 1 af Skáldsk. i frisk minde, ment, at der kunde nævnes flere asynjer, og han indskyder stykket om Idun med Haustlöngbrudstykket, en anden det om Sif. Noget lignende gælder om det første brudstykke af samme digt (s. 88). Enhver, som læser den nu fremstillede tekst, vil se, hvor langt naturligere Ægirs replik falder uden digtets vers imellem. — Hvad Torsdrape af Eilífr angår, knyttes den meget løst til prosaen; det pågældende kapitel slutter med den så almindelig lydende sætning: »Efter denne fortælling har E. G. digtet i Torsdrape«; dette lyder ganske som Snorres bemærkning om Husdrape (k. 5 og 8), hvor intet af dette digt anføres, og ikke som en slags overskrift til det digt, der skulde komme, ti så vilde ordene sikkert være faldne anderledes. Hertil kommer den omstændighed, at Snorres fremstilling ikke ganske svarer til digtets, og det vilde være unaturligt, at han optog vers, der modsagde hans prosa, forudsat at han forstod digtet; Torsdrapen er intet gennemsigtigt digt, men man må være meget varsom med at påstå, at Snorre ikke har forstået de gamle vers.*

I W mangler ganske afsnittet om Sigurd og Gjukungesagnet, k. 37—39 (AM. k. 39—42). Dette har for så vidt ikke så meget at sige som W faktisk vilkårlig udelader et helt andet afsnit af Skáldsk. Da alle håndskrifter i andre tilfælde indeholder de til grund for visse omskrivninger liggende sagn (Grottesagnet, Rolf krake-sagnet), og da der ikke er nogen gyldig grund til at tro, at optagelsen heraf ikke skulde skyldes Snorre, er der fra den side intet i vejen for, at han også har optaget sagnet om Sigurd og guldet, der jo spillede en så overordenlig rolle for skjaldene. Tværtimod, det passer udmærket til værkets hele didaktiske karakter. Det er da også stadig omskrivningerne, forf. har for öje og som han stadig kommer til som resultat, d. v. s. dette gælder til slutningen af nærværende udgaves k. 39; U (k. 100) forkorter det hele stærkt, men ved at omtale Fafnir og Regin, »som drog bort«, henvises der også her til noget af det følgende. Hvad der i R (T og 1eβ) følger efter k. 39 har intet som helst med sammenhængen og værket som sådant at gore; det oplyser intet om nogen kenning, men er kun en del af Sigurdssagaen. Når vi nu ved, hvor nöjeregnende Snorre er i Heimskr. med ikke af andre værker at optage mere end hvad der er höjst nødvendigt for sammenhængen, forekommer det mig ikke at være for dristigt at antage, at hvad der er sat som Tillæg VI er en senere tilföjelse af en, der savnede historiens videre forløb; det forekommer mig også, at tonen i fremstillingen og dennes karakter noget skifter. Jeg skal navnlig göre opmærksom på det i dette stykke pludselig opdukkende tilnavn til Sigurd: »svend«, som ikke för forekommer; det tyder på en anden kilde. Med dette stykke falder da også den på dette sted aldeles upassende belæring om gift og dens omskrivning samt stykket af Brages Ragnarsdrápa. Hvad det andet afsnit af samme digt angår, har vi på det pågældende sted en bemærkning aldeles af samme art som den, der står foran Torsdrape. Bedömmelsen bliver ganske den samme. Det er også muligt, at det på digtet følgende lille stykke om en kampkenning med Glúms vers, er et yngre tillæg; men det er i hvert fald holdt godt i stilen.

Hvad endelig »Navneremserne«, þulur, angår, kan jeg henvise til S. Bugges afhandling i Aarbøger for nord. Oldkh. 1875, min afhandling i festskriftet til K. Maurer, samt min litteraturhistorie II. Her bemærkes blot, at de ganske mangler i U og W.

Foruden disse interpolationer i teksten, anser jeg slutningen af Skáldsk. — afsnittet om fornöfn — stærkt bearbejdet i alle håndskrifter, helt omarbejdet i W. Dette parti var ifølge sin natur netop det, der lettest kunde forøges, ikke mindst fordi grænserne mellem de to sidste arter af navne i Skáldsk. ikke var så lette at overholde. Værre er det, at der her, stik imod hele bogens uomtvistelige plan, indblandes omskrivninger på forskellige ting, rimeligvis fordi man ikke fandt læren om, hvorledes de skulde omskrives, på et tidligere sted i bogen. Jeg har med vilje beholdt disse stykker i teksten, men sat dem i klammer. Jeg burde have anvendt disse i en noget videre udstrækning særlig i slutningen af det foranstående afsnit. K. 64 (66) indeholder en lærdom, som det ikke behøver at antages at Snorre i og for sig har kastet vrag på, men hvad der dér findes, passer ikke i sammenhængen, passer ikke til et afsnit, der skulde beskæftige sig med s y n o n y m e r *af poetisk art og poetisk farve. Noget lignende gælder også den sidste del af det foranstående kapitel fra og med ordene* þeir menn eru. *Hvad der her opregnes, er langt snarere at henføre til fornöfn; jfr. ordene:* heitir spekingr ráðvaldr *med slutningen af k. 65 (67). — Sidste del af k. 60 (63) er sikkert et lignende indskud, men jeg nærer stærk mistanke til hele kapitlet, fordi det ikke indeholder synonymer og svarer til k. 64 (66). En lignende mistanke nærer jeg også angående enkelte dele af k. 55 (58), ja, jeg formoder, at hele den sidste del fra og med björnenavnene, samt k. 56 (59) er et tillæg, og at k. 57 (60) oprindelig har fulgt på den første del af k. 55 (58), kampens fugle (örn og ravn) på kampens dyr (ulven). Også her findes der navne, der falder udenfor det afsnit, de står i. Jeg er således nu tilböjelig til at gå et skridt videre end i min afhandling i Aarbøger.*

I øvrigt antager jeg ikke, at der findes tilföjelser (jfr. dog ordene ok Hlér *s. 93, der sikkert er en sådan).*

Hvad anmærkningernes indretning angår, antager jeg, at de er velforståelige. »Tf.« betyder tilföjer, »mgl.« mangler, »sål.« således, »art.« artiklen, »undt.« undtagen, »beg.« begynder, »f.« for, »jfr.« jævnfør, »øvr.« øvrige, »ul.« udelader, »udg.« udgiveren, »omv.« omvendt. Når der står det samme tal i teksten to gange med et eller nogle få ords mellemrum, angår anmærkningen i reglen også disse. Der vil næppe i noget tilfælde kunne være tvivl om, hvorledes anmærkningens indhold er at forstå[1]*). — Pa-*

[1]) *I enkelte tilfælde er der anført virkelige varianter, dette er sket for at göre opmærksom på læsemåder, der mulig er de rigtige og ægte; særlig*

rentestallene i Skáldsk. betegner den AM.'ske udgaves kapiteltal. I det sidste hovedafsnit (Háttatal) er der kun anledning til at tælle versene. — Kapitelinddelingen er her i øvrigt så at sige ganske den samme som i den AM.'ske udgave. Skönt den på mange punkter er ret vilkårlig og ikke svarer til R.'s kapitelinddeling, — der også er vilkårlig og på sine steder meningsløs og uden betydning —, har jeg dog af praktiske grunde ment at burde beholde den.

Versene er trykt således, at de vistnok for största delen er nogenlunde forståelige; dette er søgt opnået ved anbringelse af parenteser og interpunktioner. Ikke desto mindre vilde en forklaring på mange punkter være ønskelig, og det er muligt, at en sådan senere vil fremkomme. Hvad særlig Eilífs Torsdrape angår, vil den i den nærmeste fremtid blive tagen op til særskilt kritisk behandling og fortolkning[1]*).*

I registret er optaget alle de navne, der forekommer som selvstændige — deriblandt også æsir *og* vanir *—, derimod ikke sådanne navne, der kun findes som led eller dele af omskrivninger. Til de mytiske navne er der föjet en forklaring; i flere tilfælde er en sådan at betragte som et fortolkningsforsøg; der er da også ved et spørgsmålstegn undertiden antydet, hvor usikker betydningen er.*

Som tillæg til det hele er Snorres løse vers og et par mindre brudstykker trykte.

Til slutning vil jeg bede hr. bibliotekar C. Annerstedt i Upsala at modtage min varmeste tak for, at han har tilladt mig at benytte codex Upsaliensis her i København, og ligeledes hr. justitsråd, bibliotekar C. Bruun for at have udlånt mig codex regius til benyttelse på universitetsbiblioteket, hvorved mit arbejde og sammenligningen af håndskrifterne er bleven betydelig lettet.

København, 29. maj 1900.

FINNUR JÓNSSON.

---

er det læsemåder fra T, der her er tale om. — Ved Grottesangen findes fuldstændigt variantapparat.

[1]) *Navneremserne trænger i mange henseender til en kritisk behandling både hvad de enkelte ords form og betydning angår. Men de nødvendige hjælpemidler hertil kan næppe endnu siges at være forhånden.*

Bók þessi heitir Edda; hana hefir saman setta Snorri Sturlu sonr eptir þeim hætti, sem hér er skipat. Er fyrst frá ásum ok Ymi, þar næst Skáldskaparmál ok heiti margra hluta, síðast Háttatal, er Snorri hefir ort um Hákon konung ok Skúla hertoga

Ups. bók.

W Almáttigr guð skapaði í uphafi himin ok jǫrð ok alla þá hluti, er þeim fylgja, ok síðarst menn tvá, er ættir eru frá komnar, Ádám ok Évu, ok fjǫlgaðisk þeira kynslóð ok dreifðisk um heim allan. En er framm liðu stundir, þá ójafnaðisk mannfólkit; váru sumir góðir ok rétttrúaðir, en miklu fleiri snørusk þá eptir girnðum heimsins ok órœkðu guðs boðorð, ok fyrir því drekði guð heiminum í sjávargangi ok ǫllum kykvendum heimsins, nema þeim, er í ǫrkinni váru með Nóa. Eptir Nóa-flóð lifðu viii. menn, þeir er heiminn byggðu, ok kómu frá þeim ættir; ok varð enn sem fyrr, at þá er fjǫlmentisk ok byggðisk verǫldin, þá var þat allr fjǫlði mannfólksins, er elskaði ágirni fjár ok metnaðar, en afrœkðusk guðs hlýðni, ok svá mikit gerðisk at því, at þeir vildu eigi nefna guð; en hverr myndi þá frá segja sonum þeira frá guðs stórmerkjum? Svá kom, at þeir týnðu guðs nafni, ok víðast um verǫldina fannsk eigi sá maðr, er deili kynni á skapara sínum. En eigi at síðr veitti guð þeim jarðligar giptir, fé ok sælu, er þeir skyldu við vera í heiminum, miðlaði hann ok spekðina, svá at þeir skilðu alla jarðliga hluti ok allar greinir, þær er sjá mátti lopts[1] ok jarðar[1]. Þat hugsuðu þeir ok undruðusk, hví þat myndi gegna, er jǫrðin ok dýrin ok fuglarnir hǫfðu saman eðli í sumum

---

[1] Sál. U; med artiklen W.

hlutum ok þó ólík at hætti. Þat var eitt eðli, at jǫrðin var grafin í hám fjalltindum ok spratt þar vatn upp, ok þurfti þar eigi lengra at grafa til vats en í djúpum dǫlum; svá er ok dýr ok fuglar, at jamlangt er til blóðs í hǫfði ok fótum. Ǫnnur náttúra er sú jarðar, at á hverju ári vex á jǫrðunni gras ok blóm, ok á sama ári fellr þat alt ok fǫlnar; svá ok dýr ok fuglar, at vex hár ok fjaðrar ok fellr af á hverju ári. Þat er en þriðja náttúra jarðar, þá er hon er opnuð ok grafin, þá grœr gras á þeiri moldu, er øfst er á jǫrðunni[1]. Bjǫrg ok steina þýddu þeir móti tǫnnum ok beinum kvikenda. Af þessu skilðu þeir svá, at jǫrðin væri kvik ok hefði líf með nǫkkurum hætti, ok vissu þeir, at hon var furðuliga gǫmul at aldar-tali ok máttig í eðli; hon fœddi ǫll kykvendi ok hon eignaðisk alt þat, er dó; fyrir þá sǫk gáfu þeir henni nafn ok tǫlðu ætt sína til hennar[2]. Þat[3] sama spurðu **T** þeir af gǫmlum frændum sínum, at síðan er talið váru mǫrg hundruð vetra, þá var en sama jǫrð ok sól ok himintungl, en gangr himintungla[4] var ójafn; áttu sum lengra gang en sum skemra. Af þvílíkum hlutum grunaði þá, at nǫkkurr myndi vera stjórnari himintunglanna, sá er stilla myndi gang þeira at vilja sínum, ok myndi sá vera ríkr mjǫk ok máttigr, ok þess væntu þeir, ef hann réði fyrir hǫfuðskepnunum, at hann myndi ok fyrr verit hafa en himintunglin, ok þat sá[5] þeir, ef hann ræðr gangi himintungla[4], at hann myni ráða skini sólar ok dǫgg loptsins ok ávexti jarðarinnar, er því fylgir, ok slíkt sama vindinum loptsins ok þar með stormi sævarins. Þá vissu þeir eigi, hvar ríki hans var; en[6] því trúðu þeir, at hann réð ǫllum hlutum á jǫrðu ok í lopti himins ok himintunglum, sævarins ok veðranna. En til þess at heldr mætti frá segja eða í minni festa, þá gáfu þeir nǫfn með sjálfum sér ǫllum hlutum. Ok hefir þessi átrúnaðr

---

[1] Sål. U; moldunni, W. [2] Disse to ord mgl. W. [3] Her beg. T. [4] Sål. W, jfr. U, med art. T. [5] Sål. W; sia, T. [6] Sål. W, U; af, T.

á marga lund breyzk, svá sem þjóðirnar skiptusk ok tungurnar greinðusk. En alla hluti skilðu þeir jarðligri skilningu, þvíat þeim var eigi gefin andlig spekðin; svá skilðu þeir, at allir hlutir væri smíðaðir af nǫkkuru efni.

2. Verǫldin var greind í þrjár hálfur, frá suðri í vestr ok inn at Miðjarðarsjá; sá hlutr var kallaðr Affriká; enn syðri hlutr þeirar deilðar er heitr[1], svá at þar brennr[1], af sólu; — annarr hlutr frá vestri til norðrs ok inn til hafsins; er sá kallaðr Evrópá eða Énéá; enn nørðri hluti er þar svá kaldr, at eigi vex gras á ok engi byggvir. Frá norðri ok um austrhálfur alt til suðrs — þat er kallat Ásíá; í þeim hluta veraldar er ǫll fegrð ok prýði ok eignir jarðar-ávaxtar[2], gull ok gimsteinar; þar er ok mið verǫldin; ok svá sem þar er jǫrðin fegri ok betri ǫllum kostum en í ǫðrum stǫðum, svá var ok mannfólkit þar mest tígnat af ǫllum giptunum, spekinni ok aflinu, fegrðinni ok allz konar[3] kunnostu[4].

3. Nær miðri verǫldinni var gǫrt þat hús ok herbergi, er ágætast hefir verit, er kallat er Trója, þar sem vér kǫllum Tyrkland. Þessi staðr var miklu meiri[5] gǫrr en aðrir ok með meira hagleik á marga lund með kostnaði ok fǫngum, er þar váru til. Þar váru xii. konungdómar ok einn yfirkonungr, ok lágu mǫrg þjóðlǫnd til hvers konungdómsins; þar váru í borginni xii. hǫfðingjar[6]; þessir hǫfðingjar hafa verit um fram aðra menn, þá er verit hafa í verǫldu, um alla manndómliga hluti. Einn konungr, er þar var, er nefndr Múnón eða Mennón; hann átti dóttur hǫfuðkonungsins Príámí; sú hét Tróán; þau áttu son, hann hét Trór, er[7] vér kǫllum[7] Þór; hann var at upfœzlu í[8] Trákíá[8] með hertoga þeim, er nefndr er Lóríkús; en er[8] hann var x. vetra, þá tók hann við vápnum[9] fǫður síns. Svá var hann fagr

---

[1]—[1] Sål. U; jfr. W; brunninn, T. [2] Sål. W; ok iarðarinnar, T. [3] Rettet f. Ts kostar. [4] kunnastinnar, T skr.fejl. [5] Sål. W; meir, T. [6] Sål. Rask; hǫfuðtungur, alle. [7] Sål. U; jfr. W; eða, T. [8] Mgl. T; i W [9] Forskr. i T.

álitum, er hann kom með ǫðrum mǫnnum, sem þá er fíls bein[1] er grafit í eik; hár hans er fegra en gull; þá er hann var xii. vetra, þá hafði hann fult afl; þá lypti hann af jǫrðu x. bjarnstǫkkum ǫllum senn, ok þá drap hann Lóríkúm hertoga, fóstra sinn, ok konu hąns Lórá eða Glórá ok eignaði sér ríkit Trákíá; þat kǫllum vér Þrúðheim. Þá fór hann víða um lǫnd ok kannaði allar heims hálfur ok sigraði einn saman alla berserki ok alla risa ok einn enn mesta dreka ok mǫrg dýr. Í norðrhálfu heims fann hann spákonu þá, er Síbíl hét, er vér kǫllum Sif, ok fekk hennar. Eigi kann ek segja ætt Sifjar; hon var allra kvinna fegrst; hár hennar var sem gull. Þeira sonr var[1] Lóriði, er líkr var feðr sínum; hans sonr var Einridi; hans sonr Vingeþórr[2], hans sonr Vingener, hans sonr Móda[3], hans sonr Magi, hans sonr Seskef, hans sonr Beðvig, hans sonr Athra, er vér kǫllum Annan, hans sonr Ítrmann, hans sonr Heremóð, hans sonr Skjaldun, er[4] vér kǫllum Skjǫld, hans sonr Biáf, er vér R kǫllum Bjár, hans sonr Ját, hans sonr Guðólfr, hans sonr Finn, hans sonr Fríallaf[5], er vér kǫllum Friðleif; hann átti þann son, er nefndr er Vóden, þann kǫllum vér Óðin; hann var ágætr maðr af speki ok allri atgørvi. Kona hans hét Frígíðá, er vér kǫllum Frigg.

4. Óðinn hafði spádóm ok svá kona hans, ok af þeim vísendum fann hann þat, at nafn hans myndi uppi vera haft í norðrhálfu heims[6] ok tígnat um fram alla konunga. Fyrir þá sǫk fýstisk hann at byrja ferð sína af Tyrklandi ok hafði með sér mikinn fjǫlða liðs, unga menn ok gamla, karla ok konur, ok hǫfðu með sér marga gersemliga hluti. En hvar sem þeir fóru yfir lǫnd, þá var ágæti mikit frá þeim sagt, svá at þeir þóttu líkari goðum en mǫnnum. Ok þeir gefa eigi stað ferðinni, fyrr en þeir koma norðr í þat land, er nú er kallat Saxland. Þar dvalðisk Óðinn langar hríðir ok

[1] Sål. W; mgl. T. [2] Sål. W, U; ving. T. [3] Sål. W, U; Modi, T.
[4] Her beg. R. [5] Sål. W, T, jfr. U; fiarllaf, R. [6] Sål. W; med art. R, T.

eignaðisk[1] víða þat land. Þar setti[2] Óðinn til landz-gæzlu iii. sonu sína; er einn nefndr Vegdeg; var hann ríkr konungr ok réð fyrir Austr-Saxalandi; hans sonr var Vitrgils; hans synir váru þeir Pitta[3], faðir Heingests, ok Sigarr, faðir Svebdeg, er vér kǫllum Svipdag. Annarr sonr Óðins hét Beldeg, er vér kǫllum Baldr; hann átti þat land, er nú heitir Vestfál; hans sonr var Brandr; hans sonr Frjóðigar, er vér kǫllum Fróða; hans sonr var Freóvin[4], hans sonr Uuigg[5], hans sonr Gevis, er vér kǫllum Gave. Enn þriði sonr Óðins er nefndr Sigi, hans sonr Rerir[6]; þeir langfeðr[7] réðu þar fyrir, er nú er kallat Frakland, ok er þaðan sú ætt komin, er kǫlluð er Vǫlsungar. Frá ǫllum þeim[8] eru stórar ættir komnar ok margar. Þá byrjaði Óðinn ferð sína norðr ok kom í þat land, er þeir kǫlluðu Reiðgotaland, ok eignaðisk í því landi alt þat, er hann vildi. Hann setti þar til landa son sinn, er Skjǫldr hét; hans sonr var[9] Friðleifr; þaðan er sú ætt komin, er Skjǫldungar heita; þat eru Danakonungar; ok þat heitir nú Jótland, er þá var kallat Reiðgotaland.

5. Eptir þat fór hann norðr, þar sem nú heitir Svíþjóð; þar var sá konungr, er Gylfi er nefndr. En er hann spyrr til ferðar[10] þeira Ásíamanna, er æsir váru kallaðir, fór hann í[11] móti þeim ok bauð, at Óðinn skyldi slíkt vald hafa í hans ríki, sem hann vildi sjálfr. Ok sá tími fylgði ferð þeira, at hvar sem þeir dvǫlðusk í lǫndum, þá var þar ár ok friðr[12], ok trúðu allir, at þeir væri þess ráðandi, þvíat[13] þat[14] sá ríkis-menn, at þeir váru ólíkir ǫðrum mǫnnum, þeim er þeir hǫfðu sét, at fegrð ok svá[15] at viti. Þar þótti Óðni fagrir vellir ok[16] landz-kostir ok kaus sér þar borgstað, er

---

[1] Sål. W, U; eignaz, R, T. [2] Sål. W, U; setr, R, T. [3] Sål. (eller Fic-) R, W; Vitta, T. [4] Sål. W, T; -vit, R. [5] Sål. T; yv-, R, W. [6] Sål. U, W, uef-, T; ver-, R. [7] Sål. W, T; -feðgar, R. [8] Sål. U, T; þessum, R, W. [9] Sål. T, W; het, R. [10] Sål. W, T; ferða, R. [11] Sål. U, T, mgl. R, W. [12] góðr, tf. R, mgl. W, T, U. [13] Sål. alle. [14] Sål. W, T; mgl. R, U. [15] Sål. W, T; mgl. R, U [16] v. ok, sål. U; mgl. R, W, T.

nú heita Sigtún[1]; skipaði hann þar hǫfðingjum[2] í þá líking, sem verit hafði í Trója, setti xii. hǫfuðmenn í staðinum at dœma landz-lǫg, ok svá skipaði hann réttum ǫllum, sem fyrr hafði[3] verit í Trója ok Tyrkir váru vanir. Eptir þat fór hann norðr, þar til er sjár tók við honum, sá er þeir hugðu, at lægi um ǫll lǫnd, ok setti þar son sinn til[4] þess ríkis, er nú heitir Nóregr; sá er Sæmingr kallaðr, ok telja þar Nóregs-konungar sínar ættir til hans ok svá jarlar ok aðrir ríkis-menn, svá sem segir í Háleygjatali. En Óðinn hafði með sér þann son sinn, er Yngvi er nefndr, er konungr var í Svíþjóðu eptir[4] hann[4], ok eru frá honum komnar þær ættir, er Ynglingar eru kallaðir. Þeir æsir tóku sér kvánfǫng þar innan landz, en sumir sonum sínum, ok urðu þessar ættir fjǫlmennar, at umb Saxland ok alt þaðan of[5] norðrhálfur dreifðisk svá, at þeira tunga, Ásiamanna, var eigin tunga um ǫll þessi lǫnd. Ok þat þykkjask menn skynja mega af því, at rituð[6] eru langfeðga-nǫfn þeira, at þau nǫfn hafa fylgt þessi tungu ok þeir æsir hafa haft tunguna norðr hingat í heim, í Nóreg ok í Svíþjóð, í Danmǫrk ok í Saxland. Ok í Englandi eru forn landz-heiti eða staða-heiti, þau er skilja má, at af annarri tungu eru gefin en þessi.

---

[1] Sål. W, T, U, -túnir, R [2] ok, tf. R, T. [3] Sål. T, W, hǫfðu, R. [4] Sål. W, T, U; mgl R. [5] Sål. T. [6] Sål. W, T; skrifuð, R.

HÉR HEFR GYLFAGINNING[1].

1. Gylfi er[2] maðr nefndr; hann var[2] konungr[3], maðr vitr ok fjǫlkunnigr; hann undraðisk þat mjǫk, er ása-fólk var svá kunnigt, at allir hlutir gengu at vilja þeira; þat hugsaði hann, hvárt þat myndi vera af eðli sjálfra þeira, eða myndi því valda goðmǫgn þau, er þeir blótuðu. Hann byrjaði ferð sína til Ásgarðz ok fór með leynð[4] ok brá á sik gamals mannz líki ok dulðisk svá; en æsir váru því vísari, at þeir hǫfðu spádóm, ok sá þeir ferð hans, fyrr en hann kom, ok gerðu í móti honum sjónhverfingar, ok[5] er hann kom inn í borgina, þá sá hann þar háva hǫll, svát[6] varla mátti hann sjá yfir hana; þak hennar var lagt gyldum[7] skjǫldum svá sem spánþak. Svá segir Þjóðólfr enn hvinverski, at Valhǫll var skjǫldum þǫkð:

1.	Á baki létu blíkja,	Sváfnis salnæfrar
	barðir vǫru grjóti,	seggir hyggjandi.

Gylfi sá mann í hallar-durum[8], ok lék at handsǫxum ok hafði vii. senn á lopti; sá spurði hann fyrr at nafni; hann nefnðisk Gangleri ok kominn af refils[9]-stígum ok beiddisk at sœkja til náttstaðar ok spurði, hverr hǫllina átti[10]. Hann svarar, at þat var konungr þeira — »en ek má fylgja[11] þér

[1] Fra U. [2] er—var sål. W; mgl. de øvr. [3] var tf. R, T, U. [4] Sål. W, T; laun, R. [5] Sål. W, T; en, R. [6] Sål. T. [7] Sål. W, U; gylt-, R, T. [8] Sål. W, U, T, med art. R. [9] Sål. (ıls) W, U; refil-, R, T. [10] Sål. W, U, T, ætti, R. [11] ek—fylgja, sål. W, (hann f. ek) T; fylgja má ek, R.

at sjá hann; skaltu þá sjálfr spyrja hann nafns« — ok snørisk sá maðr fyrir honum inn í hǫllina, en hann gekk eptir, ok þegar lauksk hurðin á hæla honum. Þar sá hann mǫrg gólf ok mart fólk, sumt með leikum, sumir drukku, sumir með vápnum ok bǫrðusk. Þá litaðisk hann umb ok þótti margir hlutir ótrúligir, þeir er hann sá; þá mælti hann:

2. Gáttir allar, | þvít óvíst's at vita,
áðr gangi framm[1], | hvar óvinir sitja
3 of skygnask skyli, | 6 á fleti fyrir.

Hann sá iii. hásæti ok hvert upp frá ǫðru, ok sátu iii menn sinn í hverju. Þá spurði hann, hvert nafn hǫfðingja þeira væri. Sá svarar, er hann leiddi inn, at sá, er í[2] nezta hásæti sat, var konungr — »ok heitir Hárr, en þar næst sá[3], er heitir Jafnhárr, en sá er[4] ofarst, er Þriði heitir«. Þá spyrr Hárr komandann, hvárt fleira er ørendi hans, en heimill er matr ok drykkr honum sem ǫllum þar í Háva-hǫll. Hann segir, at fyrst vill hann spyrja, ef nǫkkurr er fróðr maðr inni. Hárr segir, at hann komi eigi heill út, nema hann sé fróðari —

3 »ok stattu framm,
meðan þú fregn;
sitja skal sá's segir«.

2. Gangleri hóf svá mál sitt: Hverr er œztr eða elztr allra goða? — Hárr segir: Sá heitir Alfǫðr[5] at váru máli, en í Ásgarði enum forna átti hann xii. nǫfn; eitt er Alfǫðr; annat er Herran eða Herjan, iii. er Nikarr eða Hnikarr, iv. er Nikuðr[6] eða Hnikuðr, v. Fjǫlnir, vi. Óski, vii. Ómi, viii. Bifliði eða Biflindi, ix. Sviðurr[7], x. Sviðrir, xi. Viðrir, xii. Jálg eða Jálkr. — Þá spyrr Gangleri: Hvar er sá guð, eða hvat má hann, eða hvat hefir hann unnit frama-verka?

---

[1] um skoðaz skuli tf. T. [2] hinu tf. R, W; mgl. U, T. [3] Sål. W, T; mgl. R. [4] Sål. U, T; mgl. W, R. [5] Sål. W, U; all-, R, T. [6] Nikuz, R, W; nikur, T; nikuðr alene har U. [7] Sål. U; -arr, R; Suiðr, T.

— Hárr segir: Lifir hann of allar aldir ok stjórnar ǫllu ríki sínu ok ræðr ǫllum hlutum, stórum ok smám. — Þá mælti Jafnhárr: Hann smíðaði himin ok jǫrð ok lopt[1] ok alla eign þeira. — Þá mælti Þriði: Hitt er þó[2] mest, er hann gerði manninn ok gaf honum ǫnd þá, er lifa skal ok aldri týnask, þótt líkamr[3] fúni at moldu eða brenni at ǫsku; ok skolu allir menn lifa, þeir er rétt eru siðaðir, ok vera með honum sjálfum, þar sem heitir Gimlé[4], en vándir menn fara til heljar ok þaðan í Niflhel; þat er niðr í enn níunda heim. — Þá mælti Gangleri: Hvat hafðisk hann áðr at, en himinn ok jǫrð væri gǫr? — Þá svarar Hárr: Þá var hann með hrímþursum.

3. Gangleri mælti: Hvat var uphaf, eða hversu hófsk, eða hvat var áðr? — Hárr svarar: Svá sem segir í Vǫluspá:

4. Ár vas alda	jǫrð fannsk eigi
þat's ekki vas;	né uphiminn,
vasa sandr né sær	gap vas ginnunga,
4 né svalar unnir,	8 en gras ekki.

Þá mælti Jafnhárr: Fyrr var þat mǫrgum ǫldum, en jǫrð var skǫpuð, er Niflheimr var gǫrr, ok í honum miðjum liggr bruðr sá, er Hvergelmir heitir, ok þaðan af falla þær ár, er svá heita: Svǫl, Gunnþrá, Fjǫrm[5], Fimbulþul, Slíðr ok Hríð, Sylgr ok Ylgr, Víð, Leiptr; Gjǫll er næst helgrindum. — Þá mælti Þriði: Fyrst var þó sá heimr í suðrhálfu, er Múspell heitir; hann er ljóss ok heitr — sú átt er logandi ok brennandi[6] — ok ófœrr þeim, er þar eru útlendir ok eigi eigu þar óðul. Sá er Surtr nefndr, er þar sitr á landz-enda til landvarnar; hann hefir loganda sverð, ok í enda veraldar mun hann fara ok herja ok sigra ǫll goðin ok brenna allan heim með eldi; svá segir í Vǫluspá:

---

[1] Sål. U, T; med art. R, W. [2] Sål. T; mgl. de øvr. [3] Sål. U, W; med art. R, T. [4] eða Vingólf tf. R, W, T. [5] Sål. U, W; form, R, T. [6] er hann, tf. R, T.

5. Surtr ferr sunnan
með sviga lævi[1],
skínn af sverði
4 sól valtíva,
grjótbjǫrg gnata,
en gífr rata,
troða halir helveg,
8 en himinn klofnar.

4. Gangleri mælti: Hversu skipaðisk, áðr en ættirnar yrði eða aukaðisk mannfólkit? — Þá mælti Hárr: Ár þær, er kallaðar eru Élivágar, þá er þær váru svá langt komnar frá upsprettum[2], at eitrkvika[3] sú, er þar fylgði, harðnaði svá, sem sindr þat, er renn ór eldinum, þá varð þat íss, ok þá er sá íss gaf staðar ok rann eigi, þá héldi yfir þannug, en úr[4] þat, er af stóð eitrinu[5], fraus at hrími, ok jók hvert[6] hrímit[6] yfir annat alt í Ginnungagap. — Þá mælti Jafnhárr: Ginnungagap, þat er vissi til norðrættar[7], fyltisk með þunga ok hǫfugleik íss ok hríms ok inn í frá úr ok gustr; en enn syðri hlutr Ginnungagaps léttisk móti gneistum ok síum þeim, er flugu ór Múspellzheimi. — Þá mælti Þriði: Svá sem kalt stóð af Niflheimi ok allir hlutir grimmir, svá var alt[8] þat, er vissi námunda Múspelli, heitt ok ljóst, en Ginnungagap var svá hlætt sem lopt vindlaust; ok þá er mœtti hríminu blær hitans[9], svá at bráðnaði ok draup — ok af þeim kviku-dropum kviknaði með krapti þess, er til sendi hitann, ok varð mannz líkandi, ok er[10] sá nefndr Ymir, en hrímþursar kalla hann Aurgelmi, ok eru þaðan komnar ættir hrímþursa, svá sem segir í Vǫluspá enni skǫmmu:

6. Eru vǫlur allar
frá Vittólfi[11],
vitkar allir
4 frá Vilmeiði,
en seiðberendr
frá Svarthǫfða,
jǫtnar[12] allir[12]
8 frá Ymi komnir.

---

[1] leifi skr. T, R. [2] Sål. W; sprettu, T; sprettunni, R, sprettunum, U. [3] Sål. U, W, T; -kvikia, R. [4] Tf. efter W, T. [5] ok tf. R, W, T; mgl. U. [6] Sål. W, U, T; omv. R. [7] Sål. W, U, T; norðrs-, R. [8] Sål. W, U, T, mgl. R. [9] mœtti—hitans, W ∓ U; mættız hrimin ok (hrimino, T) bl. h., R, T. [10] Sål. W, T; var, R. [11] Vıct-, U; við-, de øvr. [12] Sål. W, U; omv. R, T.

En hér segir svá Vafþrúðnir jǫtunn[1]:

7. Ór Élivǫgum
stukku eitrdropar
3 ok óx unz ór varð jǫtunn;
þar[2] órar ættir
kómu[3] allar saman,
6 því's þat æ alt til atalt.

Þá mælti Gangleri: Hvernig óxu ættir[4] þaðan eða skapaðisk svá, at fleiri menn urðu, eða trúi þér[5] þann guð, er nú sagðir þú frá? — Þá svarar Jafnhárr[6]: Fyrir engan mun játum vér hann guð; hann var illr ok allir hans ættmenn; þá kǫllum vér hrímþursa; en[7] svá er sagt, at[8] þá er hann svaf, fekk hann sveita, þá óx undir vinstri hendi honum maðr ok kona, ok annarr fótr hans gat son við ǫðrum, en þaðan af kómu ættir; þat eru hrímþursar. Enn gamli hrímþurs — hann kǫllum vér Ymi.

5. Þá mælti Gangleri: Hvar byggði Ymir eða við hvat lifði hann? — Hárr svarar[9]: Næst var þat, þá er hrímit draup, at þar varð af kýr sú, er Auðumla[10] hét, en iv. mjólkár runnu ór spenum hennar, ok fœddi hon Ymi. — Þá mælti Gangleri: Við hvat fœddisk kýrin? — Hárr segir: Hon sleikði hrímsteinana[11], er saltir váru, ok enn fyrsta dag, er hon sleikði steinana[12], kom ór steininum at kveldi mannz hár, annan dag mannz hǫfuð; þriðja dag var þar allr maðr; sá er nefndr Búri; hann var fagr álitum, mikill ok máttugr; hann gat son þann, er Borr hét. Hann fekk þeirar konu, er Bestla[13] hét, dóttir Bǫlþorns jǫtuns, ok fengu þau iii. sonu; hét einn Óðinn, annarr Vili, iii. Vé. Ok þat er mín trúa, at sá Óðinn ok hans brœðr munu vera stýrandi himins ok jarðar; þat ætlum vér, at hann myni svá heita.

---

[1] Her tf. R þá spurþı ganglerı med et halvvers af Vafþr. 30, hvorefter tfs. þá er; halvverset også ı W, ikke i U, T. [2] eru tf. R. [3] komnar, R. [4] saman tf. R. [5] Sål. W, U, T; trúır þú, R. [6] Sål. U, T; Hárr, W, R. [7] Sål. W, T, ok, R. [8] afrevet i R; i W, T. [9] H sv.. sål. U, T, mgl. R, W. [10] -umla, U; -umbla, W, T; -humla, R. [11] Sål. R, -steina þa, T. [12] Sål. R, W. [13] Sål. W, besla, R, beıtla, T; beyzl-, U.

Svá heitir sá maðr, er vér vitum mestan ok ágæztan, ok vel megu þér[1] hann láta svá heita.

6. Þá mælti Gangleri: Hvat varð þá um þeira sætt, eða hvárir váru ríkari? — Þá svarar Hárr: Synir Bors drápu Ymi jǫtun. En er hann fell, þá hljóp svá mikit blóð ór sárum hans, at með því drekðu þeir allri ætt hrímþursa, nema einn komsk undan með sínu hýski. Þann kalla jǫtnar Bergelmi; hann fór upp á lúðr sinn ok kona hans ok helzk þar, ok eru af þeim komnar hrímþursa ættir, svá sem hér segir:

8. Ørófi vetra þat ek fyrst of man,
áðr væri jǫrð of[2] skǫpuð, es sá enn fróði jǫtunn
3 þá vas Bergelmir borinn; 6 á vas lúðr of lagiðr.

7. Þá segir Gangleri: Hvat hǫfðusk þá at Bors synir, ef þú trúir, at þeir sé goð? — Hárr segir: Eigi er þar lítit af at segja. Þeir tóku Ymi ok fluttu í mitt Ginnungagap ok gerðu af honum jǫrðina — af blóði hans sæinn ok vǫtnin, jǫrðin var gǫr af holdinu[3], en bjǫrgin af beinunum, grjót ok urðir gerðu þeir af tǫnnum ok jǫxlum ok af þeim beinum, er brotin váru. — Þá mælti Jafnhárr: Af því blóði, er ór sárum rann ok laust fór, þar af gerðu þeir sjá þann, er þeir gerðu ok festu saman jǫrðina, ok lǫgðu þann sjá í hring útan um hana, ok mun þat flestum manni ófœra þykkja, at komask þar yfir. — Þá mælti Þriði: Tóku þeir ok haus hans ok gerðu þar af himin ok settu hann upp yfir jǫrðina með iv. skautum, ok undir hvert horn settu þeir dverg; þeir heita svá, Austri, Vestri, Norðri, Suðri. Þá tóku þeir síur ok gneista þá, er lausir fóru ok kastat hafði ór Múspellzheimi, ok settu í mitt Ginnungagap á[4] himin bæði ofan ok neðan til at lýsa himin ok jǫrð Þeir gáfu staðar ǫllum eldingum, sumum á himni, sumar fóru lausar undir himni, ok settu þó þeim stað ok skǫpuðu gǫngu þeim. Svá er sagt í forn-

---

[1] Sál. W, T, þeir, R. [2] Mgl. R. [3] Denne sætn. mgl. U, men behøver ikke at være indskud. [4] í—á sál. U, T, á miðjan Ginnunga, R á (himin), W.

um vísendum, at þaðan af váru dœgr greind ok ára-tal; svá[1] segir í Vǫluspá:

9. Sól þat né vissi,
hvar hon sali átti;
máni þat né vissi,
hvat hann megins átti;
stjǫrnur þat né vissu,
hvar þær staði ǫttu.

Svá var áðr en þetta væri[2]. — Þá mælti Gangleri: Þetta eru mikil tíðendi, er nú heyri ek; furðu-mikil smíð er þat ok hagliga gǫr[3]. Hvernig var jǫrðin háttuð? — Þá svarar Hárr: Hon er kringlótt útan ok þar útan um liggr enn djúpi sjár, ok með þeiri sjávar-strǫndu gáfu þeir lǫnd til byggðar jǫtna ættum; en fyrir innan á jǫrðunni gerðu þeir borg umhverfis heim fyrir ófriði jǫtna, en til þeirar borgar hǫfðu þeir brár Ymis jǫtuns, ok kǫlluðu þá borg Miðgarð. Þeir tóku ok heila hans ok kǫstuðu í lopt ok gerðu af skýin, svá sem hér segir:

10. Ór Ymis holdi
vas jǫrð of skǫpuð,
3 en ór sveita sær,
bjǫrg ór beinum,
baðmr ór hári,
6 en ór hausi himinn.

11. En ór hans brǫm
gerðu blíð regin
3 Miðgarð manna sonum;
en ór hans heila
vǫru þau en harðmóðgu
6 ský ǫll of skǫpuð.

8. Þá mælti Gangleri: Mikit þótti mér þeir hafa þá snúit til leiðar, er jǫrð ok himinn var gǫrt ok sól ok himintungl váru sett ok skipt dœgrum; ok hvaðan kómu menninir, þeir er heim byggva? — Þá svarar Hárr: Þá er þeir gengu með sævar-strǫndu Bors-synir[4], fundu þeir tré tvau ok tóku upp tréin ok skǫpuðu af menn; gaf enn fyrsti ǫnd ok líf, annarr vit ok hrœring, iii. ásjónu, mál[5] ok heyrn ok sjón; gáfu þeim klæði ok nǫfn; hét karlmaðrinn Askr, en konan Embla, ok ólsk[6] þaðan af mannkindin[7], sú[8] er byggðin var gefin undir Miðgarði. Þar næst gerðu þeir sér borg í

---

[1] sem tf. R. [2] of jǫrð tf. R. [3] Sål. T, gǫrt, R, W. [4] Sål. U, W, T; foran gengu, R. [5] Med art. R, T. [6] Sål. W; ox, U; oluz, R, T. [7] Sål. U, W; -kindir, R, T. [8] Sål. W; þeim, R, T.

miðjum heimi, er kǫlluð er Ásgarðr; þat kalla menn[1] Trója. Þar byggðu goðin ok ættir þeira, ok gerðusk þaðan af mǫrg tíðendi ok greinir bæði á jǫrðu[2] ok í lopti. Þar er einn staðr, er Hliðskjálf heitir, ok þá er Alfǫðr[3] settisk þar í hásæti, þá sá hann of alla heima ok hvers mannz athœfi ok vissi alla hluti, þá er hann sá. Kona hans hét Frigg Fjǫrgvinsdóttir, ok af þeira ætt er sú kynslóð komin, er vér kǫllum ása-ættir, er byggt hafa Ásgarð enn forna ok þau ríki, er þar liggja til, ok er þat[4] goðkunnig ætt. Ok fyrir því má hann heita Alfǫðr, at hann er faðir allra goðanna ok manna ok allz þess, er af honum ok hans krapti var fullgǫrt. Jǫrðin var dóttir hans ok kona hans; af henni gerði hann enn fyrsta soninn, en þat[5] er Ásaþórr; honum fylgði afl ok sterkleikr; þar af sigrar hann ǫll kvikvendi.

9. Nǫrfi eða Narfi hét jǫtunn, er byggði í Jǫtunheimum; hann átti dóttur, er Nótt hét; hon var svǫrt ok døkk, sem hon átti ætt til. Hon var gipt þeim manni, er Naglfari hét; þeira sonr hét Auðr[6]. Því næst var hon gipt þeim, er Ánarr hét; Jǫrð hét þeira dóttir. Síðarst átti hana Dellingr ok[7] var hann ása ættar; var þeira sonr Dagr; var hann ljóss ok fagr eptir faðerni sínu. Þá tók Alfǫðr Nótt ok Dag, son hennar, ok gaf þeim ii hesta ok ii. kerrur, ok sendi[8] þau upp á himin, at þau skolu ríða á hverjum ii. dœgrum umhverfis jǫrðina. Ríðr Nótt fyrri þeim hesti, er kallaðr er Hrímfaxi, ok at morni hverjum døggvir hann jǫrðina af méldropum sínum. Sá hestr, er Dagr á, heitir Skinfaxi, ok lýsir alt lopt ok jǫrðina af faxi hans.

10. Þá mælti Gangleri: Hversu stýrir hann gang sólar eða[9] tungls? — Hárr segir: Sá maðr er nefndr Mundilfari, er átti tvau bǫrn; þau váru svá fǫgr ok fríð, at hann kallaði

---

[1] Sål. T, kallaz, W; kǫllum ver, R. [2] Sål. R, W, T. [3] Sål. U, T; Óðinn, R, W. [4] alt tf. R, W; mgl. U, T. [5] Sål. W, T; þar, R. [6] Sål. U, W, T; Uðr, R. [7] Sål. U, W, T, mgl. R. [8] Sål W, T; setti, U, R. [9] Sål. W, T; ok, R.

son[1] sinn[1] Mána, en dóttur sína Sól, ok gipti hana þeim manni, er Glenr hét; en goðin reiddusk þessu ofdrambi ok tóku þau systkin ok settu upp á himin, létu Sól keyra þá hesta, er drógu kerru sólar[2] þeirar, er goðin hǫfðu skapat, til at lýsa heimana, af þeiri síu, er flaug ór Múspellzheimi; þeir hestar heita svá, Árvakr ok Alsviðr; en undir bógum hestanna settu goðin tvá vindbelgi at kœla þá, en í sumum frœðum er þat kallat ísarnkol. Máni stýrir gǫngu tungls ok ræðr nýjum ok niðum; hann tók ii. bǫrn af jǫrðunni, er svá heita, Bil ok Hjúki, er þau gengu frá brunni þeim, er Byrgir heitir, ok báru á ǫxlum sér sá, er heitir Sægr, en stǫngin Simul. Viðfinnr er nefndr faðir þeira. Þessi bǫrn fylgja Mána[3], sem sjá má af jǫrðu.

11. Þá mælti Gangleri: Skjótt ferr sólin, ok nær svá, sem hon sé hrædd, ok eigi myndi hon þá meirr hvata gǫngunni, at hon hræddisk bana sinn. — Þá svarar Hárr: Eigi er þat undarligt, at hon fari ákafliga; nær gengr sá, er hana sœkir; ok engan útveg á hon, nema renna undan. — Þá mælti Gangleri: Hverr er sá, er henni gerir þann ómaka? — Hárr segir: Þat eru ii. úlfar, ok heitir sá, er eptir henni ferr, Skoll; hann hræðisk hon ok hann mun taka hana, en sá heitir Hati Hróðvitnisson, er fyrir henni hleypr, ok vill hann taka tunglit, ok svá mun verða. — Þá mælti Gangleri: Hver er ætt úlfanna? — Hárr segir: Gýgr ein býr fyrir austan Miðgarð í þeim skógi, er Járnviðr heitir; í þeim skógi byggva þær trǫllkonur, er Járnviðjur heita. En gamla gýgr fœðir at sonum marga jǫtna ok alla í vargs líkjum, ok þaðan af eru komnir þessir úlfar. Ok svá er sagt, at af ættinni verðr sá einn mátkastr, er kallaðr er Mánagarmr; hann fyllisk með fjǫrvi allra þeira manna, er deyja, ok hann gleypir tungl, en[4] støkkvir blóði himin ok lopt ǫll; þaðan týnir sól skini

[1] Sál. W; annat, R, T. [2] Sál. U, T; med art. R, W. [3] svá tf. R, W. [4] Sál. U, W, T; ok, R.

sínu ok vindar eru þá ókyrrir ok gnýja heðan ok handan; svá segir í Vǫluspá:

12. Austr býr en aldna
í Járnviði
ok fœðir þar
4 fenris kindir;
verðr af[1] þeim ǫllum
einna nǫkkurr
tungls tjúgari
8 í trolls hami.

13. Fyllisk fjǫrvi
feigra manna;
rýðr ragna sjǫt
4 rauðum dreyra;
svǫrt verða sólskin,
of sumur eptir
veðr ǫll válynd.
8 Vituð ér enn eða hvat?

12. Þá mælti Gangleri: Hver er leið til himins af jǫrðu? — Þá svarar Hárr ok hló við: Eigi er nú fróðliga spurt; er þér eigi sagt þat, er[2] goðin gerðu brú af jǫrðu til himins[3], er[4] heitir Bifrǫst?; hana muntu sét hafa; kann vera, at kallið[5] ér[5] regnboga. Hon er með iii. litum ok mjǫk sterk ok gǫr með list ok kunnáttu meiri en aðrar smíðir. En[6] svá sterk sem hon er[7], þá mun hon brotna, þá er Múspellz-megir fara ok ríða hana, ok svima hestar þeira yfir stórar ár; svá koma þeir framm. — Þá mælti Gangleri: Eigi þótti mér goðin gera af trúnaði[8] brúna, er hon skal brotna mega, er þau megu þó[9] gera, sem þau vilja. — Þá mælti Hárr: eigi eru goðin hallmælis verð af þessi smíð[10]; góð brú er Bifrǫst, en engi hlutr er sá í þessum heimi, er sér megi treystask, þá er Múspellz-sønir[11] herja.

13. Þá mælti Gangleri: Hvat hafðisk Alfǫðr þá at, er gǫrr var Ásgarðr? — Hárr mælti: Í uphafi setti hann stjórnarmenn í sæti[12] ok beiddi þá at dœma með sér ørlǫg manna ok ráða um skipun borgarinnar; þat var þar, sem heitir Iðavǫllr í miðri borginni. Var þat et fyrsta þeira verk, at gera

---

[1] Sål. U, W; or, R, T. [2] Sål. U, W, T; at, R. [3] af j. til h., sål. U, W, T; omv. R. [4] Sål. U, W, T; ok, R. [5] Sål. T; þat kallir þú, R, W, þú kallir hana, U. [6] Sål. U, W, T, ok, R. [7] st.|s. h. er, sål. U, W, T; omv. R. [8] traustu, T. [9] Sål. U, T, mgl. W, R. [10] af — smíð, sål. W, U (at); af þessu smíði, T; fyrir þessa smíð, R. [11] megir, U. [12] í s., sål. U, W, T; mgl. R.

hof þat, er sæti þeira xii.[1] standa í ǫnnur en hásætit, þat er Alfǫðr á; þat hús er bezt gǫrt á jǫrðu ok mest; alt er þat útan ok innan svá sem gull eitt; í þeim stað kalla menn Glaðsheim[2]. Annan sal gerðu þeir; þat var hǫrgr, er gyðjurnar áttu, ok var hann allfagrt hús; hann[3] kalla menn Vingólf. Þar næst gerðu þeir hús[4], er[5] þeir lǫgðu afla í[5], ok þar til[6] gerðu þeir hamar ok tǫng ok steðja ok þaðan af ǫll tól ǫnnur; ok því næst smíðuðu þeir málm ok stein ok tré, ok svá gnógliga þann málm, er gull heitir, at ǫll bús-gǫgn ok ǫll reiðigǫgn[7] hǫfðu þeir af gulli, ok er sú ǫld kǫlluð gullaldr, áðr en spiltisk af tilkvámu kvinnanna; þær kómu ór Jǫtunheimum. Þar næst settusk goðin upp í sæti sín ok réttu dóma sína ok mintusk, hvaðan dvergar hǫfðu kviknat í moldunni ok niðri í jǫrðunni, svá sem maðkar í holdi. Dvergarnir hǫfðu skipazk fyrst ok tekit kviknun i holdi Ymis ok váru þá maðkar, en af atkvæði goðanna urðu þeir vitandi manvits ok hǫfðu mannz-líki ok búa þó í jǫrðu ok í steinum. Móðsognir var œztr[8] ok annarr Durinn; svá segir í Vǫluspá:

14. Þá gengu regin ǫll
á rǫkstóla,
ginnheilog goð,
4 ok of þat gættusk,
hverr[9] skyldi dverga
drótt of skepja
ór brimi blóðgu[10]
8 ok ór Bláins leggjum.

15. Þar manlíkun
mǫrg of gerðusk,
dvergar í jǫrðu,
4 sem Durinn sagði.

Ok þessi segir hon nǫfn þeira[11]:

16. Nýi ok[12] Niði,
Norðri, Suðri,
Austri, Vestri,
4 Alþjófr, Dvalinn,

---

[1] Her U, W; efter í, R, T. [2] Sål. W, T; Glað-, U, R. [3] allf.—hann: sål. T, W (þat f. hann); allgott hús ok fagrt hann, U; allfagr; þat hús, R. [4] Sål. U; þat, R, T. [5] Sål. U; at, R, T. [6] lǫgðu—til, mgl. T. [7] ok ǫ. r. sål. U (mgl. ǫll), W, T; mgl. R. [8] Sål. U, W, T; dvergr, R. [9] Sål. U, W; at, R, T. [10] Brimis blóði, T. [11] dverganna tf. R. [12] Sål W; mgl. de øvr.

Nár *ok*[1] Náinn,
Nípingr, Dáinn,
Bífurr, Bǫfurr,
8 Bǫmburr, Nóri,
Óri[2], Ónarr,
Óinn, Mjǫðvitnir[3],
Viggr ok Gandálfr,
12 Vindálfr, Þorinn,
Fíli, Kíli,
Fundinn, Váli,
Þrór, Þróinn,
16 Þekkr, Litr ok[4] Vitr,
Nýr, Nýráðr,
Rekkr, Ráðsviðr.

En þessir eru ok dvergar ok búa í steinum, en enir fyrri í moldu:

17. Draupnir, Dolgþvari,
Hǫrr[5], Hugstari,
Hleðjólfr, Glóinn,
4 Dóri, Óri,
Dúfr, Andvari,
Heptifili
Hárr, Svíarr[6].

En þessir kómu frá Svarinshaugi til Aurvanga á Jǫruvǫllu, ok er þaðan kominn[7] Lovarr — þessi eru nǫfn þeira:

18. Skirfir, Virfir,
Skáfiðr, Ái,
Álfr, Yngvi,
Eikinskjaldi,
Falr, Frosti,
Fiðr, Ginnarr.

14 Þá mælti Gangleri: Hvar er hǫfuðstaðrinn eða helgistaðr[8] goðanna? — Hárr svarar: Þat er at aski Yggdrasils; þar skolu goðin eiga dóma sína hvern dag. — Þá mælti Gangleri: Hvat er at segja frá þeim stað? — Þá segir Jafnhárr: Askrinn er allra trjá mestr ok beztr; limar hans dreifask um[9] heim allan ok standa yfir himni; þrjár rœtr trésins halda því upp ok standa afar-breitt, ein er með ásum[10], ǫnnur með hrímþursum, þar sem forðum var Ginnungagap; en þriðja stendr yfir Niflheimi, ok undir þeiri rót er Hvergelmir, en Níðhǫggr gnagar neðan rótna. En undir þeiri rót, er til hrímþursa horfir, þar er Mímisbrunnr, er spekð ok

---

[1] Mgl. alle. [2] Orr, U, orinn, T; mgl. R. [3] Sål. alle, undt. R: moð·. [4] Sål. U, W; mgl. R, T. [5] Skr. haur, R, T, W. [6] Sål. W; Sniar, T; Sıarr, R. [7] er—kominn, sål. W, U (þ. e. k.); eru komnir þ., R; eru þaðan ættir komnar, T. [8] Med art. R. [9] Sål. U, W; yfir, R, T. [10] en tf. R, W.

manvit er í fólgit, ok heitir sá Mímir, er á brunninn; hann er fullr af vísendum, fyrir því at hann drekkr ór brunninum af horninu Gjallarhorni. Þar kom Alfǫðr ok beiddisk eins drykkjar af brunninum, en hann fekk eigi, fyrr en hann lagði auga sitt at veði; svá segir í Vǫluspá:

19. Alt veitk, Óðinn,	drekkr mjǫð Mímir
hvar auga falt	morgin hverjan
í[1] þeim enum mæra	af veði Valfǫðrs.
4 Mímis brunni;	8 Vituð ér enn eða hvat?

Þriðja rót asksins stendr á himni ok undir þeiri rót er brunnr sá, er mjǫk er heilagr, er heitir Urðarbrunnr; þar eigu goðin dómstað sinn. Hvern dag ríða æsir þangat upp um Bifrǫst; hon heitir ok Ásbrú. Hestar ásanna heita svá: Sleipnir er baztr; hann á Óðinn; hann hefir viii. fœtr; annarr er Glaðr, iii. Gyllir, iiii. Glenr[2], v. Skeiðbrimir, vi. Silfrintopr[3], vii. Sinir, viii. Gísl, ix. Falhófnir, x. Gulltopr, xi.[4] Léttfeti[4]. Baldrs hestr var brendr með honum, en Þórr gengr til dómsins[5] ok veðr ár þær, er svá heita:

20. Kǫrmt ok Ǫrmt	6 at aski Yggdrasils,
ok Kerlaugar tvær —	þvít Ásbrú
3 þær skal Þórr vaða	brenn ǫll loga,
dag hvern,	heilog vǫtn hlóa.
es hann dœma ferr[6]	

Þá mælti Gangleri: Brenn eldr yfir Bifrǫst? — Hárr segir: Þat, er þú sér rautt í boganum, er eldr brennandi; upp á himin mundu ganga[7] bergrisar, ef ǫllum væri fœrt á Bifrǫst, þeim er fara vilja. Margir staðir eru á himni fagrir, ok er þar alt guðlig vǫrn fyrir. Þar stendr salr einn fagr undir askinum við brunninn, ok ór þeim sal koma iii. meyjar, þær er svá heita, Urðr, Verðandi, Skuld; þessar meyjar skapa mǫnnum aldr; þær kǫllum vér nornir; en eru fleiri nornir,

---

[1] Sål. U, W, T; ur, R. [2] W, T; Glær, R. [3] Sål. W, T, jfr. Slin-, U; silfr-, R. [4] Omv. R. [5] doms. sins, R. [6] Sål. U, W, T; skal, R. [7] hrímþursar ok, tf. R.

þær er koma til hvers barns[1], er borit er, at skapa aldr, ok eru þessar goðkunnigar, en aðrar álfa-ættar, en enar þriðju dverga-ættar, svá sem hér segir:

21. Sundrbornar mjǫk
segi[2] ek[3] nornir vesa[4],
3 eigut þær ætt saman;
sumar eru áskungar[5],
sumar eru alfkungar[5],
6 sumar dœtr Dvalins.

Þá mælti Gangleri: Ef nornir ráða ørlǫgum manna, þá skipta þær geysi-ójafnt, er sumir hafa gott líf ok ríkuligt, en sumir hafa lítit lén eða lof, sumir langt líf, sumir skamt. — Hárr segir: Góðar nornir ok vel ættaðar skapa góðan aldr, en þeir menn, er fyrir óskǫpum verða, þá valda því illar nornir.

15. Þá mælti Gangleri: Hvat er fleira at segja stórmerkja frá askinum? — Hárr segir: Mart er þar af at segja. Ǫrn einn sitr í limum asksins, ok er hann margs vitandi, en í milli augna honum sitr haukr sá, er heitir Veðrfǫlnir. Íkorni sá, er heitir Ratatoskr, renn upp ok niðr eptir askinum ok berr ǫfundar-orð milli arnarins ok Níðhǫggs, en iiii. hirtir renna í limum asksins ok bíta barr; þeir heita svá, Dáinn, Dvalinn, Duneyrr, Duraþrór. En svá margir ormar eru í Hvergelmi með Níðhǫgg, at engi tunga má telja; svá segir hér:

22. Askr Yggdrasils
drýgir erfiði
3 meira an menn viti;
hjǫrtr bítr ofan,
en á hliðu fúnar,
6 skerðir Níðhǫggr neðan

Svá er enn[6] sagt:

23. Ormar fleiri
liggja und aski Yggdrasils
3 en þat of hyggi hverr
[ósviðra apa[7]]
Góinn ok Móinn,
þeir ro Grafvitnis synir,
6 Grábakr ok Grafvǫlluðr;
Ófnir ok Sváfnir
hygg ek at æ myni
9 meiðs kvistum[8] má.

---

[1] Sål. U, W, T; manz, R (og så borinn). [2] Sål. W; hygg, U, R, T. [3] at tf. W, R, T. – [4] Sål. U; sé, de øvr. [5] Sål. W, T; -kunnar, R; -kyndar, U. [6] Sål. W, U; mgl. R, T. [7] afa, R, W. [8] Sål. (dativ) alle.

Enn er þat sagt, at nornir þær, er byggva við[1] Urðarbrunn, taka hvern dag vatn í brunninum ok með[2] aurinn þann, er liggr um brunninn, ok ausa upp yfir askinn, til þess at eigi[1] skolu[3] limar hans tréna eða fúna, en þat vatn er svá heilagt, at allir hlutir, þeir er[4] þar koma í brunninn, verða svá hvítir sem hinna sú, er skjall heitir, er innan liggr við eggskurn, svá sem hér segir:

24. Ask veitk ausinn,	þaðan koma dǫggvar,
heitir Yggdrasill[5],	þærs[6] í dala[7] falla;
hǫr baðmr heilagr	stendr[8] æ yfir grœnn
4 hvíta-auri;	8 Urðarbrunni.

Sú dǫgg, er þaðan af fellr á jǫrðina, þat kalla menn hunangfall[9], ok þar af fœðask býflugur. Fuglar ii. fœðask í Urðarbrunni; þeir heita svanir, ok af þeim fuglum hefir komit þat fugla-kyn, er svá heitir.

16. Þá mælti Gangleri: Mikil tíðendi kant þú at segja af himninum[10]. Hvat er þar fleira hǫfuðstaða en at Urðarbrunni? — Hárr segir: Margir staðir eru þar gǫfugligir. Sá er einn staðr þar, er kallaðr er Álfheimr; þar byggvir fólk þat, er Ljósálfar heita, en Døkkálfar búa niðri í jǫrðu, ok eru þeir ólíkir[11] sýnum ok[12] miklu ólíkari reyndum. Ljósálfar eru fegri en sól sýnum, en Døkkálfar eru svartari en bik. Þar er enn[13] sá staðr, er Breiðablik er kallat, ok engi er þar fegri staðr. Þar er ok sá, er Glitnir heitir, ok eru veggir hans ok steðr allar[14] ok stólpar af rauðu gulli, en þak hans af silfri. Þar er enn sá staðr, er Himinbjǫrg heita; sá stendr á himins-enda við brúar-sporð, þar er Bifrǫst kømr til himins. Þar er enn mikill staðr, er Valaskjálf heitir; þann stað á Óðinn; þann gerðu goðin ok þǫkðu skíru silfri,

[1] Sål. U, W, T; mgl. R. [2] við T. [3] Sål. U, W, T; skyli, R. [4] Sål. U, W, T; sem, R. [5] Sål. U, W, T; -ils, R. [6] Sål. W; þær, U, er, R, T. [7] Sål. T, dali, de øvr. [8] hann tf. R, T. [9] Sål. R, W, T; -angs-, U. [10] Sål. W, T; himnum, R, honom (?), U. [11] þeim tf. R, W (mgl. U, T), men þeir går både på Lj. og D. [12] Sål. U, W, T, en, R. [13] Sål. W, T; ok, U; einn, R. [14] Sål. U, W, T; mgl. R.

ok þar er Hliðskjálfin í þessum sal, þat hásæti, er svá heitir; ok þá er Alfǫðr sitr í því sæti, þá sér hann of alla[1] heima[1]. Á sunnanverðum himins-enda er sá salr, er allra er fegrstr, ok bjartari en sólin, er Gimlé heitir; hann skal standa, þá er bæði himin ok jǫrð hefir farizk, ok byggva þann stað góðir menn ok réttlátir of allar aldir; svá segir í Vǫluspá:

25. Sal veitk standa
sólu fegra,
golli þakðan[2]
4 á Gimlé
þar[3] skolu dyggvar
dróttir byggva
ok of aldrdaga
8 ynðis njóta.

Þá mælti Gangleri: Hvat gætir þess staðar, þá er Surtalogi brennir himin ok jǫrð? — Hárr segir: Svá er sagt, at annarr himinn sé suðr ok upp frá þessum[4], ok heitir sá[5] Andlangr, en enn iii. himinn sé enn upp frá þeim, ok heitir sá Víðbláinn; ok á þeim himni hyggjum vér þenna stað vera, en Ljósálfar einir hyggjum vér at nú byggvi þá staði.

17. Þá mælti Gangleri: Hvaðan kømr vindr?; hann er sterkr, svá at hann hrœrir stór hǫf, ok hann œsir eld, en svá sterkr sem hann er, þá má eigi sjá hann; því er hann undarliga skapaðr. — Þá segir Hárr: Þat kann ek vel segja þér. Á norðanverðum himins-enda sitr jǫtunn sá, er Hræsvelgr heitir; hann hefir arnar-ham, en er hann beinir flug, þá stendr[6] vindr[6] undan vængjum hans[7], sem hér segir[8]:

26. Hræsvelgr heitir,
es sitr á himins enda,
3 jǫtunn í arnar ham;
af hans vængjum
kveða vind koma
6 alla menn yfir.

18. Þá mælti Gangleri: Hví skilr svá mikit, at sumar skal vera heitt, en vetr kaldr? — Hárr segir: Eigi myndi svá fróðr maðr spyrja, þvíat þetta vitu allir at segja, en ef þú

---

[1] Sål. W, T; allan heim, R, U (omv.). [2] Sål. U, W; betra, R, T. [3] þann, W, T. [4] himni tf. R, T; mgl. W, U. [5] himinn tf. R; mgl. W, T. [6] Sål. U, T; standa vindar, R, W. [7] Sål. U, W, T, honum, R. [8] sem—segir, sål. U, W; hér segir svá, R, svá s. h., T.

einn[1] ert[1] orðinn svá fáviss, at eigi hefir þetta heyrt, þá vil ek þó þat vel virða, at heldr spyrir þú eitt sinn ófróðliga, en þú gangir lengr duliðr þess, er skylt er at vita. Svásuðr heitir sá, er faðir Sumars er, ok er hann sællífr, svá at af hans heiti er þat kallat sváshgt, er blítt er; en faðir Vetrar er ýmist kallaðr Vindljóni[2] eða Vindsvalr; hann er Vásaðar sonr, ok váru þeir áttungar grimmir ok svalbrjóstaðir, ok hefir Vetr þeira skaplyndi.

19. Þá mælti Gangleri: hverir eru æsir, þeir er mǫnnum er skylt at trúa á[3]? — Hárr svarar: Tólf eru æsir goðkunnigir. — Þá mælti Jafnhárr: Eigi eru ásynjurnar óhelgari ok eigi megu þær minna. — Þá mælti Þriði: Óðinn er œztr ok elztr ásanna; hann ræðr ǫllum hlutum; ok svá sem ǫnnur goðin eru máttug, þá þjóna honum ǫll svá sem bǫrn fǫður, en Frigg er kona hans, ok veit hon ǫll[4] ørlǫg manna, þótt hon segi eigi spár, svá sem hér er sagt, at Óðinn mælti sjálfr við þann ás, er Loki heitir:

27. Œrr ertu nú[5] Loki	ørlǫg Frigg
ok ørviti,	hygg ek at ǫll viti,
3 hví né lezkaþu[6] Loptr[7];	6 þótt hon sjálfgi segi.

Óðinn heitir Alfǫðr, þvíat hann er faðir allra goða; hann heitir ok Valfǫðr, þvíat hans óska-sønir eru allir þeir, er í val falla; þeim skipar hann Valhǫll ok Vingólf, ok heita þeir þá Einherjar. Hann heitir ok Hangaguð ok Haptaguð, Farmaguð, ok enn hefir hann nefnzk á fleiri vega, þá er hann var kominn til Geirrøðar konungs:

28. Hétumk Grímr	Helblindi, Hárr,
ok Gangleri[8],	Saðr, Svipall,
Herjann, Hjálmberi,	8 Sanngetall,
4 Þekkr, Þriði,	Herteitr, Hnikarr,
Þuðr, Uðr,	Bileygr, Báleygr,

[1] Sál. W, T; omv. R. [2] -liomi, T; -lion, W; -loni, R. [3] Sál. U, W, T; mgl. R. [4] Sál. W, T; mgl. R, U. [5] Sál. U, W; mgl. R, T. [6] Sál. W; legska-, R, T. [7] Sál. U, T; Loki, R; mgl. W. [8] Gangari, R.

	Bǫlverkr, Fjǫlnir,		Gǫndlir, Hárbarðr,
12	Grímnir, Glapsviðr, Fjǫlsviðr,		Sviðurr, Sviðrir,
	Síðhǫttr, Siðskeggr,	20	Jálkr, Kjalarr, Viðurr,
	Sigfǫðr, Hnikuðr,		Þrór, Yggr, Þundr,
	Alfǫðr, Atríðr, Farmatýr,		Vakr, Skilfingr,
16	Óski, Ómi,		Váfuðr, Hroptatýr,
	Jafnhárr, Biflindi,	24	Gautr[1], Veratýr[2].

Þá mælti Gangleri: Geysi-mǫrg heiti hafi þér gefit honum, ok þat veit trúa mín, at þat[3] mun vera mikill fróðleikr, sá er hér[4] kann skyn ok dœmi, hverir atburðir hafa orðit sér til hvers þessa nafns. — Þá svarar Hárr: Mikil skynsemi er at rifja þat[5] vandliga upp[6], en þó er þér þat skjótast at segja, at flest heiti hafa verit gefin af þeim atburð[7], at svá margar sem eru greinir tungnanna í verǫldunni, þá þykkjask allar þjóðir þurfa at breyta nafni hans til sinnar tungu til ákallz ok bœna fyrir sjálfum sér, en sumir atburðir til þessa heita hafa gǫrzk í ferðum hans, ok er þat fœrt í frásagnir, ok muntu eigi mega fróðr maðr heita, ef þú skalt eigi kunna segja frá þeim stórtíðendum.

20. Þá mælti Gangleri: Hver eru nǫfn annarra ásanna, eða hvat skolu þeir at hafask[8], eða hvat hafa þeir gǫrt til frama? — Hárr segir: Þórr er þeira framast, sá er kallaðr er[9] Ásaþórr eða Ǫkuþórr; hann er sterkastr allra goðanna ok manna. Hann á þar ríki, er Þrúðvangar heita, en hǫll hans heitir Bilskirnir; í þeim sal eru v. hundruð gólfa ok fjórir tigir; þat er hús mest, svá at menn viti[10]; svá segir í Grímnismálum:

---

[1] Her tf. T, U: Jalkr. [2] Det er usikkert, hvorvidt remsen bör opfattes som verslinier. [3] Sål. U, T; þetta, W, R. [4] hann, T. [5] Her U, W; þau (her), T; efter vandl. R. [6] Sål U, W, T; mgl. R. [7] Sål. W, T; -burðr, R (ditt.), -burðum, U. [8] skolu—hafask, sål. W, T, hafaz þeir at, R, mgl. U. [9] Sål. U, W, T; mgl. R [10] Sål. U, T, hafa (-i W) gert, R, W.

29. Fimm hundruð golfa
ok umb[1] fjórum tøgum,
3 svá hygg ek Bilskirni með
bugum[2];
ranna þeira,
es ek rept vita,
6 míns veitk mest magar.

Þórr á hafra ii, er svá heita, Tanngnjóstr ok Tanngrisnir, ok reið, þá er hann ekr, en hafrarnir draga reiðna; því er hann kallaðr Ǫkuþórr. Hann á ok iii. kostgripi; einn[3] er hamarrinn Mjǫllnir, er hrímþursar ok bergrisar kenna, þá er hann kømr á lopt[4], ok er þat eigi undarligt; hann hefir lamit margan haus á feðrum eða frændum þeira. Annan grip á hann beztan, megingjarðar, ok er hann spennir þeim um sik, þá vex honum ásmegin hálfu. Enn iii. hlut á hann, þann er mikill gripr er í; þat eru járnglófar[5]; þeira má hann eigi missa við hamars-skaptit. En engi er svá fróðr, at telja kunni ǫll stórvirki hans, en segja kann ek þér svá mǫrg tíðendi frá honum, at dveljask munu stundirnar, áðr en sagt er alt, þat er ek veit.

21. Þá mælti Gangleri: Spyrja vil ek[8] tíðenda af fleirum ásunum. — Hárr segir: Annarr sonr Óðins er Baldr, ok er frá honum gott at segja; hann er beztr ok hann lofa allir; hann er svá fagr álitum ok bjartr[6], at lýsir af honum, ok eitt gras er svá hvítt, at jafnat er til Baldrs brár; þat er allra grasa hvítast, ok þar eptir mátþú marka fegrð[7] hans[7], bæði á[8] hár ok á líki; hann er vitrastr ásanna ok fegrst talaðr[9] ok líknsamastr, en sú náttúra fylgir honum, at engi má haldask[10] dómr hans. Hann býr þar sem heitir Breiðablik; þat er á himni; í þeim stað má ekki vera óhreint, svá sem hér segir:

30. Breiðablik heita,
þar es Baldr hefir
3 sér of gǫrva sali,
á[11] því landi,
es ek liggja veit
6 fæsta feiknstafi.

---

[1] um, R, W, T. [2] bogum, U [3] þeira tf. R (f. einn þ. har T: sem). [4] á lopt, sál. U, W, T; mgl. R. [5] -greipr, U. [6] svá tf. R, T. [7] Sål. U, W, T, omv. R. [8] Sål. U, W, T; mgl. R. [9] taliðr, R. [10] Sål. R, U, T, hallaz, W (fejlskr.). [11] í, R.

22. Enn þriði áss er sá, er kallaðr er Njǫrðr; hann býr á himni, þar sem heitir Nóatún; hann ræðr fyr gǫngu vindz ok stillir sjá ok eld; á hann skal heita til sæfara ok til veiða; hann er svá auðigr ok fésæll, at hann má gefa þeim auð landa eða lausa-fjár; á hann skal til þess heita[1]. Eigi er Njǫrðr ása ættar[2]; hann var upp fœddr í Vanaheimi[3], en vanir gísluðu hann goðunum ok tóku í mót at[4] gíslingu þann, er Hœnir heitir; hann varð at sætt með goðum[5] ok vǫnum. Njǫrðr á þá konu, er Skaði heitir, dóttir Þjaza jǫtuns. Skaði vill hafa bústað þann, er átt hafði faðir hennar; þat er á fjǫllum nǫkkurum, þar sem heitir Þrymheimr[6], en Njǫrðr vill vera nær sæ; þau sættusk á þat, at þau skyldu vera ix. nætr í Þrymheimi[6], en þá aðrar ix.[7] at Nóatúnum. En er Njǫrðr kom aptr til Nóatúna af fjallinu, þá kvað hann þetta:

31. Leið erumk fjǫll,
vaska lengi á[8],
3 nætr einar níu;
ulfa þytr
mér þótti illr vesa
6 hjá sǫngvi svana.

Þá kvað Skaði þetta:

32. Sofa ek né[9] máttak
sævar beðjum á
3 fogls jarmi fyrir;
sá mik vekr,
es af víði kømr,
6 morgin hverjan mǫr.

Þá fór Skaði upp á fjall[10] ok byggði í Þrymheimi[11], ok ferr hon mjǫk á skíðum ok með boga ok skýtr dýr; hon heitir ǫndurgoð eða ǫndurdís; svá er sagt:

33. Þrymheimr[11] heitir,
es Þjazi bjó,
3 sá enn ámátki jǫtunn,
en nú Skaði byggvir,
skír brúðr goða,
6 fornar toptir fǫður.

---

[1] á—heita, sål. U, W, T, er á h. heita t. þ., R. [2] Eigi—ættar, sål. U, W, T (mgl. ása); mgl. R. [3] Sål U, W, T; -heimum, R. [4] ása tf. R [5] goðunum, R. [6] Sål T, W; þrum-, R, þruþ- (!), U. [7] iij., W, U. [8] Sål. W, T; hjá, U; mgl. R. [9] Sål. W; mgl. de øvr.; matka skr. T. [10] Sål. U, W, T; fiallit, R. [11] Sål. R, W, T; þruþ-, U.

23. Njǫrðr í Nóatúnum gat síðan ii. bǫrn; hét annat[1] Freyr, en dóttir Freyja; þau váru fǫgr álitum ok máttug. Freyr er enn ágætasti af ásum; hann ræðr fyrir regni ok skini sólar ok þar með ávexti jarðar, ok á hann er gott at heita til árs ok friðar; hann ræðr ok fésælu manna. En Freyja er ágætust af ásynjum; hon á þann bœ á himni, er Folkvangr[2] heitir, ok hvar sem hon ríðr til vígs, þá á hon hálfan val, en hálfan Óðinn; svá er[3] hér sagt[3]:

34. Folkvangr heitir,
en þar Freyja ræðr
3 sessa kostum í sal;
halfan val
hon kýss[4] hverjan dag,
6 en halfan Óðinn á.

Salr hennar Sessrúmnir[5], hann er mikill ok fagr; en er hon ferr, þá ekr hon á[6] kǫttum sínum[7] ok sitr í reið; hon er nákvæmust mǫnnum til á at[8] heita, ok af hennar nafni er þat tignar[9]-nafn, er ríkis-konur eru kallaðar fróvur; henni líkaði vel mansǫngr; á hana er gott at heita til ásta.

24. Þá mælti Gangleri: Miklir þykkja mér þessir fyrir sér æsirnir, ok eigi er undarligt, at mikill kraptr fylgi yðr, er þér skoluð kunna skyn goðanna ok vita, hvert biðja skal hverrar bœnarinnar; eða eru fleiri enn goðin? — Hárr segir: Sá er enn áss, er Týr heitir; hann er djarfastr ok bezt hugaðr ok hann ræðr mjǫk sigri í orrostum; á hann er gott at heita hreystimǫnnum. Þat er orðtak, at sá er týhraustr, er um fram er aðra menn ok ekki sésk fyrir. Hann er[10] ok[11] vitr, svá at þat er ok[11] mælt, at sá er týspakr, er vitrastr[12] er. Þat er eitt mark um djarfleik hans, þá er æsir lokkuðu Fenrisúlf til þess at leggja fjǫturinn á hann, Gleipni, þá trúði hann þeim eigi, at þeir mundu leysa hann, fyrr en þeir lǫgðu honum at veði hǫnd Týs í munn hans[13]; en þá

---

[1] Sål. U, W, T; sonr, R. [2] Sål. W, jfr. -vang, U, -vangar, R, T (heita). [3] Sål. W, T; sem . . . segir, R. [4] á tf. R. [5] Sål. W, T; -rýmnir, R. [6] Sål. U, T; mgl. R, W. [7] Sål. U, T; ii, R, W. [8] Sål. R; mgl. de øvr. [9] Sål. U, W, T; mgl. R. [10] Sål. W; jfr. U; var, R, T. [11] Mgl. R. [12] Sål. W, T; vitr, R. [13] Sål. U, W, T; ulfsins, R.

er æsir vildu eigi leysa hann; þá beit hann hǫndina af, þar er nú heitir úlfliðr, ok er hann einhendr ok ekki kallaðr sættir manna.

25. Bragi heitir einn; hann er ágætr at speki ok mest at málsnild ok orðfimi; hann kann mest af skáldskap, ok af honum er bragr kallaðr skáldskapr, ok af hans nafni er sá kallaðr bragr karla eða bragr[1] kvinna, er orðsnild hefir framarr en aðrir, kona eða karlmaðr. Kona hans er Iðunn; hon varðveitir í eski sínu epli þau, er goðin skolu á bíta, þá er þau eldask, ok verða þá allir ungir, ok svá mun vera alt til ragna-røkrs. — Þá mælti Gangleri: Allmikit þykki mér goðin eiga undir gæzlu eða trúnaði Iðunnar. — Þá mælti Hárr ok hló við: Nær lagði þat ófœru einu sinni; kunna mun ek þar af at segja, en þú skalt nú fyrst heyra fleiri[2] nǫfn ásanna.

26. Heimdallr heitir einn; hann er kallaðr hvíti-áss; hann er mikill ok heilagr; hann báru at søni meyjar níu ok allar systr; hann heitir ok Hallinskiði ok Gullintanni; tennr hans váru af gulli; hestr hans heitir Gulltopr. Hann býr þar er heita[3] Himinbjǫrg við Bifrǫst; hann er vǫrðr goða ok sitr þar við himins-enda at gæta brúarinnar fyrir berg-risum; hann[4] þarf[4] minna svefn en fugl; hann sér jafnt nótt sem dag hundrað rasta frá sér; hann heyrir ok þat, er gras vex á jǫrðu eða ull á sauðum ok alt þat, er hæra lætr; hann hefir lúðr þann, er Gjallarhorn heitir, ok heyrir blástr hans í alla heima. Heimdalar sverð er kallat hǫfuð mannz[5]. Hér er svá sagt:

35. Himinbjǫrg heita, | þar vǫrðr goða
en þar Heimdall kveða | drekkr í væru ranni
3 valda véum, | 6 glaðr enn góða mjǫð.

Ok enn segir hann sjálfr í Heimdalargaldri:

---

[1] Sål. W, T; mgl. R, U. [2] Sål. U, W, T, efter ásanna, R. [3] Sål. W, T; heitir, U, R. [4] Sål. U, W, T; omv. R. [5] Sål. T; mgl. W, R.

36. Níu emk mœðra mǫgr,
níu emk systra sonr.

27. Hǫðr heitir einn ássinn; hann er blindr; œrit er hann sterkr[1], en vilja mundu goðin, at þenna ás þyrfti eigi at nefna, þvíat hans handa-verk munu lengi vera hǫfð at minnum með goðum ok mǫnnum.

28. Víðarr heitir einn, enn þǫgli áss; hann hefir skó þjokkvan; hann er sterkr næst því sem Þórr[2]; af honum hafa goðin mikit traust í allar þrautir.

29. Áli eða Váli heitir einn, sonr Óðins ok Rindar, hann er djarfr í orrostum ok mjǫk happskeytr.

30. Ullr heitir einn, sonr Sifjar, stjúpsonr Þórs; hann er bogmaðr svá góðr, ok skíðfœrr svá, at engi má við hann keppask; hann er ok fagr álitum ok hefir hermannz atgørvi; á hann er[3] gott at heita í einvígi.

31. Forseti heitir sonr Baldrs ok Nǫnnu Nepsdóttur; hann á þann sal á himni, er Glitnir heitir, en allir, er til hans koma með sakar-vendræði[4], þá fara allir sáttir á braut; sá er dómstaðr beztr með goðum ok mǫnnum; svá segir hér:

37. Glitnir heitir salr, en þar Forseti
hann es golli studdr byggvir flestan dag
3 ok silfri þakðr et sama, 6 ok svæfir allar sakar.

32. Sá er enn talðr með ásum, er sumir kalla rógbera ásanna ok frumkveða[5] flærðanna ok vamm[6] allra goða ok manna; sá er nefndr Loki eða Loptr, sonr Fárbauta jǫtuns; móðir hans heitir[7] Laufey eða Nál; brœðr hans eru þeir Býleistr ok Helblindi. Loki er fríðr ok fagr sýnum, illr í skaplyndi, mjǫk fjǫlbreytinn at háttum; hann hafði þá speki um framm aðra menn, er slœgð heitir, ok vélar til allra hluta; hann kom ásum jafnan í fult vendræði[4], ok opt leysti hann

---

[1] Sál. U, W, T; styrkr, R. [2] er tt. R. [3] ok tf. R; mgl. U, W, T. [4] Sál. U; vand-, de øvr. (kvæði T). [5] -kveðil, T. [6] Sál. U; vǫmm, W, R; ouin, T. [7] Sál. U, W, T; er, R.

þá með vélræðum. Kona hans heitir Sigyn; sonr þeira Nari eða Narfi.

33. Enn átti Loki fleiri bǫrn. Angrboða hét gýgr í Jǫtunheimum; við henni gat Loki iii. bǫrn; eitt var Fenrisúlfr, annat Jǫrmungandr — þat er Miðgarðzormr —, iii. er Hel. En er goðin vissu til, at þessi iii. systkin fœddusk upp í Jǫtunheimum ok goðin rǫkðu til spádóma, at af þessum[1] systkinum[1] myndi þeim mikit[2] óhapp standa, ok þótti ǫllum[3] illz af væni, fyrst af móðerni ok enn verra af faðerni. Þá sendi Alfǫðr til goðin at taka bǫrnin ok fœra sér. Ok er þau kómu til hans, þá kastaði hann orminum í enn djúpa sæ, er liggr um lǫnd[1] ǫll[1], ok óx sá ormr svá, at hann liggr í miðju hafinu of lǫnd[1] ǫll[1] ok bítr í sporð sér. Hel kastaði hann í Niflheim ok gaf henni vald yfir ix. heimum, at hon skyldi[4] skipta[4] ǫllum vistum með þeim, er til hennar váru sendir, en þat eru sóttdauðir menn ok ellidauðir. Hon á þar mikla bólstaði ok eru garðar hennar forkunnar-hávir ok grindr stórar. Éljúðnir heitir salr hennar, hungr diskr hennar, sultr knífr hennar, Ganglati þræll[5], Ganglǫt ambátt, Fallanda-forað[6] þreskǫldr[7], er inn gengr, Kǫr sæing, Blíkjanda-bǫl ársali hennar. Hon er blá hálf, en hálf með hǫrundar-lit; því er hon auðkend ok heldr gnúpleit ok grimmlig. Úlfinn fœddu æsir heima, ok hafði Týr einn djarfleik at[8] ganga til, at[8] gefa honum mat. En er goðin sá, hversu mikit hann óx hvern dag, ok allar spár sǫgðu, at hann myndi vera lagðr til skaða þeim, þá fengu æsirnir[9] þat ráð, at þeir gerðu fjǫtur allsterkan, er þeir kǫlluðu Lœðing, ok báru hann til úlfsins ok báðu hann reyna afl sitt við fjǫturinn, en úlfinum þótti sér þat ekki ofrefli ok lét þá fara með, sem þeir vildu. En[10] et fyrsta sinn, er úlfrinn spyrnði við,

---

[1] Omv. R. [2] mein ok tf. R. [3] mikils tf. R. [4] Sål. U, W, T; skipti, R. [5] Med art. R, T. [6] grind, þolmóðnir tf. U, mulig rigtig (dog passer dette ikke til Sn. E. II, 494). [7] hennar tf. R, T. [8] til at ganga (at g. mgl. T); at úlfnum ok tf. R. [9] Sål. U, T; uden art. R, W. [10] Mgl. R.

brotnaði sá fjǫturr; svá leystisk hann ór Lœðingi[1]. Því næst gerðu æsirnir annan fjǫtur hálfu sterkara, er þeir kǫlluðu Dróma, ok báðu enn úlfinn reyna þann fjǫtur ok tǫlðu hann verða mundu ágætan mjǫk af[2] afli, ef slík stórsmíði mætti eigi halda honum; en úlfrinn hugsaði, at þessi fjǫturr var sterkr mjǫk, ok þat með, at honum hafði afl vaxit síðan er hann braut Lœðing[1] — kom þat í hug, at hann myndi verða at leggja sik í hættu, ef hann skyldi frægr verða, ok lét leggja á sik fjǫturinn. Ok er æsir tǫlðusk búnir, þá hristi úlfrinn sik[3] ok laust fjǫtrinum á jǫrðina ok[4] knúðisk fast at, spyrnði við, braut fjǫturinn[4], svá at fjarri[5] flugu brotin; svá drap hann sik ór Dróma. Þat er síðan haft fyrir orðtak, at »leysi ór Lœðingi[1]« eða »drepi ór Dróma«, þá er einn hverr hlutr er ákafliga sóttr. Eptir þat óttuðusk æsirnir, at þeir myndi eigi fá bundit úlfinn. Þá sendi Alfǫðr[6] þann, er Skírnir er nefndr, sendimaðr Freys, ofan í Svartálfaheim til dverga nǫkkurra ok lét gera fjǫtur þann, er Gleipnir heitir; hann var gǫrr af vi.[7] hlutum, af dyn kattarins ok af skeggi konunnar ok af rótum bjargsins ok af sinum bjarnarins ok af anda fisksins ok af fogls hráka — ok þóttú vitir eigi áðr þessi tíðendi, þá máttu nú finna skjótt hér sǫnn dœmi, at eigi er logit at þér; sét munt þú hafa[8], at konan hefir ekki skegg ok engi dynr verðr af hlaupi kattarins, ok eigi eru rœtr undir bjarginu, ok þat veit trúa mín, at jafnsatt er þat alt, er ek hefi sagt þér, þótt þeir sé sumir hlutir, er þú mátt eigi reyna. — Þá mælti Gangleri: Þetta má ek at vísu skilja at satt er; þessa hluti má ek sjá, er þú hefir nú til dœma tekit, en hvernig varð fjǫturrinn smíðaðr? — Hárr segir: Þat kann ek þér vel segja. Fjǫturrinn varð sléttr ok blautr sem silkiræma, en svá traustr ok sterkr, sem nú skaltu heyra. Þá er fjǫturrinn var fœrðr ásunum, þǫkkuðu þeir vel sendi-

[1] Skr. lð- i T. [2] Sål. U, W, T; at, R. [3] spyrnir við tf. R i marginen. [4] ok—fjǫturinn, sål. W (dog spyrnir), T, U (dog spyrnir og at fast f. við) mgl. R. [5] færri, R. [6] Her tf. R intet. [7] v., R, T. [8] Mgl. R.

manni sitt ørendi. Þá fóru æsirnir út í vatn þat, er Ámsvartnir heitir í hólm þann, er Lyngvi er kallaðr, ok kǫlluðu með sér úlfinn, sýndu honum silkibandit ok báðu hann slíta ok kváðu vera nǫkkuru traustara, en líkendi þœtti á fyrir digrleiks sakar, ok seldi hverr ǫðrum ok treysti með handafli[1], ok slitnaði eigi, en þó kváðu þeir úlfinn slíta mundu. Þá svarar úlfrinn: svá lízk mér á þenna dregil, sem enga frægð munak[2] af hljóta, þótt ek slíta í sundr svá mjótt band, en ef þat er gǫrt með list ok vél, þótt þat sýnisk lítit, þá kømr þat band eigi á mína fœtr. Þá sǫgðu æsirnir, at hann myndi skjótt sundr slíta mjótt silkiband, er hann hafði fyrr brotit stóra járnfjǫtra — en ef þú fær eigi þetta band slitit, þá muntu ekki hræða mega goðin[3], skolum vér[4] þá leysa þik. Úlfrinn segir: ef ér[5] bindið mik, svá at ek fæk eigi leyst mik, þá skollið[6] þér svá[6], at mér mun seint verða at taka af yðr hjálp; ófúss em ek at láta þetta band á mik leggja; en heldr en þér frýið mér hugar, þá leggi einn hverr yðarr[7] hǫnd sína í munn mér at veði, at þetta sé falslaust gǫrt. En hverr ásanna sá til annars ok þótti nú vera tvau vendræði[8] ok vildi engi sína hǫnd framm selja, fyrr en Týr lét framm hœgri[9] hǫnd sína ok leggr í munn úlfinum. En er úlfrinn spyrnir, þá harðnaði bandit, ok því harðara, er hann brauzk um, því skarpara var bandit. Þá hlógu allir nema Týr; hann lét hǫnd sína. Þá er æsirnir sá, at úlfrinn var bundinn at fullu, þá tóku þeir festina, er ór var fjǫtrinum, er Gelgja heitir, ok drógu hana gǫgnum hellu mikla — sú heitir Gjǫll — ok festu helluna langt í jǫrð niðr; þá tóku þeir mikinn stein ok skutu enn lengra í jǫrðina — sá heitir Þviti — ok hǫfðu þann stein fyrir festar-hælinn. Úlfr-

[1] Sål. U, W, T; handa afli, R. [2] munc eg, T. [3] enda tf. R. [4] mega tf. T, W (men her overstreget). [5] Sål. T; þer, de øvr. [6] Mgl. T og at (mun mér); monu þér svá ætla, W; skil ek, U. [7] Sål. U, W, T, mgl. R. [8] Sål. U, vand-, de øvr. [9] Sål. U, W, T; efter sína, R.

inn gapði ákafliga ok feksk um mjǫk ok vildi bíta þá; þeir skutu í munn honum sverði nǫkkuru; nema hjǫltin við neðra gómi, en øfra gómi blóðrefillinn[1]; þat er gómsparri hans. Hann grenjar illiliga ok slefa renn ór munni hans; þat er á sú, er Ván heitir; þar liggr hann til ragna-røkrs. — Þá mælti Gangleri: Furðu illa barna eign gat Loki, en ǫll þessi systkin eru mikil fyrir sér — en fyrir hví drápu æsir eigi úlfinn, er[2] þeim er illz af honum ván[3]? — Hárr svarar: Svá mikils virðu goðin vé sín ok griða-staði, at eigi vildu þau saurga þá með blóði úlfsins, þótt svá segi spárnar, at hann myni verða at bana Óðni.

34. Þá mælti Gangleri: Hverjar eru ásynjurnar? — Hárr segir: Frigg er œzt; hon á þann bœ, er Fensalir heita, ok er hann allvegligr. Ǫnnur er Sága; hon býr á Søkkvabekk, ok er þat mikill staðr. Iii. er Eir — hon er læknir beztr. Iiii. er Gefjun — hon er mær, ok henni þjóna þær, er meyjar andask. V. er Fulla — hon er enn mær ok ferr laushár ok gullband um hǫfuð; hon berr eski Friggjar ok gætir skóklæða hennar ok veit launráð með henni. Vi.[5] Freyja er tígnust með Frigg; hon giptisk þeim manni, er Óðr heitir; dóttir þeira er[4] Hnoss; hon er svá fǫgr, at af hennar nafni eru hnossir kallaðar, þat er fagrt er ok gørsimligt. Óðr fór í braut langar leiðir, en Freyja grætr eptir, en tár hennar er gull rautt. Freyja á mǫrg nǫfn, en sú er sǫk til þess, at hon gaf sér ýmis heiti, er hon fór með ókunnum þjóðum at leita Óðs; hon heitir Mardǫll ok Hǫrn, Gefn, Sýr. Freyja átti Brísingamen. Hon er ok[5] kǫlluð Vanadís. Vii. Sjǫfn — hon gætir mjǫk til at snúa hugum manna til ásta, kvinna ok karla, ok[5] af hennar nafni er elskhuginn kallaðr sjafni. Viii. Lofn — hon er svá mild ok góð til áheita, at hon fær leyfi af Alfǫðr eða Frigg til manna samgangs, kvinna ok karla, þótt áðr sé bannat eða þvertekit

[1] Sål. alle, undt. R uden (?) art [2] ef, W, T. [3] Foran af R. [4] Sål. U, T; heitir, R; mgl. W. [5] Mgl. R.

þykki[1]; þat[2] er af hennar nafni lof kallat ok svá þat, at[3] hon[3] er lofuð[4] mjǫk af mǫnnum. Ix. Vár — hon hlýðir á eiða manna ok einka-mál, er veita sín á milli konur ok karlar; því heita þau mál várar; hon hefnir ok þeim er brigða. X. Vǫr — hon[5] er[5] vitr ok spurul, svá at engi hlut má hana leyna; þat er orðtak, at kona verði vǫr þess, er hon verðr vís. Xi. Syn — hon gætir dura í hǫllinni ok lýkr fyrir þeim, er eigi skolu inn ganga, ok hon er sett til varnar á þingum fyrir þau mál, er hon[6] vill ósanna[7]; því er þat orðtak, at syn sé fyrir sett, þá er maðr[8] neitar. Xii. Hlín — hon er sett til gæzlu yfir þeim mǫnnum, er Frigg vill forða við háska nǫkkurum; þaðan af er þat orðtak, at sá, er forðask, hleinir. Xiii. Snotra — hon er vitr ok látprúð; af hennar heiti er kallat snotr kona eða karlmaðr, sá er hóflátr[9] er. Xiiii. Gná — hana sendir Frigg í ýmsa heima at ørendum sínum; hon á þann hest, er renn lopt ok lǫg ok[10] heitir Hófvarpnir. Þat var eitt sinn, er hon reið, at vanir nǫkkurir sá reið hennar í loptinu; þá mælti einn:

38. Hvat þar flýgr?
hvat þar ferr,
eða at lopti líðr?

Hon svarar:

39. Né ek flýg,	á Hófvarpni,
þó ek ferk[11]	þeims Hamskerpir
3 ok at lopti líðk	6 gat við Garðrofu.

Af Gnár nafni er svá kallat, at þat gnæfar[12], er hátt ferr. Sól ok Bil eru talðar með ásynjum, en sagt er fyrr[13] eðli þeira.

35. Enn eru þær aðrar, er þjóna skolu í Valhǫll, bera

[1] Sål. W; mgl. R, eða þvert., mgl. T, U. [2] Sål. W, T, mgl. U, fyrir því, R. [3] Sål. W, T (mgl. at); mgl. R. [4] Sål. W, T; lofat er, R. [5] Sål. R, W, T; er, U; ok tf. R. [6] Sål. T, R; hann, W; maðr, U. [7] ásanna, R. [8] Sål. U, W, T; hann, R. [9] Sål. W, T; vitr maðr, R; sætn. mgl. U. [10] Sål. U, W, T; er, R. [11] Sål. U; fer, de øvr. [12] Sål. alle. [13] frá tf. R; mgl. W, T.

drykkju ok gæta borðbúnaðar ok ǫlgagna; svá eru þær nefndar í Grímnismálum:

40. Hrist ok Mist
vilk at mér horn beri
5 Skeggjǫld ok Skǫgul
Hildr ok Þrúðr,
Hlǫkk ok Herfjǫtur,
6 Gǫll ok Geirahǫð,
Randgríðr[1] ok Ráðgríðr[1]
ok Reginleif —
þær bera Einherjum ǫl.

Þessar heita valkyrjur; þær sendir Óðinn til hverrar orrostu; þær kjósa feigð á menn ok ráða sigri. Guðr ok Róta[2] ok norn en yngsta, er Skuld heitir, ríða jafnan at kjósa val ok ráða vígum. Jǫrð, móðir Þórs, ok Rindr, móðir Vála, eru talðar með ásynjum.

36. Gymir hét maðr, en kona hans Aurboða; hon var bergrisa ættar; dóttir þeira var[3] Gerðr, er allra kvinna var[4] fegrst. Þat var einn dag, at[5] Freyr hafði gengit í Hliðskjálf ok sá of heima alla, en er hann leit í norðrætt, þá sá hann á einum bœ mikit hús ok fagrt, ok til þess húss gekk kona, ok er hon tók upp hǫndunum[6] ok lauk hurð fyrir sér, þá lýsti af hǫndum hennar bæði í lopt ok á lǫg ok allir heimar[7] birtusk af henni; ok svá hefnði honum þat[8] mikillæti, er hann hafði sezk í þat et[9] helga sæti, at hann gekk í braut fullr af harmi. Ok er hann kom heim, mælti hann ekki; ekki[10] svaf hann, ekki[11] drakk hann[7]; engi þorði at[12] krefja hann málsins[13]. Þá lét Njǫrðr kalla til sín Skírni, skósvein Freys, ok bað hann ganga til Freys ok beiða hann orða ok spyrja, hverjum hann væri svá reiðr, at hann mælti ekki við menn. En Skírnir lézk[14] ganga mundu ok eigi fúss ok kvað illra svara vera ván af honum. En er hann

---

[1] Sål. U, uden -r de øvr. [2] Sål. W, R, T. [3] Sål. U; er, de øvr. [4] Sål. W, T; er, R. [5] Sål. U, W, T; er, R. [6] Sål. W, T; uden art. R. [7] Mgl. R. [8] mikla tf. R. [9] Sål. W, T, U; mgl. R. [10] Sål. W, T; hvárki, R. [11] Sål. W, T; né, R. [12] Sål. W, T; ok, R. [13] Sål. W, T; orða, R. [14] Sål W, T; kvez, R.

kom til Freys, þá spurði hann, hví Freyr var svá hnipinn ok mælti ekki við menn. Þá svarar Freyr ok sagði, at hann hafði sét konu fagra ok fyrir hennar sakar var hann svá harmfullr[1], at eigi myndi hann lengi lifa, ef hann skyldi eigi ná henni — »ok nú skaltu fara ok biðja hennar mér til handa ok hafa hana[2] hingat, hvárt er faðir hennar vill eða eigi[3] — skal ek þat vel launa þér«. Þá svarar Skírnir[4] svá, at hann skal fara sendiferð, en Freyr skal fá honum sverð sitt — þat var svá gott[5], at sjálft vásk — en Freyr lét eigi þat til skorta ok gaf honum sverðit. Þá fór Skírnir ok bað honum konunnar ok fekk heit[6] hennar, ok níu nóttum síðarr skyldi hon þar koma, er Barrey heitir, ok ganga þá at brullaupinu með Frey. En er Skírnir sagði Frey sitt ørendi, þá kvað hann þetta:

41. Lǫng es nǿtt, opt mér mǫnuðr
lǫng es ǫnnur, minni þótti,
3 hvé megak[7] þreyja þríar? 6 an sjá hǫlf hýnǿtt.

Þessi sǫk var[8] til, er Freyr var svá vápnlauss, er hann barðisk við Belja ok drap hann með hjartar-horni. — Þá mælti Gangleri: Undr mikit, er því-líkr hǫfðingi sem Freyr er vildi gefa sverð, svá at hann átti eigi annat jafngott; geysimikit mein var honum þat, þá er hann barðisk við þann, er Beli heitir; þat veit trúa mín, at þeirar gjafar myndi hann þá iðrask. — Þá svarar Hárr: Lítit mark var þá at, er þeir Beli hittusk; drepa mátti Freyr hann með hendi sinni; verða mun þat, er Freyr mun þykkja verr við koma, er hann missir sverðzins, þá er Múspellz-sønir fara at[9] herja.

37. Þá mælti Gangleri: Þat segir þú, at allir þeir menn, er í orrostu hafa fallit frá uphafi heims, eru nú komnir til Óðins í Valhǫll. Hvat hefir hann at fá þeim at vistum?; ek hugða, at þar skyldi vera allmikit fjǫlmenni. —

---

[1] Sål. W, T; harms, R. [2] heim tf. R. [3] ok tf. R. [4] sagði tf. R. [5] sverð tf. R. [6] Sål. W, T; med art. R. [7] Sål. T. [8] Sål. W, T, er, R [9] Sål. W, T; ok, R.

Þá svarar Hárr: Satt er þat, er þú segir; allmikit fjǫlmenni er þar, en myklu fleira skal enn verða, ok mun þó oflítit þykkja, þá er úlfrinn kømr. En aldri er svá mikill mannfjǫlði í Valhǫll, at eigi má þeim endask flesk galtar þess, er Sæhrímnir heitir; hann er soðinn hvern dag ok heill at apni. En þessi spurning, er nú spyrr þú, þykki mér líkara at fáir myni svá vísir vera, at hér kunni satt af[1] at segja. Andhrímnir heitir steikarinn, en Eldhrímnir ketillinn; svá er hér sagt:

42. Andhrímnir lætr fleska bazt,
í Eldhrímni en þat fáir vitu,
3 Sæhrímni soðinn, 6 við hvat Einherjar alask.

Þá mælti Gangleri: Hvárt hefir Óðinn þat sama borðhald sem Einherjar? — Hárr segir: Þá vist, er á hans borði stendr, gefr hann ii. úlfum, er hann á, er svá heita, Geri ok Freki; en[2] enga vist þarf hann; vín er honum bæði matr[3] ok drykkr[3]; svá segir hér:

43. Gera ok Freka en við vín
seðr gunntamiðr eitt vápngǫfigr
3 hróðigr Herjafǫðr, 6 Óðinn æ lifir.

Hrafnar ii. sitja á ǫxlum honum ok segja í eyru honum ǫll tíðendi, þau er þeir sjá eða heyra; þeir heita svá, Huginn ok Muninn; þá sendir hann í dagan at fljúga um heim[4] allan[4] ok koma þeir aptr at dǫgurðar-máli; þar af verðr hann margra tíðenda víss; því kalla menn hann Hrafnaguð; svá sem sagt er:

44. Huginn ok Muninn óumk ek Hugin,
fljúga hverjan dag at hann aptr né komi;
3 jǫrmungrund yfir; 6 þó sjámk ek meir of[5]
Munin.

38. Þá mælti Gangleri: Hvat hafa Einherjar at drykk, þat er þeim endisk jafngnógliga sem vistin, eða er þar vatn

[1] Sål. W, T; mgl. R. [2] Sål. U, W, T, ok, R. [3] Sål. U, T; omv. R, W. [4] Sål. W, T; jfr. U, omv. R. [5] Sål. (um) W, T, U; at, R.

drukkit? — Þá segir Hárr: Undarliga spyrr þú nú, at Alfǫðr mun bjóða til sín konungum eða jǫrlum eða ǫðrum ríkis-mǫnnum ok myni gefa þeim vatn at drekka — ok þat veit trúa mín, at margr kømr sá til Valhallar, er dýrt myndi þykkjask kaupa vaz-drykkinn, ef eigi væri betra fagnaðar þangat at vitja, sá er áðr þolir sár ok sviða til banans. Annat kann ek þér þaðan segja. Geit sú, er Heiðrún heitir, stendr uppi á Valhǫll ok bítr barr af limum trés þess, er mjǫk er nafnfrægt, er Læraðr heitir, en ór spenum hennar rennr mjǫðr sá, er hon fyllir skapker hvern dag; þat er svá mikit, at allir Einherjar verða fulldruknir af. — Þá mælti Gangleri: Þat er þeim geysi-haglig geit; forkunnar-góðr viðr mun sá[1] vera, er hon bítr af. — Þá mælti Hárr: Enn er meira mark at of hjǫrtinn Eikþyrni, er stendr á Valhǫll ok bítr af limum þess trés, en af hornum hans[2] verðr svá mikill dropi, at niðr kømr í Hvergelmi, ok[3] þaðan af falla þær[4] ár[4], er svá heita: Síð, Víð, Sœkin, Eikin[5], Svǫl, Gunnþrǫ̇, Fjǫrm, Fimbulþul, Gípul, Gǫpul, Gǫmul, Geirvimul — þessar falla um ása byggðir; þessar eru enn nefndar, Þyn, Vín, Þǫll, Hǫll[6], Gráð, Gunnþráin, Nyt, Nǫt, Nǫnn, Hrǫnn, Vína, Vegsvinn, Þjóðnuma.

39. Þá mælti Gangleri: Þetta eru undarlig tíðendi, er nú sagðir þú. Geysi-mikit hús mun Valhǫll vera; allþrǫngt mun þar opt vera fyrir durum. — Þá svarar Hárr: Hví spyrr þú eigi þess, hversu margar dyrr eru á hǫllinni[7] eða hversu stórar? Ef þú heyrir þat sagt, þá muntu segja, at hitt er undarligt, ef eigi má ganga út ok inn, hverr er vill; en þat er með sǫnnu at segja, at eigi er þrǫngra at skipa hana en ganga í hana; hér máttu heyra í Grímnismálum:

45. Fimm hundruð dura
ok of fjórum tøgum

---

[1] Sál. W, T; þat, R, U. [2] Mgl. R, T. [3] Sál. U, W, T, en, R. [4] Sál. U, W, T, omv. R. [5] Ekin, W, T, R; ækin, U. [6] Sál. U, W, T; boll, R. [7] Sál. W, T; Valhǫll, R.

5 svá hygg ek á Valhǫllu vesa
átta hundruð Einherja
ganga[1] ór einum durum,
6 þás þeir fara við[2] vitni at vega.

40. Þá mælti Gangleri: Allmikill mannfjǫlði er í Valhǫllu[3]; svá njóta trú minnar, at allmikill hǫfðingi er Óðinn, er hann stýrir svá miklum her. Eða hvat er skemtun Einherja[4], þá er þeir drekka eigi? — Hárr segir: Hvern dag, þá er þeir hafa klæzk, þá hervæða þeir sik ok ganga út í garðinn ok berjask ok fellir[5] hverr annan[5]; þat er leikr þeira; ok er líðr at dǫgurðar-máli, þá ríða þeir heim til Valhallar ok setjask til drykkju, svá sem hér segir:

46. Allir Einherjar
Óðins túnum í
3 hǫggvask hverjan dag;
val þeir kjósa
ok ríða vígi frá,
6 sitja meirr of sáttir saman.

En satt er þat, er þú sagðir; mikill er Óðinn fyrir sér; mǫrg dœmi finnask til þess; svá er hér sagt í orðum sjálfra ásanna:

47. Askr Yggdrasils
hann 's œztr viða,
3 en Skíðblaðnir skipa;
Óðinn ása,
en jóa Sleipnir,
6 Bifrǫst brúa,
en Bragi skálda,
Hábrók hauka,
9 en hunda Garmr.

41. Þá mælti Gangleri: Hverr á þann hest Sleipni, eða hvat er frá honum at segja? — Hárr segir: Eigi kantú deili á Sleipni ok eigi veiztu atburði, af hverju hann kom, en þat mun þér þykkja frásagnar vert. Þat var snimma í ǫndverða byggð goðanna, þá er goðin hǫfðu sett Miðgarð ok gǫrt Valhǫll, þá kom þar smiðr nǫkkurr ok bauð at gera þeim borg á þrim misserum svá góða, at trú ok ørugg væri fyrir bergrisum ok hrímþursum, þótt þeir kœmi inn um

---

[1] senn tf. W, T, R. [2] með, R, T. [3] Sål. U, W; hǫll, R, T. [4] Sål. U, T, med art. R, W. [5] fellr, R og annan er forskrevet, så at man har læst aannan, men det står der ikke.

Miðgarð, en hann mælti sér þat til kaups, at hann skyldi eignask Freyju, ok hafa vildi hann sól ok mána. Þá gengu æsirnir á tal ok réðu ráðum sínum, ok var þat kaup gǫrt við smiðinn, at hann skyldi eignask þat, er hann mælti til, ef hann fengi gǫrt borgina á einum vetri, en enn fyrsta sumars-dag ef nǫkkurr hlutr væri ógǫrr at borginni, þá skyldi hann af kaupinu, ok[1] skyldi hann af engum manni lið þiggja til verksins. Ok er þeir sǫgðu honum þessa kosti, þá beiddisk hann, at þeir skyldu lofa, at[2] hann[2] hefði lið af hesti sínum, er Svaðilfari[3] hét, en því réð Loki, er þat var til lagt við hann. Hann tók til enn fyrsta vetrar-dag at gera borgina, en of nætr dró hann til grjót á hestinum, en þat þótti ásunum mikit undr, hversu stór bjǫrg sá hestr dró, ok hálfu meira þrekvirki gerði hestrinn en smiðrinn. En at kaupi þeira váru sterk vitni ok mǫrg sœri, fyrir því at jǫtnum[4] þótti ekki tryggt at vera með ásum griðalaust, ef Þórr kvæmi heim, en þá var hann farinn í Austrveg at berja trǫll. En er á leið vetrinn, þá sóttisk mjǫk borgar-gerðin, ok var hon svá há ok sterk, at eigi mátti á þat leita. En þá er iii. dagar váru til sumars, þá var komit mjǫk at borghliði. Þá settusk goðin á dómstóla sína ok leituðu ráða ok spurði hverr annan, hverr því hefði ráðit at gipta Freyju í Jǫtunheima eða spilla loptinu ok himninum svá at taka þaðan sól ok tungl ok gefa jǫtnum, en þat kom ásamt með ǫllum, at þessu myndi ráðit hafa, sá er flestu illu ræðr, Loki Laufeyjarson, ok kváðu hann verðan illz dauða, ef eigi hitti hann ráð til, at smiðrinn væri af kaupinu, ok veittu Loka atgǫngu. En er hann varð hræddr, þá svarði hann eiða, at hann skyldi svá til haga, at smiðrinn væri[5] af kaupinu, hvat sem hann kostaði til. Ok et sama kveld, er smiðrinn ók út eptir grjótinu með hestinn Svaðilfara, þá hljóp ór skógi[6] nǫkkur-

---

[1] Sål. U, T; mgl. R, W. [2] Mgl. R. [3] Sål. W; -fǫri, R, T; -feri, U (allevegne). [4] Sål. W, R, T. [5] Sål. U, W, T; skyldi, R. [6] Med art R.

um merr ok[1] at hestinum ok hrein við; en er hestrinn kendi, hvat hrossi þetta var, þá œddisk hann ok sleit sundr reipin ok hljóp til merarinnar, en hon undan til skógar ok smiðrinn eptir ok vill taka hestinn, en þessi hross hlaupa alla nótt, ok dvelsk smíðin þá nótt, ok eptir um daginn varð ekki svá smíðat, sem fyrr hafði orðit. Ok þá er smiðrinn sér, at eigi mun lokit verða verkinu, þá fœrisk smiðrinn í jǫtunmóð. En er æsirnir sá þat til viss, at þar var bergrisi kominn, þá varð eigi þyrmt eiðunum, ok kǫlluðu þeir á Þór, ok jafnskjótt kom hann, ok því næst fór á lopt hamarrinn Mjǫllnir; galt hann[2] þá smíðar-kaupit ok eigi sól eða[3] tungl, heldr synjaði hann honum at byggva í Jǫtunheimum ok laust þat et fyrsta hǫgg, er haussinn brotnaði í smán mola, ok sendi hann niðr undir Niflheim[4]. En Loki hafði þá ferð haft til Svaðilfara, at nǫkkuru síðarr bar hann fyl; þat var grátt ok hafði viii. fœtr, ok er sá hestr baztr[5] með goðum ok mǫnnum. Svá segir í Vǫluspá:

48. Þá gengu regin ǫll	49. Á gengusk eiðar,
á rǫkstóla,	orð ok sœri,
ginnheilog goð,	mǫ́l ǫll meginlig,
4 ok of þat gættusk,	4 es á meðal fóru;
hverr hefði lopt alt	Þórr einn þar[6] vá[7],
lævi blandit	þrunginn móði,
eða ætt jǫtuns	hann sjaldan sitr,
8 Óðs mey gefna.	8 es hann slíkt of fregn.

42. Þá mælti Gangleri: Hvat er at segja frá Skíðblaðni, er hann er beztr skipa? hvárt er ekki skip jafnmikit[8] sem hann[9]? — Hárr segir: Skíðblaðnir er beztr skipanna ok með mestum hagleik gǫrr, en Naglfar[10] er mest skip; þat[11] á Múspell. Dvergar nǫkkurir, sønir Ívalda, gerðu Skíðblaðni

---

[1] Sál. W, T; mgl. R. [2] Sál. W, T, mgl. R. [3] Sál. W, T; ok, R [4] Sál. U, T, -hel, R, W. [5] Sál. W; beztr, de øvr. [6] Sál. U, T, þat, W R. [7] Sál. U, W, T; vann, R. [8] Sál. W, T; -gott, R. [9] er, eða jafnmikit tf. R. [10] Sál. W, T; -fari, U, R. [11] er tf. R; jfr. U.

ok gáfu Frey skipit; hann er svá mikill, at allir æsir megu skipa hann með vápnum ok herbúnaði, ok hefir hann byr, þegar er segl er dregit, hvert er fara skal; en þá er eigi skal fara með hann á sæ, þá er hann gǫrr af svá mǫrgum hlutum ok með svá mikilli list, at hann má vefja saman sem dúk ok hafa í pungi[1] sínum.

43. Þá mælti Gangleri: Gott skip er Skíðblaðnir, en allmikil fjǫlkyngi mun við vera hǫfð, áðr svá fái gǫrt. Hvárt hefir Þórr hvergi svá farit, at hann hafi hitt fyrir sér svá ríkt eða ramt, at honum hafi ofrefli[2] verit fyrir afls sakar eða fjǫlkyngi? — Þá mælti Hárr: Fár maðr vættir mik at frá því kunni segja, en mart hefir honum harðfœrt þótt, en þótt svá hafi verit, at nǫkkurr hlutr hafi svá ramr eða sterkr verit[3], at Þórr hafi eigi sigr fengit á unnit, þá er eigi[4] skylt at segja frá, fyrir því at mǫrg dœmi eru til þess ok því eru allir skyldir at trúa, at Þórr er mátkastr. — Þá mælti Gangleri: Svá lízk mér, sem þess hlutar muna[5] ek yðr spurt hafa, er engi er til fœrr at segja. — Þá mælti Jafnhárr: Heyrt hǫfum vér sagt frá þeim atburðum, er oss þykkja ótrúligir, at sannir myni vera, en hér mun sjá sitja nær, er vita mun sǫnn tíðendi af at segja, ok muntu því trúa, at hann mun eigi ljúga nú et fyrsta sinn, er aldri laug fyrr. — Þá mælti Gangleri: Hér mun ek standa ok hlýða, ef nǫkkur órlausn fæsk[6] þessa máls, en at ǫðrum kosti kalla ek yðr vera yfir komna, ef þér kunnuð eigi[7] segja, þat er ek spyr. — Þá mælti Þriði: Auðsýnt er nú, at hann vill þessi tíðendi vita, þótt oss þykki eigi fagrt at segja[8]. Þat er upphaf þessa máls, at Ǫkuþórr fór með hafra sína ok reið ok með honum sá áss, er Loki heitir[9]; koma þeir at kveldi til eins búanda ok fá þar náttstað. En um kveldit tók Þórr hafra sína ok

---

[1] Sål. U, W; pung, R, T. [2] í tf. W, R, mgl. U, T. [3] Sål. W, T, U (orðit), efter svá R. [4] Mgl. R. [5] Sål. U, W, T, mun, R. [6] Sål. W; fær, R; fer, T foran órl [7] at tf. R; mgl. W, T. [8] en þér er at þegja tf. R. [9] Sål W, T, er kallaðr, R.

skar báða; eptir þat váru þeir flegnir ok bornir til ketils; en er soðit var, þá settisk Þórr til náttverðar ok þeir lagsmenn. Þórr bauð til matar með sér búandanum ok konu hans ok bǫrnum þeira; sonr búanda[1] hét Þjálbi, en Rǫskva dóttir. Þá lagði Þórr hafrstǫkurnar útar frá eldinum ok mælti, at búandi ok heima-menn hans skyldu kasta á hafrstǫkurnar beinunum. Þjálfi, sonr búanda, helt á lærlegg hafrsins ok spretti á knífi sínum ok braut til mergjar. Þórr dvalðisk þar of nóttina, en í óttu fyrir dag stóð hann upp ok klæddi sik, tók hamarinn Mjǫllni ok brá upp ok vígði hafrstǫkurnar; stóðu þá upp hafrarnir, ok var þá annarr haltr eptra fœti. Þat fann Þórr ok talði, at búandinn eða hans hjón myndi eigi skynsamliga hafa farit með beinum hafrsins; kennir hann, at brotinn var lærleggrinn. Eigi þarf langt frá því at segja, vitu megu þat allir, hversu hræddr búandinn mundi vera, er hann sá, at Þórr lét síga brýnnar ofan fyrir augun; en þat er hann[2] sá augnanna, þá hugðisk hann falla mundu fyrir sjónum[3] hans einum[3] saman[4]; hann herði hendrnar at hamarskaptinu, svá at hvítnuðu knúarnir, en búandinn gerði, sem ván var, ok[5] ǫll hjúnin, kǫlluðu ákafliga, báðu sér friðar, buðu at yfirbótum[6] alt þat, er þau áttu; en er hann sá hræzlu þeira, þá gekk af honum móðrinn ok sefaðisk hann ok tók af þeim í sætt bǫrn þeira, Þjálfa ok Rǫsku, ok gerðusk þau þá skyldir þjónostu-menn hans[7], ok fylgja þau honum jafnan síðan.

44. Lét hann þar eptir hafra ok byrjaði ferðina austr í Jǫtunheima ok alt til hafsins, ok þá fór hann út yfir hafit þat et djúpa; en er hann kom til landz, þá gekk hann upp ok með honum Loki ok Þjálfi ok Rǫskva. Þá er þau hǫfðu litla hríð gengit, varð fyrir þeim mǫrk stór; gengu þau þann dag[8] allan til myrkrs. Þjálfi var allra manna fóthvatastr;

---

[1] Sål. W, T; búa, R. [2] Sål. U, T; mgl. W, R. [3] Sål. T, jfr. U; sjónunni einni, R, W. [4] Sål. U, W, T; samt, R. [5] at, R. [6] Sål W (bót), T; jfr. U; fyrir kvæmi, R. [7] Sål. W, T; jfr. U; Þórs, R. [8] Mgl. R.

hann bar kýl Þórs, en til vista var eigi gott. Þá er myrkt var orðit, leituðu þeir sér[1] náttstaðar ok fundu fyrir sér skála nǫkkurn mjǫk mikinn; váru dyrr á enda ok jafnbreiðar skálanum; þar leituðu þeir sér náttbóls. En of miðja nótt varð landskjálpti mikill, gekk jǫrðin undir þeim skykkjum ok skalf húsit. Þá stóð Þórr upp ok hét á lags-menn sína, ok leituðusk fyrir ok fundu afhús til hœgri handar í miðjum skálanum ok gengu þannig; settisk Þórr í dyrnar[2], en ǫnnur þau váru innar frá honum, ok váru þau hrædd, en Þórr helt hamarskaptinu ok hugði at verja sik; þá heyrðu þau ym mikinn ok gný. En er kom at dagan, þá gekk Þórr út ok sér mann[3], hvar lá[4] skamt frá honum í skóginum, ok var sá eigi lítill; hann svaf ok hraut sterkliga. Þá þóttisk Þórr skilja, hvat látum[5] verit hafði of nóttina; hann spennir sik megingjǫrðum ok óx honum ásmegin; ok[6] í því bili[6] vaknar sá maðr, stóð[7] upp skjótt[7], en þá er sagt, at Þór varð bilt einu sinni at slá hann með hamrinum, ok spurði hann at nafni, en sá nefndisk Skrýmir — »en eigi þarf ek, sagði hann, at spyrja þik at nafni; kenni ek, at þú ert Ásaþórr, eða hvárt hefir þú dregit á braut hanzka minn?« Seilðisk þá Skrýmir til ok tók upp hanzkann[8]; sér Þórr þá, at þat hafði hann haft of nóttina fyrir skála, en afhúsit, þat var þumlungrinn hanzkans. Skrýmir spurði, ef Þórr vildi hafa fǫruneyti hans, en Þórr játti því. Þá tók Skrýmir ok leysti nestbagga sinn ok bjósk til at eta dǫgurð, en Þórr í ǫðrum stað ok hans félagar. Skrýmir bauð þá, at þeir legði mǫtuneyti sitt, en Þórr játti því. Þá batt Skrýmir nest þeira alt í einn bagga ok lagði á bak sér; hann gekk fyrir of daginn ok steig heldr stórum, en síð[9] at kveldi leitaði Skrýmir þeim náttstaðar undir eik nǫkkurri mikilli. Þá mælti Skrýmir til

---

[1] til tf. R, W, mgl. U, T. [2] Sål. U, W, T; dyrrin, R. [3] Sål. W, T; jfr. U; mgl. R. [4] maðr tf. R. [5] lætum, W; letum, T. [6] Sål. U, T, W (en); en í því, R. [7] Sål. U, W, T; ok st. skj. upp, R. [8] Sål. U, W, hanzka sinn, R, T. [9] Sål. W, T, síðan, R.

Þórs, at hann vill leggjask niðr at sofa[1] — »en þér takið nestbaggann ok búið til nótturðar yðr«. Því næst sofnar Skrýmir ok hraut fast, en Þórr tók nestbaggann ok skal leysa, en svá er at segja, sem ótrúligt mun þykkja, at engi knút fekk hann leyst ok engi álar-endann hreyft, svá at þá væri lausari en áðr; ok er hann sér, at þetta verk má eigi nýtask, þá varð hann reiðr, greip þá hamarinn Mjǫllni tveim hǫndum ok steig framm ǫðrum fœti at þar, er Skrýmir lá, ok lýstr í hǫfuð honum, en Skrýmir vaknar ok spyrr, hvárt laufs-blað[2] felli í hǫfuð honum eða hvárt þeir hafi[3] þá matazk ok sé búnir til rekna. Þórr segir, at þeir munu þá sofa ganga; ganga þau þá undir aðra eik. Er þat þér satt at segja, at ekki var þá óttalaust at sofa. En at miðri nótt þá heyrir Þórr, at Skrýmir hrýtr ok sefr fast, svá at dunar í skóginum; þá stendr hann upp ok gengr til hans, reiðir hamarinn títt ok hart ok lýstr ofan í miðjan hvirfil honum; hann kennir, at hamars-muðrinn søkkr djúpt í hǫfuðit. En í því bili vaknar Skrýmir ok mælti: »hvat er nú; fell akarn nǫkkut í hǫfuð mér, eða hvat er títt um þik Þórr?«. En Þórr gekk aptr skyndiliga ok svarar, at hann var þá nývaknaðr, sagði, at þá var mið nótt ok enn væri mál at sofa. Þá hugsaði Þórr þat, ef hann kvæmi svá í fœri at slá hann et þriðja hǫgg, at aldri skyldi hann sjá sik síðan, liggr nú ok gætir, ef Skrýmir sofnaði enn[4] fast. En litlu fyrir dagan þá[5] heyrir hann[5], at Skrýmir mun sofnat hafa, stendr þá upp ok hleypr at honum, reiðir þá hamarinn af ǫllu afli ok lýstr á þunnvangann, þann er upp vissi; søkkr þá hamarrinn upp at skaptinu, en Skrýmir settisk upp ok strauk of vangann ok mælti: »hvárt munu foglar nǫkkurir sitja í trénu yfir mér; mik grunaði[6], er ek vaknaða, at tros nǫkkut af kvistunum felli í hǫfuð mér; hvárt vakir þú Þórr? Mál mun

---

[1] Sål. U, W, T, sofna, R. [2] nǫkkut tf. R; mgl. U, W, T. [3] Sål. W, T, hefði, R. [4] Sål. W, T; mgl. R. [5] Omv. R. [6] Sål. W, T, jfr. U; grunar, R.

vera upp at standa ok klæðask, en ekki eiguð ér[1] nú langa leið framm til borgarinnar, er kǫlluð[2] er Útgarðr. Heyrt hefi ek, at þér hafið kvisat í milli yðvar, at ek væra ekki lítill maðr vexti, en sjá skoluð þér þar stœrri menn, ef þér komið í Útgarð. Nú mun ek ráða yðr heilræði; látið ér[1] eigi stórliga yfir yðr, ekki munu hirðmenn Útgarðaloka vel þola þvílíkum kǫgursveinum kǫpuryrði, en at ǫðrum kosti hverfið aptr, ok þann ætlak[1] yðr vera[3] betra af at taka; en ef þér vilið framm fara, þá stefnið ér[1] í austr, en ek á nú norðr leið til fjalla þessa, er þér[4] meguð nú sjá[4]«. Tekr Skrýmir nestbaggann ok kastar á bak sér ok snýr þvers[5] í skóginn frá þeim, ok er þess eigi[6] getit, at æsirnir bæði þá heila hittask.

45. Þórr snýr[7] framm á leið ok þeir félagar ok gengr[8] framan[9] til miðs dags; þá sá þeir borg standa á vǫllum nǫkkurum ok settu hnakkann á bak sér aptr, áðr þeir fengu sét yfir upp; ganga til borgarinnar, ok var grind fyrir borghliðinu ok lokin aptr. Þórr gekk á grindina ok fekk eigi upp lokit, en er þeir þreyttu at komask í borgina, þá smugu þeir milli spalanna ok kómu svá inn, sá þá hǫll mikla ok gengu þannig; var hurðin opin; þá gengu þeir inn ok sá þar marga menn á tvá bekki ok flesta œrit stóra. Því næst koma þeir fyrir konunginn Útgarðaloka ok kvǫddu hann, en hann leit seint til þeira ok glotti við[10] tǫnn ok mælti: »seint er um langan veg at spyrja tíðenda, eða er annan veg en ek hygg, er[11] þessi sveinstauli orðinn[12] Ǫkuþórr?, en meiri muntu vera, en mér lízk þú, eða hvat íþrótta er[13] þat[13], er þér félagar þykkizk vera við búnir? Engi skal hér vera með oss, sá er eigi kunni nǫkkurs konar list eða kunnandi um framm flesta menn«. Þá segir sá, er síðarst gekk,

---

[1] Sál. T. [2] Sál. W, kallaðr, T; kallat, R. [3] Sál. T, W (foran yðr), mgl. R. [4] Sál. T, W; nú munuð þér sjá mega, R. [5] á braut tf. R. [6] Mgl. W, R. [7] Sál. W, T, fór, R. [8] Sál. W, T; gekk, R. [9] Sál. W, T; fram, R [10] Sál. U, W, T; um, R. [11] Sál. W, T; jfr. U, at, R. [12] Sál. U, W, T; sé, R. [13] Mgl. R.

er Loki heitir: »kann ek þá íþrótt, er ek em albúinn at reyna, at engi er hér sá inni, er skjótara skal eta mat sinn en ek«. Þá svarar Útgarðaloki: »íþrótt er þat, ef þú efnir, ok freista skal þá þessar íþróttar« — kallaði útar á bekkinn, at sá, er Logi heitir, skal ganga á gólf framm ok freista sín í móti Loka. Þá var tekit trog eitt ok borit inn á hallargólfit ok fylt af slátri; settisk Loki at ǫðrum enda en Logi at ǫðrum, ok át hvárr-tveggi sem tíðast ok mœttusk í miðju troginu; hafði þá Loki etit slátr alt af beinum, en Logi hafði ok etit slátr alt ok beinin með ok svá trogit; ok sýndisk nú ǫllum, sem Loki hefði látit leikinn Þá spyrr Útgarðaloki, hvat sá enn ungi maðr kunni leika, en Þjálfi segir, at hann mun freista at renna skeið nǫkkur við einhvern þann, er Útgarðaloki fær til. Þá[1] segir Útgarðaloki[2], at þetta er góð íþrótt, ok kallar þess meiri ván, at hann sé vel at sér búinn of skjótleikinn, ef hann skal þessa íþrótt inna, en þó lætr hann skjótt skolu[3] þessa[3] freista. Stendr þá upp Útgarðaloki ok gengr út, ok var þar gott skeið at renna eptir sléttum velli. Þá kallar Útgarðaloki til sín sveinstaula nǫkkurn, er nefndr er Hugi, ok bað hann renna í kǫpp við Þjálfa. Þá taka þeir et fyrsta skeið, ok er Hugi því framarr, at hann snýsk aptr í móti honum at skeiðs-enda. Þá mælti Útgarðaloki: »þurfa muntu Þjálfi, at leggja þik meirr framm, ef þú skalt vinna leikinn, en þó er þat satt, at ekki hafa hér komit þeir menn, er mér þykkja[4] fóthvatari en svá«. Þá taka þeir aptr annat skeið, ok þá er Hugi kømr[5] til skeiðsenda ok hann snýsk aptr, þá var langt kólfskot til Þjálfa. Þá mælti Útgarðaloki: »vel þykki[6] mér Þjálfi[7] renna skeiðit, en eigi trúi ek honum nú, at hann vinni leikinn, en nú mun reyna, er þeir renna et iii. skeiðit«. Þá taka þeir enn skeið; en er Hugi er kominn til skeiðs-enda ok snýsk aptr, ok er Þjálfi

---

[1] Sål. T; hann, R; mgl. W (Ú. s.). [2] -loki mgl. R. [3] Omv. R. [4] Sål. W, T; þykkir, R. [5] Sål. U, W, T; kominn, R. [6] Sål. U, W, T; þykkja, R. [7] Sål. U, W, T; þit, R.

eigi þá kominn á mitt skeið[1]. Þá segja allir, at reynt er um þenna leik. Þá spyrr Útgarðaloki Þór, hvat þeira íþrótta mun vera, er hann myni vilja birta fyrir þeim, svá miklar sǫgur sem menn hafa gǫrt um stórvirki hans. Þá mælti Þórr, at helzt vill hann þat til[2] taka[2] at þreyta[3] drykkju við einhvern mann. Útgarðaloki segir, at þat má vel vera[4], gengr inn í hǫllina ok kallar skutilsvein sinn, biðr, at hann taki vítis-horn þat, er hirðmenn eru vanir at drekka af. Því næst kømr framm skutilsveinn með horninu ok fær Þór í hǫnd. Þá mælti Útgarðaloki: »af horni þessu þykkir þá vel drukkit, ef í[5] einum drykk gengr af, en sumir[6] drekka af í tveim drykkjum, en engi er svá lítill drykkju-maðr, at eigi gangi af í þrimr«. Þórr lítr á hornit ok sýnisk ekki mikit ok er þó heldr langt, en hann er mjǫk þyrstr, tekr at drekka ok svelgr allstórum ok hyggr, at eigi skal hann[7] þurfa at lúta optarr[8] í hornit; en er hann þraut ørendit ok hann laut ór horninu ok sér, hvat leið drykkinum, ok lízk honum svá, sem alllítill munr mun vera, at nú sé lægra í horninu en áðr. Þá mælti Útgarðaloki: »vel er drukkit ok eigi til mikit; eigi myndak trúa, ef mér væri frá sagt, at Ásaþórr myndi eigi meira drykk drekka, en þó veit ek, at þú munt vilja drekka af í ǫðrum drykk«. Þórr svarar engu, setr hornit á munn sér ok hyggr nú, at hann skal drekka meira drykk, ok þreytir á drykkjuna, sem honum vanzk til ørendi, ok enn[9] sér hann[9], at stikillinn hornsins vill ekki upp svá mjǫk, sem honum líkar, ok er hann tók hornit af munni sér ok sér í[10], lízk honum nú svá, sem minna hafi þorrit, en[11] enu fyrra sinni; er nú gott beranda[12] borð á horninu Þá mælti Útgarðaloki: »hvat er nú Þórr; muntu nú eigi

---

[1] Sål. U, W, T; med art. R. [2] Omv. R. [3] um tf. W, T. [4] ok tf. R; mgl. U, W, T. [5] Mgl. R. [6] menn tf R; mgl. de øvr. [7] Sål. W, T; jfr U; mgl. R. [8] at sinni tf. R; mgl. de øvr. [9] Sål. U, W, T; sér enn, R. [10] Sål. U; mgl. R (sér í mgl. W, T). [11] í tf. R. [12] Sål. U; -andi, de øvr.

spara[1] til eins drykkjar meira en þér mun hagr á vera? Svá lízk mér, ef þú skalt nú drekka af horninu enn þriðja drykkinn, sem þessi mun mestr ætlaðr, en ekki muntu mega hér með oss heita svá mikill maðr sem æsir kalla þik, ef þú gerir eigi meira af þér um aðra leika en mér lízk at[2] um þenna mun vera«. Þá varð Þórr reiðr, setr hornit á munn sér ok drekkr sem ákafligast má hann ok þreytir[3] sem mest[4] á drykkinn[5]; en er hann sá í hornit, þá hafði nú helzt nǫkkut munr á fengizk, ok þá býðr hann upp hornit ok vill eigi drekka meira. Þá mælti Útgarðaloki: »auðsætt[6] er nú, at máttr þinn er ekki svá mikill, sem vér hugðum, en viltu freista um fleiri leika?; sjá má nú, at ekki nýtir þú hér af«. Þórr svarar: »freista má ek enn of nǫkkura leika, en undarliga myndi mér þykkja, þá er ek var heima með ásum, ef þvílíkir drykkir væri svá litlir kallaðir, — en hvat leik vilið þér nú bjóða mér?«. Þá mælti Útgarðaloki: »þat gera hér ungir sveinar, er lítit mark mun at þykkja, at hefja upp af jǫrðu kǫtt minn, en eigi myndak kunna at mæla þvílíkt við Ásaþór, ef ek hefða eigi sét[7], at þú ert myklu minni fyrir þér, en ek hugða«. Því næst hljóp framm kǫttr einn grár á hallar-gólfit ok heldr mikill, en Þórr gekk til ok tók hendi sinni niðr undir miðjan kviðinn ok lypti upp, en kǫttrinn beygði kenginn[8] svá sem Þórr rétti upp hǫndina; en er Þórr seilðisk svá langt upp sem hann mátti lengst, þá létti kǫttrinn einum fœti ok fekk[9] Þórr eigi framit þenna leik meirr[10]. Þá mælti Útgarðaloki: »svá fór þessi leikr, sem mik varði; kǫttrinn er heldr mikill, en Þórr er lágr ok lítill hjá stórmenni því, sem hér er með oss«. Þá mælti Þórr: »svá lítinn sem þér kallið mik, þá gangi nú til einn hverr ok fáisk við mik — nú em ek

[1] Sål. U, W, T; sparaz, R. [2] Sål. W, T; sem, R. [3] Sål. W; þrýtr, R. [4] Sål. W, U; lengst, R. [5] Sål. W; at drykknum, R; ok—drykkinn mgl. T. [6] Sål. U, W; -set, R, T. [7] fyrr tf. W, R; mgl. U, T. [8] Sål. U, W, T; hangit, R. [9] Sål. W, T; fær, R. [10] Sål. W, T; mgl. R.

reiðr«. Þá svarar Útgarðaloki ok litask um á bekkina ok mælti: »eigi sé ek þann mann hér inni, er eigi mun lítilræði í þykkja at fásk við þik« — ok enn mælti hann: »sjám fyrst; kalli[1] hingat kerlinguna fóstru mína, Elli, ok fáisk Þórr við hana, ef hann vill; felt hefir hon þá menn, er mér hafa litizk eigi ósterkligri en Þórr er«. Því næst gekk í hǫllina kerling ein gǫmul. Þá mælti Útgarðaloki, at hon skal taka fang við Ásaþór. Ekki er langt um at gera, svá fór fang þat, at því harðara er Þórr knúðisk at fanginu, því fastara stóð hon; þá tók kerling at leita til bragða ok varð Þórr þá lauss á fótum, ok váru þær sviptingar allharðar ok eigi lengi, áðr[2] Þórr fell á kné ǫðrum fœti. Þá gekk til Útgarðaloki ok[3] bað þau hætta fanginu ok sagði svá, at Þórr myndi eigi þurfa at bjóða fleirum mǫnnum fang í hans hirð[4]; var þá ok liðit at[5] nótt; vísaði Útgarðaloki Þór ok þeim félǫgum til sætis, ok dveljask þar náttlangt í góðum fagnaði.

46. En at morni þegar dagaði, stendr Þórr upp ok þeir félagar, klæða sik ok eru búnir braut at ganga. Þá kom þar Útgarðaloki ok lét setja þeim borð, skorti þá eigi góðan fagnað, mat ok drykk; en er þeir hafa matazk, þá snúask þeir til ferðar. Útgarðaloki fylgir þeim út, gengr með þeim braut ór borginni; en at skilnaði þá mælti Útgarðaloki til Þórs ok spyrr, hvernig honum þykkir ferð sín orðin, eða hvárt hann hefir hitt ríkara mann nǫkkurn en sik. Þórr segir, at eigi mun hann þat segja, at eigi hafi hann mikla ósœmð farit í þeira viðskiptum — »en þó veit ek, at þér munuð kalla mik lítinn mann fyrir mér, ok uni ek því illa«. Þá mælti Útgarðaloki: »nú skal segja þér et sanna, er þú ert út kominn ór[6] borginni[6], ok[7] ef ek lifi ok megak ráða, þá skaltu aldri optarr í hana koma, ok þat

[1] mér tf. R, W; mgl. U, T. [2] en tf. R, mgl. W, T. [3] Mgl R. [4] Sål. W, T; hǫll, R. [5] Sål. W, T, á, R. [6] of borgina, W, T. [7] Sål. W; at, R, T.

veit trúa mín, at aldri hefðir þú í hana komit, ef ek hefða vitat áðr, at þú hefðir svá mikinn krapt með þér ok þú hefðir[1] svá nær haft oss mikilli ófœru. En sjónhverfingar hefi ek gǫrt þér, ok[2] fyrsta sinn[3] á skóginum kom ek til fundar við yðr; ok þá er þú skyldir leysa nestbaggann, þá hafðak bundit hann[4] með grésjárni, en þú fant eigi[5], hvar upp skyldi lúka.' En því næst laust þú mik með hamrinum iii. hǫgg ok var et fyrsta minst ok var þó svá mikit, at mér myndi endask til bana, ef á hefði komit; en þar er þú sátt hjá hǫll minni setberg ok þar sáttu ofan í þrjá dali ferskeytta ok einn djúpastan, þat[5] váru hamarspor þín; setberginu brá ek fyrir hǫggin, en eigi sátt þú þat. Svá var ok of leikana, er þér[6] þreyttuð við hirðmenn mína, þá var þat et fyrsta, er Loki gerði; hann var mjǫk soltinn ok át títt, en sá, er Logi hét, þat var villieldr ok brendi hann eigi seinna trogit[7] en slátrit[7]. En er Þjálfi þreytti rásina við þann, er Hugi hét, þat var hugr[8] minn, ok var Þjálfa eigi vænt, at þreyta skjótfœri við[9] hann[9]. En er þú drakt af horninu ok þótti þér seint líða, en þat veit trúa mín, at þá varð þat undr, er ek mynda eigi trúa, at vera mætti; annarr endir hornsins var út í hafi, en þat sáttu eigi, en nú, er þú kømr til sjávarins, þá muntu sjá mega, hvern þurð þú hefir drukkit á sænum; þat eru nú fjǫrur kallaðar«. Ok enn mælti hann: »eigi þótti mér hitt minna vera vert, er þú lyptir upp kettinum, ok, þér satt at segja, þá hræddusk allir þeir, er sá, er þú lyptir af jǫrðu einum fœtinum; en sá kǫttr var eigi sem þér sýndisk; þat var Miðgarðzormr, er liggr um lǫnd ǫll, ok vanzk honum varliga lengð[10] til, at jǫrðina tœki sporðr ok hǫfuð, ok svá langt seilðisk þú upp, at skamt var

---

[1] Sål. W, T; hafðir, R. [2] Sål. W; svá at, R, T. [3] er ek fann þik tf. R; mgl. W, T; jfr. U. [4] Sål. W, T; mgl. R; jfr. U. [5] Sål. W, U, T; þar, R. [6] Mgl. R. [7] Sål. W, T; omv. R. [8] Sål. W, T og vistnok R; jfr. U. [9] Sål. W, T, U, hans, R. [10] Sål. W, T; med art. R.

þá til himins; en hitt var ok mikit undr um fangit, er[1] þú stótt svá lengi við ok fellt eigi meirr en á kné ǫðrum fœti[1], er þú fekkt við Elli, fyrir því at engi hefir sá orðit ok engi mun verða, ef svá gamall verðr[2], at elli bíðr, at eigi komi ellin ǫllum til fallz. Ok er nú þat satt at segja, at vér munum skiljask, ok mun þá betr hvárra-tveggju handar, at þér komið eigi optarr mik at hitta. Ek mun enn annat sinn verja borg mína með þvílíkum vélum eða ǫðrum, svá at ekki vald munuð þér á mér fá«. En er Þórr heyrði þessa tǫlu, greip hann til hamarsins ok bregðr á lopt, en er hann skal framm reiða, þá sér hann[3] hvergi Útgarðaloka, ok þá snýsk hann aptr til borgarinnar ok ætlask þá fyrir at brjóta borgina; þá sér hann þar vǫllu víða ok fagra, en enga borg. Snýsk hann þá aptr ok ferr leið sína, til þess er hann kom aptr í Þrúðvanga. En[4] þat er satt at segja, at þá hafði hann ráðit fyrir sér at leita til, ef saman mætti bera fundi þeira Miðgarðzorms, sem síðan varð. Nú ætlak[5] engan kunna þér sannara at segja frá þessi ferð Þórs.

47. Þá mælti Gangleri: Allmikill er fyrir sér Útgarðaloki, en með vélum ok fjǫlkyngi ferr hann mjǫk, en þat má sjá, at hann er mikill fyrir sér, at hann átti hirðmenn þá, er mikinn mátt hafa — eða hvárt hefir Þórr ekki þessa hefnt? — Hárr svarar: Eigi er þat ókunnigt, þótt eigi sé frœðimenn, at Þórr leiðrétti þessa ferðina, er nú var frá[6] sagt, ok dvalðisk ekki lengi heima, áðr hann bjósk svá skyndiliga til ferðarinnar, at hann hafði eigi reið ok eigi hafrana ok ekki fǫruneyti. Gekk hann út of Miðgarð[7] svá sem ungr drengr ok kom einn aptan at kveldi til jǫtuns nǫkkurs, sá er Hymir[8] nefndr. Þórr dvalðisk þar at gistingu of nóttina. En í dagan stóð Hymir[9] upp ok klæddisk ok bjósk at róa á sæ til fiskjar, en Þórr spratt upp ok var

[1] er—fœti, sál. W, T; mgl. R. [2] Sál. W; er, R. [3] þar tf. R; mgl. W, T, U. [4] at, R. [5] Sál. T. [6] Sál. W, T; mgl. R. [7] Ásgarð, W. [8] Ym-, alle (eym-, U). [9] Ym-, W, T, R.

skjótt búinn ok bað, at Hymir[1] skyldi hann láta róa á sæ með sér, en Hymir[1] segir, at lítil liðsemð myndi at honum vera, er hann var lítill ok ungmenni eitt — »ok mun þik kala, ef ek sit svá lengi ok útarliga sem ek em vanr«. En Þórr sagði, at hann myndi róa mega fyrir því langt[2] frá landi, at eigi var víst, hvárt hann myndi fyrr beiðask at róa útan, ok reiddisk Þórr jǫtninum svá, at þá var búit, at hann myndi þegar láta hamarinn skjalla[3] honum, en hann lét þat við berask, þvíat hann hugðisk þá at reyna afl sitt í ǫðrum stað. Hann spurði Hymi[1], hvat þeir skyldu hafa at beitum, en Hymir[4] bað hann fá sér sjálfan beitur; þá snørisk Þórr á braut, þangat er hann sá øxna-flokk nǫkkurn, er Hymir[1] átti; hann tók enn mesta oxann, er Himinhrjóðr[5] hét, ok sleit af hǫfuðit ok fór með til sjávar; hafði þá Hymir[1] út skotit nǫkkvanum. Þórr gekk á skipit ok settisk í austrrúm, tók ii. árar ok røri, ok þótti Hymi[6] skriðr verða af róðri hans Hymir[7] røri í hálsinum framm, ok sóttisk skjótt róðrinn; sagði þá Hymir[7], at þeir váru komnir á þær vastir, er hann var vanr at sitja ok draga flata fiska, en Þórr kveðsk vildu[8] róa myklu lengra, ok tóku þeir enn snertiróðr; sagði Hymir[9] þá, at þeir váru komnir svá langt út, at hætt var at sitja útarr fyrir Miðgarðzormi, en Þórr kveðsk mundu róa enn[10] um[10] hríð ok svá gerði hann[11], en Hymir[7] var þá allókátr. En þá er Þórr lagði upp árarnar, greiddi hann til vað heldr sterkjan ok eigi var ǫngullinn minni eða óramligri; þar lét Þórr kom á ǫngulinn oxa-hǫfuðit ok kastaði fyrir borð, ok fór ǫngullinn til grunnz, ok er þér[12] þat[12] satt at segja, at eigi[13] ginti þá Þórr miðr[14] Miðgarðzorm, en Útgarðaloki hafði spottat Þór, þá er hann hóf orminn upp á[15]

---

[1] Ym-, W, T, R. [2] Sål. W, T; mgl. R. [3] skella, W, T. [4] Sål. T; ym-, W, R; eym-, U. [5] Sål. U (-ri-); hrjótr, W, T (-ri-); hrjótr, R. [6] Ym-, alle (eym-, U). [7] Sål. R; ym-, W, T. [8] Sål. W, U; vilja, R, T. [9] Sål. T; ym-, R, W. [10] Sål. W, T; eina, R. [11] Mgl. R. [12] Sål. T, W (ul. þér), þá svá, R. [13] Sål. W, T; engu, R. [14] Mgl. R. [15] með, W, T.

hendi sér. Miðgarðzormr gein yfir[1] oxa-hǫfuðit, en ǫngullinn vá í góminn orminum, en er ormrinn kendi þess, brá hann við svá hart, at báðir hnefar Þórs skullu út at[2] borðinu[3]. Þá varð Þórr reiðr ok fœrðisk í ásmegin, spyrnði við fast svá[4], at hann hljóp báðum fótum gǫgnum skipit ok spyrnði við grunni, dró þá orminn upp at borði; en þat má segja, at engi hefir sá sét allógurligar[5] sjónir, er eigi mátti þat sjá, er Þórr hvesti augun á orminn, en ormrinn starði neðan í mót ok blés eitrinu. Þá er sagt, at jǫtunninn Hymir[6] gerðisk litverpr, fǫlnaði ok hræddisk, er hann sá orminn ok þat, er særinn fell út ok inn of nǫkkvann, ok í því bili, er Þórr greip hamarinn ok fœrði á lopt, þá fálmaði jǫtunninn til agnsaxinu[7] ok hjó vað Þórs á[8] borði, en ormrinn søkðisk í sæinn, en Þórr kastaði hamrinum eptir honum, ok segja menn, at hann lysti af honum hǫfuðit við hrǫnnunum[9], en ek hygg hitt vera þér satt at segja, at Miðgarðzormr lifir enn ok liggr í umsjá; en Þórr reiddi til hnefann ok setr við eyra Hymi[10], svá at hann steypðisk fyrir borð, ok sér í iljar honum, en Þórr óð til landz.

48. Þá mælti Gangleri: Hafa nǫkkur meiri tíðendi orðit með ásunum? Allmikit þrekvirki vann Þórr í þessi ferð. — Hárr svarar: Vera mun at segja frá þeim tíðendum, er meira þótti vert ásunum. En þat er uphaf þeirar[11] sǫgu, at Baldr enn góða dreymði drauma stóra ok hættliga um líf sitt. En er hann sagði ásunum draumana, þá báru þeir saman ráð sín, ok var þat gǫrt at beiða griða Baldri fyrir allz konar háska, ok Frigg tók svardaga til þess, at eira skyldu Baldri eldr ok vatn, járn ok allz konar málmr, steinar, jǫrðin, viðirnir, sóttirnar, dýrin, fuglarnir, eitrit[12], ormarnir[12]. En er

[1] um, W, T. [2] Sål. W; á, T, R; við, U. [3] en tf. R. [4] Sål. U, W (foran fast); mgl. R. [5] Sål. W, T; all-, mgl. R. [6] Sål. R; ym-, W, T. [7] -saxins, U; -sax, W. [8] Sål. W, T; jfr. við, U; af, R. [9] Sål. W, T; grunninum, R. [10] ym-, W, T, R. [11] Sål. W, T; þessar, R. [12] Sål. W, T; uden art. R.

þetta var gǫrt ok vitat, þá var þat skemtun Baldrs ok ásanna, at hann skyldi standa upp á þingum, en allir aðrir skyldu sumir skjóta at[1] honum[1], sumir hǫggva til, sumir berja grjóti; en hvat sem at var gǫrt, sakaði hann ekki, ok þótti þetta ǫllum mikill frami. En er þetta sá Loki Laufeyjarson, þá líkaði honum illa, er Baldr sakaði ekki. Hann gekk til Fensalar til Friggjar ok brá sér í konu líki. Þá spyrr Frigg, ef sú kona vissi, hvat æsir hǫfðusk at á þinginu. Hon sagði, at allir skutu at Baldri ok þat, at hann sakaði ekki Þá mælti Frigg: »eigi munu vápn eða viðir granda Baldri; eiða hefi ek þegit af ǫllum þeim«. Þá spyrr konan: »hafa allir hlutir eiða unnit at eira Baldri?«. Þá svarar Frigg: »vex viðar-teinungr einn fyrir vestan[2] Valhǫll; sá er mistilteinn kallaðr; sá þótti mér ungr at krefja eiðsins«. Því næst hvarf konan á braut; en Loki tók mistiltein ok sleit upp ok gekk til þings. En Hǫðr stóð útarliga í mannhringinum, þvíat hann var blindr. Þá mælti Loki við hann: »hví skýtr þú ekki at Baldri?«. Hann svarar: »því, at ek sé eigi, hvar Baldr er, ok þat annat, at ek em vápnlauss«. Þá mælti Loki: »gerðu þó í líking annarra manna ok veit Baldri sœmð sem aðrir menn; ek mun vísa þér til, hvar hann stendr; skjót at honum vendi þessum«. Hǫðr tók mistiltein ok skaut at Baldri at tilvísun Loka; flaug skotit í gǫgnum Baldr, ok fell hann dauðr til jarðar, ok hefir þat mest óhapp verit unnit með goðum ok mǫnnum. Þá er Baldr var fallinn, þá fellusk ǫllum ásum orðtǫk ok svá hendr at taka til hans, ok sá hverr til annars, ok váru allir með einum hug til þess, er unnit hafði verkit, en engi mátti hefna; þar var svá mikill griða-staðr; en þá er æsirnir freistuðu at mæla, þá var hitt þó fyrr, at grátrinn kom upp, svá at engi mátti ǫðrum segja með orðunum frá sínum harmi; en Óðinn bar þeim mun verst þenna skaða, sem hann kunni mesta skyn,

[1] Sál. U, T; á hann, R, W. [2] Sál. alle.

hversu mikil aftaka ok missa ásunum var í fráfalli Baldrs. En er goðin vitkuðusk, þá mælti Frigg ok spurði, hverr sá væri með ásum, er eignask vildi allar ástir hennar ok hylli ok vili hann ríða á Helveg ok freista, ef hann fái fundit Baldr, ok bjóða Helju útlausn, ef hon vill láta fara Baldr heim í Ásgarð. En sá er nefndr Hermóðr enn hvati, sonr[1] Óðins, er til þeirar farar varð; þá var tekinn Sleipnir, hestr Óðins, ok leiddr framm, ok steig Hermóðr á þann hest ok hleypði braut. En æsirnir tóku lík Baldrs ok fluttu til sævar. Hringhorni hét skip Baldrs; hann var allra skipa mestr, hann vildu goðin framm setja ok gera þar á bálfǫr Baldrs, en skipit gekk hvergi framm. Þá var sent í Jǫtunheima eptir gýgi þeiri, er Hyrrokkin hét; en er hon kom ok reið vargi ok hafði hǫggorm at taumum, þá hljóp hon af hestinum, en Óðinn kallaði til berserki iiii. at gæta hestsins, ok fengu þeir eigi haldit, nema þeir feldi hann. Þá gekk Hyrrokkin á framstafn nǫkkvans ok hratt framm í fyrsta viðbragði, svá at eldr hraut ór hlunnunum ok lǫnd ǫll skulfu. Þá varð Þórr reiðr ok greip hamarinn ok myndi þá brjóta hǫfuð hennar, áðr[2] goðin ǫll báðu henni friðar. Þá var borit út á skipit lík Baldrs, ok er þat sá kona hans, Nanna Nepsdóttir, þá sprakk hon af[3] harmi ok dó; var hon borin á bálit ok slegit í eldi. Þá stóð Þórr at ok vígði bálit með Mjǫllni; en fyrir fótum honum[4] rann dvergr nǫkkurr; sá er Litr nefndr; en Þórr spyrnði fœti sínum á hann ok hratt honum í eldinn, ok brann hann. En þessa brennu sótti margs konar þjóð, fyrst at segja frá Óðni, at með honum fór Frigg ok valkyrjur ok hrafnar hans, en Freyr ók í kerru með gelti þeim, er Gullinbursti heitir eða Slíðrugtanni, en Heimdallr reið hesti þeim, er Gulltopr heitir, en Freyja ók[5] kǫttum sínum; þar kom[6] ok mikit fólk hrímþursa, ok bergrisar. Óðinn lagði

---

[1] Sál. U, W, T; sveinn, R. [2] en tf. R. [3] a, R. [4] Sál. W, T; hans, R. [5] Sál. U, T; mgl. W, R. [6] Sál. T; jfr. vorv, U; kømr, W, R.

á bálit gullhring þann, er Draupnir heitir; honum fylgði[1] sú náttúra, at ena níundu hverja nótt drupu af honum viii. gullhringar jafnhǫfgir; hestr Baldrs var leiddr á bálit með ǫllu reiði. En þat er at segja frá Hermóði, at hann reið níu nætr døkkva dala ok djúpa, svá at hann sá ekki, fyrr en hann kom til árinnar Gjallar ok reið á Gjallar-brúna; hon er þǫkð lýsigulli. Móðguðr er nefnd mær sú, er gætir brúarinnar; hon spurði hann at nafni eða at[2] ætt ok sagði, at enn fyrra dag riðu um brúna v. fylki dauðra manna — »en eigi dynr brúin minnr[3] undir einum þér ok eigi hefir þú lit dauðra manna — hví ríðr þú hér á helveg?«. Hann svarar at: »ek skal ríða til Heljar at leita Baldrs — eða hvárt hefir þú nakkvat sét Baldr á helvegi?«. Hon[4] sagði, at Baldr hafði þar riðit um Gjallar-brú — »en niðr ok norðr liggr helvegr«. Þá reið Hermóðr, þar til er hann kom at helgrindum; þá sté hann af hestinum ok gyrði hann fast, steig upp ok keyrði hann sporum, en hestrinn hljóp svá hart[5] yfir grindina, at hann kom hvergi nær. Þá reið Hermóðr heim til hallarinnar ok steig af hesti, gekk inn í hǫllina, sá þar sitja í ǫndugi Baldr, bróður sinn, ok dvalðisk Hermóðr þar of[6] nóttina. En at morni þá beiddisk Hermóðr af Helju, at Baldr skyldi ríða heim með honum, ok sagði, hversu mikill grátr var með ásum, en Hel sagði, at þat skyldi svá reyna, hvárt Baldr var svá ástsæll — »sem sagt er, ok ef allir hlutir í heiminum kykvir ok dauðir gráta hann, þá skal hann fara til ása aptr, en haldask með Helju, ef nǫkkurr mælir við eða vill eigi gráta«. Þá stóð Hermóðr upp, en Baldr leiddi[7] hann út ór hǫllinni ok tók hringinn Draupni ok sendi Óðni til minja, en Nanna sendi Frigg ripti ok enn fleiri gjafar, Fullu fingrgull. Þá reið Hermóðr aptr leið sína ok kom í Ásgarð ok sagði ǫll tíðendi, þau er

---

[1] síðan tf. W, R, mgl. T. [2] Sål. W, T; mgl. R. [3] jafnmjǫk, R, T. [4] En hon, R, T. [5] hátt, T; ok tf. R. [6] Sål. T; um, R, W. [7] Sål. W, T; leiðir, R.

hann hafði sét ok heyrt. Því næst sendu æsir um allan heim ørendreka at biðja, at Baldr væri grátinn ór Helju, en allir gerðu þat menninir ok kykvendin ok jǫrðin ok steinarnir ok tré ok allr málmr, svá sem þú munt sét hafa, at þessir hlutir gráta, þá er þeir koma ór frosti ok í hita. Þá er sendimenn fóru heim ok hǫfðu vel rekit sín ørendi, finna þeir í helli nǫkkurum, hvar gýgr sat; hon nefndisk Þǫkk; þeir biðja hana gráta Baldr ór helju; hon segir:

50. Þǫkk mun gráta
þurrum tárum
3 Baldrs bálfarar;
kyks né dauðs
nautkak Karls sonar —
6 haldi[1] Hel því es hefr.

En þess geta menn, at þar hafi verit Loki Laufeyjarson, er flest hefir ilt gǫrt með ásum.

49. Þá mælti Gangleri: Allmiklu kom Loki á leið, er hann olli fyrst því, er Baldr var veginn, ok svá því, er hann varð eigi leystr frá Helju — eða hvárt varð honum þessa nǫkkut hefnt? — Hárr segir: Goldit var honum þetta, svá at hann mun lengi kennask. Þá er goðin váru orðin honum svá reið, sem ván var, hljóp hann á braut ok fal sik á[2] fjalli nǫkkuru, gerði þar hús ok iiii. dyrr, at hann mátti sjá ór húsinu í allar ættir[3], en opt um daga brá hann sér í lax-líki ok falsk þá þar sem heitir Fránangrsfors; þá hugsaði hann fyrir sér, hverja vél æsir mundu til finna, at taka hann í forsinum; en er hann sat í húsinu, tók hann língarn ok reið á ræksna[4], sem net er síðan gǫrt[5], en eldr brann fyrir honum. Þá sá hann, at æsir áttu skamt til hans, ok hafði Óðinn sét ór Hliðskjálfinni, hvar hann var; hann hljóp þegar upp ok út í ána, en[6] kastaði netinu framm á eldinn; en er æsir koma til hússins, þá gekk sá fyrst inn, er allra var vitrastr, er Kvasir heitir; ok er hann sá á eldinum fǫlskann, er netit hafði brunnit, þá skilði hann, at þat myndi vél vera til at taka fiska, ok sagði ásunum; því næst tóku þeir ok

[1] Sål. W, T; hafi, R. [2] Sål. W, U, T; í, R [3] Sål. W, U; áttir, R, T. [4] mǫskva, U. [5] Sål. U, W, T; mgl. R. [6] Sål. U, W, T; ok, R.

gerðu sér net, eptir því sem þeir sá á fǫlskvanum[1] at Loki hafði gǫrt. Ok er búit var netit, þá fara æsir til árinnar ok kasta neti í forsinn; helt Þórr ǫðrum[2] nets-hálsi[2], en[3] ǫðrum heldu allir æsir, ok drógu netit; en Loki fór fyrir ok leggsk niðr í milli steina tveggja; drógu þeir netit yfir hann ok kendu, at kykt var fyrir, ok fara í annat sinn upp til forsins ok kasta út netinu ok binda við svá þungt, at eigi skyli undir mega fara; ferr þá Loki fyrir netinu, en er hann sér, at skamt var til sævar, þá hleypr hann upp yfir þinulinn ok rennir upp í forsinn. Nú sá æsirnir, hvar hann fór, fara enn upp til forsins ok skipta liðinu í tvá staði, en Þórr veðr þá eptir miðri ánni, ok fara svá út[4] til sævar. En er Loki sér tvá kosti — var þat lífs-háski at hlaupa á sæinn, en hinn[5] var annarr, at hlaupa[6] enn yfir netit, ok þat gerði hann, hljóp sem snarast yfir netþinulinn. Þórr greip eptir honum ok tók um hann, ok rendi hann í hendi honum, svá at staðar nam hǫndin við sporðinn, ok er fyrir þá sǫk laxinn aptrmjór. Nú var Loki tekinn griðalauss ok farit með hann í helli nǫkkurn. Þá tóku þeir iii. hellur ok settu á egg ok lustu rauf á hellunni hverri. Þá váru teknir sønir Loka, Váli ok Nari eða Narfi; brugðu æsir Vála í vargs líki, ok reif hann í sundr Narfa, bróður sinn; þá tóku æsir þarma hans ok bundu Loka með yfir þá iii. eggsteina[7]; stendr einn[7] undir herðum, annarr undir lendum, iii. undir knés-bótum, ok urðu þau bǫnd at járni. Þá tók Skaði eitrorm ok festi upp yfir hann, svá at eitrit skyldi drjúpa ór orminum í andlit honum, en Sigyn, kona hans, stendr[8] hjá honum ok heldr mundlaugu undir eitrdropa; en þá er full er mundlaugin, þá gengr hon ok slær út eitrinu, en meðan drýpr eitrit í andlit honum; þá kippisk hann svá

[1] Sål. W, T; uden art. R. [2] Sål. U, W, T; enda ǫðrum, R. [3] Sål. U, W, T; ok, R. [4] Sål. U, W, T; mgl. R. [5] Sål. W, T; hitt, R. [6] leita, W, T. [7] Sål. U (stoþ); steina einn, R, hellosteina. egg stendr ein, T eG stendr æinn, W. [8] sitr, W, T.

hart við, at jǫrð ǫll skelfr — þat kallið þér landskjálpta — þar liggr hann í bǫndum til ragna-røkrs.

50. Þá mælti Gangleri: Hver tiðendi eru at segja frá um ragna-røkr?; þess hefi ek eigi fyrr heyrt getit. Hárr segir: Mikil tiðendi eru þaðan at segja ok mǫrg, þau en fyrstu, at vetr sá kømr, er kallaðr er fimbulvetr; þá drífr snær ór ǫllum áttum; frost eru þá mikil ok vindar hvassir, ekki nýtr sólar; þeir vetr fara iii. saman ok ekki sumar milli, en áðr ganga svá aðrir iii. vetr, at þá er um alla verǫld orrostur miklar; þá drepask brœðr fyrir ágirni sakar ok engi þyrmir fǫður eða søni í manndrápum eða sifja-sliti; svá segir í Vǫluspá:

51. Brœðr munu berjask	hórdómr mikill,
ok at bǫnum verðask[1],	skeggǫld, skalmǫld,
munu systrungar	8 skildir klofnir,
4 sifjum spilla;	vindǫld, vargǫld,
hart's með hǫlðum	áðr verǫld steypisk.

Þá verðr þat, er mikil tiðendi þykkja, at úlfrinn gleypir sólna, ok þykkir mǫnnum þat mikit mein; þá tekr annarr úlfrinn tunglit, ok gerir sá ok mikit ógagn; stjǫrnurnar hverfa af himninum. Þá er ok þat til tiðenda, at svá skelfr jǫrð ǫll ok bjǫrg, at viðir losna ór jǫrðu upp, en bjǫrgin hrynja, en fjǫtrar allir ok bǫnd brotna ok slitna. Þá verðr Fenrisúlfr lauss; þá geysisk hafit á lǫndin, fyrir því at þá snýsk Miðgarðzormr í jǫtunmóð ok sœkir upp á landit; þá verðr ok þat, at Naglfar losnar, skip þat, er svá heitir; þat er gǫrt af nǫglum dauðra manna, ok er þat fyrir því varnanar vert, ef maðr deyr með óskornum nǫglum, at sá maðr eykr mikit efni til skipsins Naglfars, er goðin ok menn vildi seint, at gǫrt yrði. En í þessum sævar-gang flýtr Naglfar. Hrymr heitir jǫtunn, er stýrir Naglfari[2]; en Fenrisúlfr ferr með

---

[1] Sál. W; verða, U, R, T. [2] -fara, R, W, T.

gapanda munn ok er enn neðri[1] kjǫptr við jǫrðu[1], en enn øfri[1] við himin[1]; gapa myndi hann meira, ef rúm væri til; eldar brenna ór augum hans ok nǫsum. Miðgarðzormr blæss svá eitrinu, at hann dreifir lopt ǫll ok lǫg, ok er hann allógurligr, ok er hann á aðra hlið úlfinum. Í þessum gný klofnar himininn ok ríða þaðan Múspellz-sønir; Surtr ríðr fyrst ok fyrir honum ok eptir bæði eldr brennandi; sverð hans er gott mjǫk, af því skínn bjartara en af sólu; en er þeir ríða Bifrǫst, þá brotnar hon, sem fyrr er sagt. Múspellzmegir sœkja framm á þann[2] vǫll, er Vígríðr heitir; þar kømr ok þá Fenrisúlfr ok Miðgarðzormr; þar er ok þá Loki kominn ok Hrymr ok með honum allir hrímþursar, en Loka fylgja allir Heljar-sinnar, en Múspellz-sønir hafa einir[3] sér[3] fylking ok[4] er sú bjǫrt mjǫk. Vǫllrinn Vígríðr er c. rasta víðr á hvern veg. En er þessi tíðendi verða, þá stendr upp Heimdallr ok blæss ákafliga í Gjallarhorn ok vekr upp ǫll goðin, ok eiga þau þing saman. Þá ríðr[5] Óðinn til Mímisbrunnz ok tekr ráð af Mími fyrir sér ok sínu liði. Þá skelfr askr Yggdrasils ok engi hlutr er þá óttalauss á himni eða jǫrðu. Æsir herklæða[6] sik ok allir Einherjar ok sœkja framm á vǫllinn; ríðr fyrstr Óðinn með gullhjálminn[7] ok fagra brynju ok geir sinn, er Gungnir heitir; stefnir hann móti Fenrisúlf, en Þórr framm á aðra hlið honum, ok má hann ekki duga honum, þvíat hann hefir fult fang at berjask við Miðgarðzorm. Freyr bersk móti Surti ok verðr harðr samgangr, áðr Freyr fellr; þat verðr hans bani, er hann missir þess ens góða sverðz, er hann gaf Skírni. Þá er ok lauss orðinn hundrinn Garmr, er bundinn er fyrir Gnipahelli; hann er et mesta forað; hann á víg móti T[illegible]k verðr hvárr ǫðrum at bana. Þórr berr bana-orð af Miðgarðzormi ok stígr þaðan braut ix. fet; þá fellr hann dauðr til jarðar fyrir eitri því, er

---

[1] neðri . . . jǫrðu, øfri . . . himin, sål. U (-ni), W, T; omv. R. [2] þing, R. [3] Sål. U, W, T (sér ei.); yfir sér, R. [4] Sål. U, W, T; mgl. R. [5] reið, R. [6] Sål. U, T; -væða, W, R. [7] Sål. U, T; uden art. W, R.

ormrinn blæss á hann. Úlfrinn gleypir Óðin; verðr þat hans bani, en þegar eptir snýsk framm Víðarr ok stígr ǫðrum fœti í neðra kjǫpt úlfsins; á þeim fœti hefir hann þann skó, er allan aldr hefir[1] verit til samnat; þat eru bjórar þeir, er menn sníða ór skóm sínum fyrir tám eða hæli[2]; því skal þeim bjórum braut kasta sá maðr, er at því vill hyggja, at koma ásunum at liði. Annarri hendi tekr hann enn øfra kjǫpt úlfsins ok rífr sundr gin hans, ok verðr þat úlfsins bani. Loki á orrostu við Heimdall, ok verðr hvárr annars bani. Því næst slyngr Surtr eldi yfir jǫrðina ok brennir allan heim; svá er sagt í Vǫluspá:

52. Hátt blæss Heimdallr,
horn er á lopti,
mælir[3] Óðinn
4 við Míms hǫfuð;
skelfr Yggdrasils
askr standandi,
ymr et aldna tré,
8 en jǫtunn losnar.

53. Hvat es með ǫ́sum?
hvat es með ǫlfum?
ymr allr Jǫtunheimr,
4 æsir ró á þingi;
stynja dvergar
fyr steindurum,
veggbergs vísir;
8 vituð ér enn eða hvat?

54. Hrymr ekr austan,
hefsk lind fyrir;
snýsk jǫrmungandr
4 í jǫtunmóði;
ormr knýr unnir,
ǫrn mun hlakka;
slítr nái niðfǫlr,
8 Naglfar losnar.

55. Kjóll ferr austan,
koma munu Múspellz[4]
of lǫg lýðir
4 en Loki stýrir;
þar ró fíflmegir
með freka allir;
þeim es bróðir
8 Býleists í fǫr.

56. Surtr ferr sunnan
með sviga lævi;
skínn af sverði
4 sól valtíva;
grjótbjǫrg gnata,
en gífr hrata,
troða halir helveg,
8 en himinn klofnar.

---

[1] Mgl. R. [2] Sål. U, W, T; hæl, R. [3] mey, R. [4] Skal være Heljar.

57. Þá kømr Hlínar
harmr annarr framm,
es Óðinn ferr
4 við ulf vega,
en bani Belja
bjartr at Surti;
þar mun Friggjar
8 falla angan.

58. Gengr Óðins sonr
við ulf vega,
Víðarr of veg
4 at valdýri;
lætr hann megi Hveðrungs
mund of standa
hjǫr til hjarta;
8 þá es hefnt fǫður.

59. Gengr enn mæri
mǫgr Hlǫðynjar
neppr af[1] naðri
4 níðs ókvíðnum[2];
munu halir allir
heimstǫð ryðja,
es af móði drepr
8 Miðgarðs véurr.

60. Sól mun sortna,
søkkr fold í mar,
hverfa af himni
4 heiðar stjǫrnur;
geisar eimi
ok aldrnari,
leikr hǫ́r hiti
8 við himin sjalfan.

Hér segir enn svá:

61. Vígríðr heitir vǫllr,
es finnask vígi at
3 Surtr ok en svǫ́su goð;
hundrað rasta
hann es á hverjan veg;
6 sá es þeim vǫllr of[3] vitaðr.

51. Þá mælti Gangleri: Hvat verðr þá eptir, er brendr er[4] heimr allr ok dauð goðin ǫll ok allir Einherjar ok alt mannfólk, ok hafið ér[5] áðr sagt, at hverr maðr skal lifa í nǫkkurum heimi um allar aldir? — Þá svarar Þriði: Margar eru þá vistir góðar ok margar illar; bazt er þá at vera á Gimle á himni, ok allgott er til góðs drykkjar þeim, er þat þykkir gaman, í þeim sal, er Brimir heitir; hann stendr á Ókólni[6]; sá er ok góðr salr, er stendr á Niðafjǫllum, gǫrr af rauðu gullu; sá heitir Sindri. Í þessum sǫlum skolu byggva góðir menn ok siðlátir. Á Nástrǫndum er mikill salr ok illr ok horfa[7] norðr dyrr; hann er[8] ofinn allr orma-

[1] Sål. W, at, R, T. [2] Rettere· ókvíðinn. [3] Sål. T; mgl. R, W. [4] himinn ok jǫrð ok tf. R; mgl. U, W, T. [5] Sål. T. [6] Sål. W, ok á himni, R; ordene stendr—salr, er mgl. T. [7] í tf. R. [8] ok tf. R.

hryggjum sem[1] vanda-hús[1], en orma-hǫfuð ǫll vitu inn í húsit ok blása eitri, svá at eptir salnum renna eitrár, ok vaða þær ár eiðrofar ok morðvargar, svá sem hér segir:

62. Sal veitk standa
sólu fjarri
Nástrǫndu á,
4 norðr horfa dyrr;
falla eitrdropar
inn of ljóra,
sá es undinn salr
8 orma hryggjum.

63. Skolu þar vaða
þunga strauma
menn meinsvara
4 ok morðvargar.

En í Hvergelmi er verst:

Þar kvelr Níðhǫggr
nái framm gengna.

52. Þá mælti Gangleri: Hvárt lifa nǫkkur goðin þá, eða er þá nǫkkur jǫrð eða himinn? — Hárr segir: Upp skýtr jǫrðunni þá ór sænum ok er þá grœn ok fǫgr, vaxa þá akrar ósánir. Víðarr ok Váli lifa, svá at eigi hefir særinn ok Surta-logi grandat þeim, ok byggva þeir á Iðavelli, þar sem fyrr var Ásgarðr, ok þar koma þá sønir Þórs, Móði ok Magni, ok hafa þar Mjǫllni. Því næst koma þar Baldr ok Hǫðr frá Heljar; setjask þá allir samt ok talask við ok minnask á rúnar sínar ok rœða of tíðendi þau, er fyrrum hǫfðu verit, of[2] Miðgarðzorm ok um Fenrisúlf; þá finna þeir í grasinu gulltǫflur þær, er æsirnir hǫfðu átt; svá er sagt:

64. Víðarr ok Váli
byggva vé goða,
3 þá es sortnar Surta logi;
Móði ok Magni
skolu Mjǫllni hafa
6 Vingnis at vígþroti.

En þar sem heitir Hoddmímisholt leynask menn ii. í Surtaloga, er svá heita, Líf ok Lífþrasir[3], ok hafa morgindǫggvar fyrir mat; en af þessum mǫnnum kømr svá mikil kynslóð, at byggvisk heimr allr; svá sem hér segir:

65. Líf ok Lífþrasir[4],
en þau leynask munu

---

[1] Mgl. W, T, U. [2] Sål. T, W ok, R. [3] Leif-, R, W, T. [4] Sål. U; Leif-, de øvr.

5 í holti Hoddmímis, þau[1] at mat hafa,
morgindǫggvar 6 en þaðan af aldir alask.

Ok hitt mun þér undarligt þykkja, er sólin hefir getit dóttur eigi ófegri, en hon er, ok ferr sú þá stígu móður sinnar, sem hér segir:

66. Eina dóttur sú skal ríða,
berr alfrǫðull, es regin deyja,
3 áðr hana fenrir fari; 6 móður brautir mær.

En nú ef þú kant lengra framm at spyrja, þá veit ek eigi, hvaðan þér kømr þat, fyrir því at engan mann heyrða ek lengra segja framm[2] aldar-farit — ok njóttu nú, sem þú namt.

53. Því næst heyrði Gangleri dyni mikla hvern veg frá sér ok leit út á hlið sér, ok þá er hann sésk meirr um, þá stendr hann úti á sléttum velli, sér þá enga hǫll ok enga borg; gengr hann þá leið sína braut ok kømr heim í ríki sitt ok segir þau tíðendi, er hann hefir sét ok heyrt, ok eptir honum sagði hverr maðr ǫðrum þessar sǫgur. — En æsir setjask þá á tal ok ráða ráðum sínum ok minnask á þessar frásagnir allar, er honum[3] váru sagðar[3], ok gefa nǫfn þessi en sǫmu, er áðr eru nefnd, mǫnnum ok stǫðum þeim, er þar váru, til þess at þá er langar stundir liði, at menn skyldu ekki ifask í, at allir væri einir þeir æsir, er nú var frá sagt, ok þessir, er þá váru þau sǫmu nǫfn gefin. Þar var þá Þórr kallaðr ok er sá Ásaþórr enn gamli, [sá[5] er Ǫku-þórr, ok honum eru kend þau stórvirki, er Ektor gerði í Trójo. En þat hyggja menn, at Tyrkir hafi sagt frá Úlixes ok hafi þeir hann kallaðan[4] Loka, þvíat Tyrkir váru hans enir mestu óvinir[5]].

[1] er tf. R. [2] Sål. W, T; mgl. R. [3] Sål. R; nú (hér W) var sagt, W, T. [4] Sål. T; kallat, R, W. [5] sá—óvinir er måske et senere tillæg.

SKÁLDSKAPARMÁL[1].

1. Einn maðr er nefndr Ægir eða Hlér; hann bjó í eyju[2] þeiri, er nú er kǫlluð Hlésey; hann var mjǫk fjǫlkunnigr. Hann gerði ferð sína til Ásgarðz, en[3] æsir vissu fyrir[4] ferð hans ok[4] var honum fagnat vel ok þó margir hlutir gǫrvir[4] með sjónhverfingum. Ok um kveldit, er drekka skyldi, þá lét Óðinn bera inn í hǫllina sverð ok váru svá bjǫrt, at þar af lýsti, ok var ekki haft ljós annat, meðan við drykkju var setit. Þá gengu æsir at gildi sínu ok settusk í hásæti xii. æsir þeir, er dómendr skyldu vera ok svá váru nefndir, Þórr, Njǫrðr, Freyr, Týr, Heimdallr, Bragi, Víðarr, Váli, Ullr, Hœnir, Forseti, Loki; — slíkt sama ásynjur, Frigg, Freyja, Gefjun, Iðunn, Gerðr, Sigyn, Fulla, Nanna. Ægi þótti gǫfugligt þar um at sjásk; veggþili ǫll váru þar tjǫlduð með fǫgrum skjǫldum; þar var ok áfenginn mjǫðr ok mjǫk drukkit. Næsti maðr Ægi sat Bragi, ok áttusk þeir við drykkju ok orða-skipti; sagði Bragi Ægi frá mǫrgum tíðendum, þeim er æsir hǫfðu átt. Hann hóf þar frásǫgn, at þrír æsir fóru heiman, Óðinn ok Loki ok Hœnir, ok fóru um fjǫll ok eyðimerkr, ok var ilt til matar. En er þeir koma ofan í dal nǫkkurn, sjá þeir øxna-flokk ok taka einn oxann ok snúa til seyðis; en er þeir hyggja, at soðit mun vera, raufa þeir seyðinn, ok var ekki soðit; ok í annat

---

[1] Tilf. af udg. [2] Sål. W, T; ey, R. [3] er tf. R. [4] Mgl. R.

sinn, er þeir rjúfa[1] seyðinn, þá er stund var liðin, ok var ekki soðit; mæla þeir þá sín á milli, hverju þetta mun gegna. Þá heyra þeir mál í eikina upp yfir sik, at sá, er þar sat, kvaðsk valda[2] því, er eigi soðnaði á seyðinum. Þeir litu til ok sat[3] þar ǫrn ok eigi lítill. Þá mælti ǫrninn: »vilið ér[4] gefa mér fylli mína af oxanum, þá mun soðna á seyðinum«. Þeir játa því. Þá lætr hann sígask ór trénu ok sezk á seyðinn ok leggr upp þegar et fyrsta lær oxans ii. ok báða bóguna. Þá varð Loki reiðr ok greip upp mikla stǫng ok reiðir af ǫllu afli ok rekr á kroppinn erninum. Ǫrninn bregzk við hǫggit ok flýgr upp; þá var fǫst stǫngin við bak[5] arnarins, en[6] hendr Loka við annan enda stangarinnar[7]. Ǫrninn flýgr hátt svá, at fœtr Loka[8] taka niðr grjót[9] ok urðir ok viðu; en hendr hans hyggr hann at slitna munu ór ǫxlum. Hann kallar ok biðr allþarfliga ǫrninn friðar, en hann segir, at Loki skal aldri lauss verða, nema hann veiti honum svardaga at koma Iðunni út of Ásgarð með epli sín, en Loki vill þat; verðr hann þá lauss ok ferr til lags-manna sinna; ok er eigi at sinni sǫgð fleiri tíðendi um þeira ferð, áðr þeir koma heim. En at ákveðinni stundu teygir Loki Iðunni út um Ásgarð í skóg nǫkkurn ok segir, at hann hefir fundit epli þau, er henni munu gripir í þykkja, ok bað, at hon skal hafa með sér sín epli ok bera saman ok hin. Þá kømr þar Þjazi jǫtunn í arnar-ham ok tekr Iðunni ok flýgr braut með ok í Þrymheim til bús síns. En æsir urðu illa við hvarf Iðunnar ok gerðusk þeir brátt hárir ok gamlir. Þá áttu þeir æsir þing ok spyrr[10] hverr[10] annan[10], hvat síðarst vissi til Iðunnar, en þat var sét síðarst, at hon gekk út ór Ásgarði með Loka. Þá var Loki tekinn ok fœrðr á þingit, ok var honum heitit bana eða píslum; en er hann varð hræddr, þá kvaðsk hann mundu sœkja eptir Iðunni í Jǫtun-

---

[1] Sål. U, W; raufa, R, T. [2] Sål. U, T; ráða, R, W. [3] sá, T og så lítinn. [4] Sål. T. [5] Sål. U, W, T; kropp, R. [6] Sål. U, T; ok, R. [7] Sål. T; jfr. U; mgl. R. [8] Mgl. R. [9] Med art. R. [10] Afrevet i R.

heima, ef Freyja vill ljá honum vals-hams, er hon á. Ok er hann fær vals-haminn, flýgr hann norðr í Jǫtunheima ok kømr einn dag til Þjaza jǫtuns; var hann róinn á sæ, en Iðunn var ein heima; brá Loki henni í hnotar-líki ok hafði í klóm sér ok flýgr sem mest. En er Þjazi kom heim ok saknar Iðunnar, tekr hann arnar-haminn ok flýgr eptir Loka ok dró arnsúg í flugnum. En er æsirnir sá, er valrinn flaug með hnotina ok hvar ǫrninn flaug, þá gengu þeir út undir Ásgarð ok báru þannig byrðar af lokarspánum. Ok þá er valrinn flaug inn of borgina, lét hann fallask niðr við borgarvegginn; þá slógu æsirnir eldi í lokarspánuna[1], en ǫrninn mátti eigi stǫðva sik[2], er hann misti valsins; laust þá eldinum í fiðri arnarins, ok tók þá af fluginn. Þá váru æsir[3] nær ok drápu Þjaza jǫtun fyrir innan ásgrindr, ok er þat víg allfrægt. En Skaði, dóttir Þjaza jǫtuns, tók hjálm ok brynju ok ǫll hervápn ok ferr til Ásgarðz, at hefna fǫður síns, en æsir buðu henni sætt ok yfirbœtr, ok et fyrsta, at hon skal kjósa sér mann af ásum ok kjósa at fótum ok sjá ekki fleira af. Þá sá hon eins mannz fœtr forkunnar-fagra ok mælti: — »þenna kýs ek, fátt mun ljótt á Baldri« — en þat var Njǫrðr ór Nóatúnum. Þat hafði hon ok í sættargǫrð sinni, at æsir skyldu þat gera, er hon hugði, at þeir skyldu eigi mega, at hlœgja hana. Þá gerði Loki þat, at hann batt um skegg geitar nǫkkurrar ok ǫðrum enda um hreðjar sér, ok létu þau ýmsi eptir ok skrækði hvárt tveggja[4] hátt; þá lét Loki fallask í kné Skaða[5], ok þá hló hon; var þá gǫr sætt af ásanna hendi við hana. Svá er sagt, at Óðinn gerði þat til yfirbóta við Skaða[6], at hann tók augu Þjaza ok kastaði upp á himin ok gerði af stjǫrnur ii. — Þá mælti Ægir: mikill þykki mér Þjazi fyrir sér hafa verit, eða hvers kyns var hann?. — Bragi svarar: Ǫlvaldi hét faðir

---

[1] Uden art. R, T. [2] Mgl. R. [3] Med art. R. [4] við tf. R; mgl. U, W, T. [5] Skaði, W. [6] Sål. U, W, T; hana, R.

hans, ok merki munu þér at þykkja, ef ek segi þér frá honum. Hann var mjǫk gullauðigr, en er hann dó ok sønir hans skyldu skipta arfi, þá hǫfðu þeir mæling á[1] gullinu, er þeir skiptu, at hverr skyldi taka munnfylli sína ok allir jafnmargar. Einn þeira var Þjazi, ii. Iði, iii. Gangr. En þat hǫfum vér orðtak nú með oss, at kalla gullit munntal þessa jǫtna, en vér felum í rúnum eða í skáldskap svá, at vér kǫllum þat mál eða orð[2] eða[2] tal[2] þessa jǫtna. — Þá mælti Ægir: Þat þykki mér vera vel fólgit í rúnum — ok enn mælti Ægir: Hvaðan af hefir hafizk sú íþrótt, er þér kallið skáldskap? — Bragi svarar: Þat váru uphǫf til þess, at goðin hǫfðu ósætt við þat fólk, er vanir heita, en þeir lǫgðu með sér friðstefnu ok settu grið á þá lund, at þeir gengu hvárir-tveggju til eins kers ok spýttu í hráka sínum[3]. En at skilnaði þá tóku goðin ok vildu eigi láta týnask þat griðamark ok skǫpuðu þar ór mann; sá heitir Kvasir, hann er svá vitr, at engi spyrr hann þeira hluta, er eigi kann hann órlausn. Ok hann fór víða um heim at kenna mǫnnum frœði, ok þá er hann kom at heimboði til dverga nǫkkurra, Fjalars ok Galars, þá kǫlluðu þeir hann með sér á einmæli ok drápu hann, létu renna blóð hans í tvau ker ok einn ketil, ok heitir sá Óðrørir, en kerin heita Són ok Boðn; þeir blendu hunangi við blóðit, ok varð þar af mjǫðr sá, er hverr, er af drekkr, verðr skáld eða frœða-maðr. Dvergarnir sǫgðu ásum, at Kvasir hefði kafnat í manviti, fyrir því at engi var þar svá fróðr, at spyrja kynni hann fróðleiks. Þá buðu þessir dvergar til sín jǫtni þeim, er Gillingr heitir, ok konu hans. Þá buðu dvergarnir Gillingi at róa á sæ með sér. En er þeir[4] fóru fyrir land framm, røru dvergarnir á[5] boða ok hvelfðu[6] skipinu. Gillingr var ósyndr ok týndisk hann, en dvergarnir réttu skip sitt ok røru til landz. Þeir sǫgðu konu hans þenna atburð, en hon kunni illa ok

[1] Sål. W, T; at, R. [2] Orð ta tal, R; orðatal, W; ortac, T. [3] Sål. U, W, T, sína, R. [4] Mgl. R. [5] í, W, T. [6] Sål. U, W, T; hvelfði, R.

grét hátt. Þá spurði Fjalarr hana, ef henni myndi hugléttara, ef hon sæi út á sæinn, þar er hann hafði týnzk; en hon vildi þat; þá mælti hann við Galar bróður sinn, at hann skal fara upp yfir dyrnar, er hon gengi út, ok láta kvernstein falla í hǫfuð henni, ok talði sér leiðask óp hennar, ok svá gerði hann. Þá er þetta spurði Suttungr jǫtunn[1], sonr[2] Gillings, ferr hann til ok tók dvergana ok flytr á sæ út ok setr þá í flœðar-sker. Þeir biðja Suttung sér lífs-griða ok bjóða honum til sættar í fǫður-gjǫld mjǫðinn dýra, ok þat verðr at sætt með þeim. Flytr Suttungr mjǫðinn heim ok hirðir, þar sem heita Hnitbjǫrg, setr þar til gæzlu dóttur sína Gunnlǫðu. Af þessu kǫllum vér skáldskap Kvasis blóð eða dverka-drekku eða fylli eða nǫkkurs konar lǫg Óðrøris eða Boðnar eða Sónar eða fars-kost dverga, fyrir því at sá mjǫðr flutti þeim fjǫrlausn ór skerinu, eða Suttunga-mjǫð eða Hnitbjarga-lǫgr. — Þá mælti Ægir: Myrkt þykki mér þat mælt at kalla skáldskap með þessum heitum, en hvernig kómusk[3] þér[4] æsir at Suttunga-miði? — Bragi svarar: Sjá saga er til þess, at Óðinn fór heiman ok kom þar, er þrælar níu slógu hey; hann spyrr, ef þeir vili, at hann brýni ljá þeira. Þeir játa því. Þá tekr hann hein af belti sér ok brýndi ljána[5], en þeim þótti bíta ljárnir myklu betr ok fǫluðu heinina; en hann mat svá, at sá, er kaupa vildi, skyldi gefa við hóf, en allir kváðusk vilja ok báðu hann sér selja, en hann kastaði heininni í lopt upp; en er allir vildu henda, þá skiptusk þeir svá við, at hverr brá ljánum á háls ǫðrum. Óðinn sótti til náttstaðar til jǫtuns þess, er Baugi hét, bróðir Suttungs. Baugi kallaði ilt fjárhald sitt ok sagði, at þrælar hans níu hǫfðu drepizk, en talðisk eigi vita sér ván verkmanna. En Óðinn nefndisk fyrir honum Bǫlverkr; hann bauð at taka upp ix. manna verk fyrir Bauga, en mælti sér

---

[1] Sál. W, T; mgl. R. [2] Sál, W, U; bróðurson, R, T. [3] Sál. W, T, jfr. U; komu, R. [4] Sál. W; þeir, R, T. [5] Sál. W, T; mgl. R.

til kaups einn drykk af Suttunga-miði. Baugi kvazk[1] einskis ráð eiga af miðinum, sagði, at Suttungr vildi einn hafa, en fara kvezk hann mundu með Bǫlverki ok freista, ef þeir fengi mjǫðinn. Bǫlverkr vann um sumarit ix. manna[2] verk fyrir Bauga, en at vetri beiddi[3] hann Bauga leigu sinnar. Þá fara þeir báðir til[4] Suttungs[4]. Baugi segir Suttungi, bróður sínum, kaup þeira Bǫlverks, en Suttungr synjar þverliga hvers dropa af miðinum. Þá mælti Bǫlverkr til Bauga, at þeir skyldu freista véla nǫkkurra, ef þeir megi ná miðinum, en Baugi lætr þat vel vera. Þá dregr Bǫlverkr framm nafar þann, er Rati heitir, ok mælti, at Baugi skal bora bjargit, ef nafarrinn bítr. Hann gerir svá. Þá segir Baugi, at gǫgnum er borat bjargit, en Bǫlverkr blæss í nafars-raufina, ok hrjóta spænirnir upp í móti honum. Þá fann hann, at Baugi vildi svíkja hann, ok bað bora gǫgnum bjargit. Baugi boraði enn, en er Bǫlverkr blés annat sinn, þá fuku inn spænirnir. Þá brásk Bǫlverkr í orms-líki ok skreið í nafars-raufina, en Baugi stakk eptir honum nafrinum ok misti hans. Fór Bǫlverkr þar til, sem Gunnlǫð var, ok lá hjá henni iii. nætr, ok þá lofaði hon honum at drekka af miðinum iii. drykki. Í enum fyrsta drykk drakk hann alt ór Óðrøri, en í ǫðrum ór Boðn, í enum þriðja ór Són, ok hafði hann þá allan mjǫðinn. Þá brásk hann í arnar-ham ok flaug sem ákafast; en er Suttungr[5] sá flug arnarins, tók hann sér arnar-ham ok flaug eptir honum. En er æsir sá, hvar Óðinn flaug, þá settu þeir út í garðinn ker sín, en er Óðinn kom inn of Ásgarð, þá spýtti hann upp miðinum í kerin, en honum var þá svá nær komit, at Suttungr myndi ná honum, at hann sendi aptr suman mjǫðinn, ok var þess ekki gætt; hafði þat hverr, er vildi, ok kǫllum vér þat skáldfífla hlut[6]. En Suttunga-mjǫð gaf Óðinn ásunum ok þeim mǫnn-

[1] Sål. T; kvez, W; kvað, R, lezt, U. [2] Sål. U, W, T; manns, R. [3] Sål. W, T; beiddiz, R. [4] Sål. U, W, T; mgl. R. [5] Sål. T, jfr. U; þiazi (fejlskr.), R, W. [6] Sål. W, T; lit, R.

um, er yrkja kunnu. Því kǫllum vér skáldskapinn feng Óðins ok fund ok drykk hans ok gjǫf[1] ok drykk ásanna. — Þá mælti Ægir: Hversu á marga lund breytið ér[2] orðtǫkum skáldskapar, eða hversu mǫrg eru kyn skáldskaparins? — Þá mælti Bragi: Tvenn eru kyn þau, er greina skáldskap allan. — Ægir spyrr: Hver tvenn? — Bragi segir: Mál ok hættir. — Hvert máltak er haft til skáldskapar? — Þrenn er grein skáldskapar-máls. — Hver? — Svá at nefna hvern hlut, sem heitir; ǫnnur grein er sú, er heitir fornǫfn; en iii. máls-grein er[3] sú[3], er kǫlluð er kenning, ok er[4] sú grein svá sett, at vér kǫllum Óðin eða Þór eða Tý eða einhvern af ásum eða álfum, ok[5] hvern[5] þeira, er ek nefni til, þá tek ek með heiti af eign annars ássins eða get ek hans verka nǫkkurra; þá eignask hann nafnit, en eigi hinn, er nefndr var; svá sem vér kǫllum sig-Tý eða hanga-Tý eða farma-Tý — þat er þá Óðins heiti, ok kǫllum vér þat kent heiti; svá ok at kalla reiðar-Tý.

En þetta er nú at segja ungum skáldum, þeim er girnask at nema mál skáldskapar ok heyja sér orðfjǫlða með fornum heitum eða girnask þeir at kunna skilja þat, er hulit er kveðit, þá skili hann þessa bók til fróðleiks ok skemtunar. En ekki er at gleyma eða ósanna svá þessar frásagnir[6], at taka ór skáldskapinum fornar kenningar, þær er hǫfuðskáldin[7] hafa sér líka látit, en eigi skolu kristnir menn trúa á heiðin goð ok eigi á sannyndi þessa[8] sagna[8] annan veg en svá sem hér finnsk í uphafi bókar[9].

2. Nú[10] skal láta heyra dœmi[11], hvernig hǫfuðskáldin hafa látit sér sóma at yrkja eptir þessum heitum ok kenn-

---

[1] hans tf. R, T; mgl. W. [2] Sål. T. [3] Sål. W, T; mgl. R. [4] Mgl. R. [5] Sål. T, 757; at hverr, R; sætn. mgl. W. [6] Sål. U, T, W; sǫgur, R. [7] Sål. U, W, T; uden art. R. [8] Sål. W, T; þessar sagnar, R. [9] For ok eigi—bókar har U: né á sannask, at svá hafi verit. Hvad der er tilbage af stykket (det i udgaver så meningsløst kaldte Eptirmáli), er en yngre tilföjelse af samme art som Ws interpolationer i Prologus. Jfr. 757, Sn. E. II, 533. [10] Sål. W, T, 757; En, R, U. [11] Med art. R, U.

ingum, svá sem segir Arnórr jarlaskáld, at Óðinn[1] heiti Alfǫðr[2]:

1. Nú hykk slíðrhugaðs[3] segja,
[síð léttir mér stríða]
(þýtr Alfǫður[4]) ýtum
jarls kostu (brim hrosta).

Hér kallar hann ok skáldskapinn hrosta-brim Alfǫður. — Hávarðr halti kvað svá:

2. Nú es, jódraugar[5] ægis,
arnar flaug, ok bauga
hygg ek at heimboð þiggi
Hanga goðs, of[6] vangi.

Svá kvað Víga-Glúmr:

3. Lattisk herr með hǫttu
Hanga-Týs at ganga,
þóttit þeim at hætta
þekkiligt, fyr brekku.

Svá kvað Refr:

4. Opt kom (jarðar leiptra
es Baldr hniginn skaldi)
hollr at helgu fulli
Hrafnásar mér (stafna).

Svá kvað Eyvindr skáldaspillir:

5. Ok Sigurð[7],
hinns svǫnum veitti
hróka bjór
4 Haddingja vals
Farmatýs,
fjǫrvi næmðu
jarðráðendr
8 á Ǫglói.

Svá kvað Glúmr Geirason:

6. Þar vas (þrafna byrjar
þeim stýrðu[8] goð[8] Beima)
sjalfr í sœkialfi
Sigtýr Atals dýra.

Svá kvað Eyvindr[9]:

7. Gǫndul ok Skǫgul
sendi Gautatýr
3 at kjósa of konunga,
hverr Yngva ættar
skyldi með Óðni fara
6 ok í Valhǫllu vesa.

Svá kvað Úlfr Uggason:

8. Riðr at vilgi víðu[10]
víðfrægr (en mér líða)
Hroptatýr (of hvápta
hróðrmǫl) sonar báli.

---

[1] Sål. U, T; hann, R, W. [2] Sål. U; All-, de øvr.; Alfaðir 757. [3] -hugat, R. [4] Sål. 757; Alfauðrs, U; Allfoðr, de øvr. [5] Sål. udg.; -um, alle. [6] Sål. R; af, de øvr. [7] Sigurðr, R. [8] Sål. U, 757; er stýrðu, R, W; stýrðu kyn, T. [9] enn tf. R, W, 757; mgl. U, T. [10] Sål. U; blíðu, de øvr.

Svá kvað Þjóðólfr enn hvinverski:

9 Valr lá þar á sandi
vitinn[1] enum eineygja
Friggjar faðmbyggvi;
fǫgnuðum dǫð slíkri[2].

Þat kvað Hallfrøðr:

10 Sannyrðum spenr sverða
snarr[3] þiggjandi viggjar
barrhaddaða byrjar
biðkvǫn[4] und[5] sik Þriðja.

Hér er þess dœmi, at jǫrð er kǫlluð kona Óðins í skáldskap. Svá er hér sagt at Eyvindr kvað:

11 Hermóðr ok Bragi,
kvað Hroptatýr,
3 gangið í gǫgn grami;
því́t konungr ferr,
sás kappi þykkir,
6 til hallar hinig.

Svá kvað Kormákr:

12. Eykr með enniduki
jarðhljótr[6] día fjarðar
breyti, hún sás, beinan,
bindr. *Seið Yggr til Rindar.*

Svá kvað[7] Steinþórr:

13. Forngǫrvan[8] ák firnum
farms Gunnlaðar arma
horna fors at hrósa
hlítstyggs ok þó lítinn[9].

Svá kvað Úlfr Uggason:

14. Þar hykk sigrunni svinnum
sylgs Valkyrjur fylgja
heilags tafns ok hrafna.
Hlaut innan svá minnum.

Svá kvað Egill Skallagrímsson:

15. Blœtk eigi af því
bróður Vílis,
goðjaðar[10],
4 at gjarn[11] séak[12];
þó hefr Míms vinr
mér of fengit
bǫlva bœtr,
8 es et betra telk.

16. Gafumk íþrótt
ulfs of[13] bági,
vígi vanr,
4 vammi firða.

Hér er hann kallaðr goðjaðarr[14] ok Míms-vinr ok úlfs-bági. — Svá kvað Refr:

---

[1] vit-, R. [2] V. mgl. U, T, 757. [3] þvarr, R. [4] Sål. U; bif-, de øvr. [5] of, R. [6] Sål. K. G., hlutr, lutr, alle. [7] sagði, R. [8] Sål. R, T, 757; -var, W; -vom, U. [9] Sål. T; litlum, de øvr. [10] Sål. Egilss.; alle: jarðar. [11] gjarna, R. [12] ek . . . sjá (sé), alle. [13] ok, R, W, T. [14] Sål. R; jarðar, W, U.

17. Þér eigu vér veigar,
Valgautr, salar brautar,
Fals, hrannvala[1] fannar,
framr, valdi tamr, gjalda.

Svá kvað Einarr skálaglamm:

18. Hljóta munk, né hlítik[2],
Hertýs, of þat frýju[3],
fyr ǫrþeysi at ausa
austr víngnóðar flausta.

Svá kvað[4] Úlfr[4] Uggason:

19. Kostigr ríðr at kesti,
kynfróðs þeims goð hlóðu
Hrafnfreistaðar, hesti
Heimdallr, at mǫg fallinn.

Svá er sagt í Eiríksmálum:

20. Hvat es þat drauma, —
kvað[5] Óðinn
ek hugðumk fyr dag rísa,
Valhǫll ryðja
4 fyr vegnu folki,
vakða[6]k Einherja,
bað[7]k upp rísa,
bekki at strá,
8 bjórker leyðra,
Valkyrjur vín bera,
sem vísi kvæmi[8].

Þat kvað Kormákr:

21. Algildan biðk aldar
allvald of mér halda
ýs bifvangi Yngva
ungr. *Fór Hroptr með Gungni.*

Þat kvað Þórálfr[9]:

22. Sagði hitt, es hugði,
Hliðskjalfar gramr sjǫlfum
hlífar styggs[10] þars hǫggnir
Háreks liðar vǫru.

Svá kvað Eyvindr:

23. Hinn es Surts
ór Sǫkkdǫlum
farmǫgnuðr
fljúgandi bar.

Svá kvað Bragi:

24. Þat erumk sýnt[11], at snimma
sonr Aldafǫðrs vildi
afls við úri þalðan
jarðar reist of freista

Svá kvað Einarr:

---

[1] Sål. W, T; valar, R, 757, -mara, U. [2] hlitur, R, W, T, 757, jfr. U. [3] Sål. U, R; freyju, de øvr. [4] Sål. U, W, T; sem U. kvað, R. [5] Sål. W; mgl. U, R; er ec, T; kv. Ó., mgl. 757. [6] Sål. W, 757, vekða, de øvr. [7] Sål. W; beidda, 757; bæða, de øvr. [8] Sål. T, U, 757; komi, R, W. [9] Sål. W. 757, -ólfr, R, T; -valdr, U. [10] Sål. U; styggr, de øvr. [11] Sål. U; sent, R, W, T; snemt, 757.

25. Þvít fjǫlkostigr flestu (tekit[1] hefk[1] morðs til
flestr ræðr við son Bestlu mærðar)
mæringr an þú færa.

Svá kvað Þorvaldr blǫnduskáld:

26. Nú hefk mart burar[2] Bors,
í miði greipat Búra arfa.

3. Hér skal heyra, hvé skáldin hafa kent skáldskapinn eptir þessum heitum, er áðr eru rituð, svá sem er, at kalla Kvasis-dreyra ok dverga-skip, dverga-mjǫð, jǫtna-mjǫð, Suttunga-mjǫð, Óðins-mjǫð, Ása-mjǫð, fǫður-gjǫld jǫtna, lǫgr Óðrøris ok Boðnar ok Sónar ok fyllr[3], lǫgr Hnitbjarga, fengr ok fundr ok farmr ok gjǫf Óðins, svá sem hér er kveðit, er orti Einarr skálaglamm:

27. Hugstóran biðk heyra foldar vǫrð á fyrða
(heyr, jarl, Kvasis dreyra) fjarðleggjar brim dreggjar.

Ok sem kvað Einarr enn skálaglamm:

28. Ullar gengr of alla byrgis bǫðvar sorgar,
askságn þess, es hvǫt magnar bergs geymilǫ́[4] dverga.

Svá sem kvað Ormr Steinþórsson:

29. At væri borit bjórs (rekkar nemi) dauðs (drykk
bríkar ok mitt lík Dvalins) í einn sal.

Ok sem Refr kvað:

30. Grjótaldar ték[5] gildi Bergmœra glymr bára,
geðreinar Þorsteini; biðk lýða kyn hlýða.

Svá sem kvað Egill:

31. Buðumk hilmir lǫð, bark Óðins mjǫð
þar[6] ák hróðrs of kvǫð, á Engla bjǫð.

Ok sem kvað Glúmr Geirason:

32. Hlýði, hapta beiðis, því biðjum[8] vér þagnar[9],
hefk, mildingar[7], gildi; þegna tjón at[10] fregnum.

---

[1] Sål U, W, T, 757; væri ek, R. [2] borar, R. [3] Sål. R, T; jfr. fullr, 757, mgl. de øvr. [4] Sål. K. G., grumila, grymila, grynnila, alle. [5] Sål. udg.; rær, R; ter, T; tær, W; terr, 757; tel, U. [6] Sål. T, 757; þat, R mgl. W; nú, U. [7] Sål. udg.; mildinga, alle (jfr. dog W). [8] Sål. alle, undt. R: bjóðum. [9] þǫgnar skr. R, T, U, W. [10] af, R.

Ok sem kvað Eyvindr:

33. Viljak hljóð[1]
at Hárs[2] líði,
meðan Gillings
4 gjǫldum yppik,
meðan hans ætt
í hverlegi
galga farms
8 til goða teljum.

Svá sem Einarr kvað skálaglamm:

34. Eisar vágr[3] fyr (vísa
verk) Rǫgnis mér (hagna[4])
[þýtr Óðrøris alda]
(aldr) [hafs við fles galdra].

Ok enn sem hann kvað:

35. Nús þats Boðnar bára,
bergsaxa, tér vaxa,
gervi í hǫll ok heyri[5]
hljóð fley jǫfurs þjóðir.

Ok sem kvað Eilífr Guðrúnarson:

36. Verðið[6] ér[6], alls orða
oss grœr of kon mœran[7]
á sefreinu Sónar
sáð, vingjǫfum ráða.

Svá sem kvað Vǫlu-Steinn:

37. Heyr Míms vinar mína[8]
(mér es fundr gefinn Þundar)
við góma sker glymja
glaumbergs, Egill[9],
strauma.

Svá kvað Ormr Steinþórsson:

38. Seggir þurfut ala ugg,
engu snýk í Viðurs feng
háði (kunnum hróðrsmíð
haga), of minn brag.

Svá kvað Úlfr Uggason:

39. Hjaldrgegnis[10] ték[11] hildar
herreifum[12] Áleifi
(hann vilk at gjǫf Grímnis)
geðfjarðar[13] lǫ́ (kveðja).

Skáldskapr er kallaðr sjár eða lǫgr dverganna, fyrir því at Kvasis blóð var lǫgr í Óðrøri, áðr mjǫðrinn væri gǫrr, ok þar gerðisk hann í katlinum, ok er hann kallaðr fyrir því hverlǫgr Óðins, svá sem kvað Eyvindr ok fyrr var ritat:

40. Meðan hans ætt
í hverlegi
galga farms
til goða teljum.

---

[1] hlið, R. [2] Hans, R. [3] Sål. W, T; vargr, de øvr. [4] hǫgna, alle. [5] Sål. K. G.; hlýði, alle (v. mgl. U). [6] Sål. T, U, W, 757 (þer); verðr ei, R. [7] Sål. U; mærar, de øvr. [8] mima, R. [9] Sål. W, U, 757, egils, R, T. [10] Sål. U; hoddmildum, de øvr. [11] Sål. Svb. Eg.; tel ek, U; ter, de øvr. [12] Sål. U; hug-, de øvr. [13] geðmarðar, R.

Enn er kallaðr skáldskaprinn far eða líð dverganna; líð heitir ǫl ok líð heitir skip; svá er tekit til dœma, at skáldskapr er nú kallaðr fyrir því skip dverga, svá sem hér segir:

41. Bæði[1] ák til brúðar
bergjarls ok skip dverga
sollinn vind at senda
seinfyrnd gǫtu eina.

4. Hvernig skal kenna Þór? — Svá at kalla hann son Óðins ok Jarðar, faðir Magna ok Móða ok Þrúðar, verr Sifjar, stjúpfaðir Ullar, stýrandi ok eigandi Mjǫllnis ok megingjarða, Bilskirnis, verjandi Ásgarðz, Miðgarðz, dólgr ok bani jǫtna ok trǫllkvinna, vegandi Hrungnis, Geirrøðar, Þrívalda, dróttinn Þjálfa ok Rǫsku, dólgr Miðgarðzorms, fóstri Vingnis ok Hlóru; svá kvað Bragi skáld:

42. Vaðr lá Viðris arfa
vilgi slakr, es rakðisk,
á Eynefis ǫndri,
Jǫrmungandr at sandi.

Svá kvað Ǫlvir hnúfa:

43. Œstisk allra landa
umbgǫrð ok sonr Jarðar

Svá kvað Eilífr:

44. Vreiðr[2] stóð Vrǫsku[2] bróðir,
vá gagn faðir Magna;
skelfra Þórs né Þjalfa
þróttar steinn við ótta.

Ok sem kvað Eysteinn Valdason:

45. Leit á brattrar[3] brautar[3]
baug hvassligum augum,
œstisk áðr at flausti
ǫggs búð, faðir Þrúðar.

Enn kvað Eysteinn:

46. Sín bjó Sifjar rúni
snarla framm með karli
(hornstraum getum
Hrímnis
hrœra) veiðar-fœri.

Ok enn kvað hann:

47. Svá brá viðr, at (sýjur),
seiðr (rendu[4] framm breiðar)
jarðar, út at borði
Ulls mágs[5] hnefar skullu.

Svá kvað Bragi:

---

[1] Teþi, R. [2] Uden v alle. [3] Sål. W, brattar brautir, R, U; v. mgl. T. [4] Sål. K. G.; rendi, alle. [5] Sål. W T; magar (?), R.

48. Hamri fórsk í hœgri
hǫnd, þás allra landa,
œgir ǫflugbǫrðu[1],
endiseiðs[2] of[3] kendi.

Svá kvað Gamli:

49. Meðan gramr, hinns svik samðit[3],
snart Bilskirnis, hjarta,
grundar fisk með grandi
gljúfrskeljungs nam rjúfa.

Svá kvað Þorbjǫrn dísarskáld:

50. Þórr hefr Yggs með ǫrum
Ásgarð af þrek varðan.

Svá kvað Bragi:

51. Ok borðróins barða
brautar hringr enn ljóti
á haussprengi Hrungnis[4]
harðgeðr neðan starði.

Enn kvað Bragi:

52. Vel hafið yðrum eykjum
aptr, Þrívalda[5], haldit
simbli sumbls of mærum,
sundrkljúfr níu hǫfða.

Svá kvað Eilífr:

53. Þrøngvir gein við þungum
þangs rauðbita tangar
kveldrunninna kvinna
kunnleggs alinmunni.

Svá kvað Úlfr[6] Uggason[6]:

54. Þjokkvaxinn[7] kvazk[8] þykkja
þiklingr[9] firinmikla
hafra njóts at hǫfgum[11]
hætting megindrætti.

Svá kvað enn[10] Úlfr:

55. Fullǫflugr lét fellir
fjallgauts hnefa skjalla
(ramt mein vas þat[11]) reyni
reyrar[12] leggs við eyra.

Ok[13] enn kvað Úlfr:

56. Víðgymnir laust Vimrar
vaðs af frǫnum naðri
hlusta grunn við hrǫnnum.
Hlaut innan svá minnum.

Hér er hann kallaðr jǫtunn Vimrar-vaðs; á heitir Vímur, er Þórr óð, þá er hann sótti til Geirrøðargarða. — Svá[14] kvað Vetrliði skáld[15]:

---

[1] Sål. udg.; -barða, alle (bara, U). [2] -skeiðs af, R. [3] Sål. U; samði, de øvr. [4] Denne linje mgl. R. [5] -valdra, R. [6] Sål. U; Bragi, R, W; v. mgl. T. [7] Sål. udg.; -vǫxnum, alle. [8] kvez, U; kvað, R, W. [9] Sål. udg.; þikling, R, W; -ings, U. [10] Fra U; mgl. de øvr. [11] Mgl. R. [12] reyrǫz, R. [13] Sål. W; svá, T; mgl. R. [14] Ok svá, R, T. [15] Sål. U, W, T; mgl. R.

57. Leggi brauzt þú Leiknar,
lamðir[1] Þrívalda,
steypðir Starkeði[2],
stétt[3] of Gjǫlp dauða.

Svá[4] kvað Þorbjǫrn dísarskáld:

58. Ball í Keilu kolli,
Kjallandi brauzt alla,
áðr drapt Lút ok Leiða,
4 lézt dreyra Búseyru;
heptir[5] Hengjankjǫptu,
Hyrrokkin dó fyrri,
þó vas snemr en sáma
8 Svívǫr numin lífi[6].

5. Hvernig skal kenna Baldr? — Svá, at kalla hann son Óðins ok Friggjar, ver Nǫnnu, faðir Forseta, eigandi Hringhorna ok Draupnis, dólgr Haðar, Heljar-sinni, Grátagoð. Úlfr Uggason hefir kveðit eptir sǫgu Baldrs langt skeið í Húsdrápu, ok rituð eru[7] áðr dœmi til þess, er Baldr er svá kendr.

6. Hvernig skal kenna Njǫrð? — Svá, at kalla hann Vana[8]-guð eða Vana-nið eða Van ok fǫður Freys ok Freyju, fégjafa[9] guð; svá segir Þórðr Sjáreksson:

59. Varð sjǫlf suna[10],
nama snotr una,
Kjalarr of tamði,
4 kvǫ́ðut Hamði,
Goðrún bani,
goðbrúðr vani,
heldr vel mara,
8 hjǫrleik spara.

Hér er þess getit, er Skaði gekk frá Nirði, sem fyrr er ritat.

7. Hvernig skal kenna Frey? — Svá, at kalla hann son Njarðar, bróður Freyju ok enn Vana-guð ok Vana-nið, ok Vanr ok árguð, ok fégjafa. Svá kvað Egill Skallagrímsson:

60. Þvít Grjótbjǫrn
of gœddan hefr
Freyr ok Njǫrðr
at féar-afli[11].

Freyr er kallaðr Belja-dólgr, svá sem kvað Eyvindr skáldaspillir:

61. Þás útrǫst
jarla bági
Belja dolgs
byggva vildi.

---

[1] Sál. U, W, T; limðir, R. [2] Stal-, R. [3] stóttu, R. [4] Ok svá, R. [5] hepp ok, R, T. [6] liva, R. [7] Sál. T; er (og ritat), R, W. [8] Vagna-, R; vanga, T, W. [9] Sál. U, W, T, 757; gefianda (fejlskr.), R. [10] sonar, R. [11] Svá—afli mgl U, T.

Hann er[1] eigandi Skíðblaðnis ok galtar þess, er Gullinbursti heitir, svá sem hér er[2] sagt[2]:

62. Ívalda sønir
gengu í árdaga
3 Skíðblaðni at skapa[3],
skipa bazt,
skírum Frey
6 nýtum Njarðar bur.

Svá segir Úlfr Uggason:

63. Ríðr á bǫrg til borgar
bǫðfróðr sonar Óðins
Freyr ok folkum stýrir
fyrstr[4] enum golli byrsta[4].

Hann heitir ok Slíðrugtanni.

8. Hvernig skal Heimdall kenna? — Svá, at kalla hann son níu mœðra eða[5] vǫrð goða, svá sem fyrr er ritat, eða Hvíta-ás, Loka-dólg, mensœkir Freyju. Heimdalar hǫfuð heitir sverð[6]; svá er sagt, at hann var lostinn mannz-hǫfði í gǫgnum; um þat[7] er kveðit í Heimdalargaldri, ok er síðan kallat hǫfuð mjǫtuðr Heimdalar; sverð heitir mannz mjǫtuðr. Heimdallr er eigandi Gulltops; hann er ok tilsœkir Vágaskers ok Singasteins; þá deilði hann við Loka um Brísingamen; hann heitir ok Vindlér. Úlfr Uggason kvað í Húsdrápu langa stund eptir þeiri frásǫgu, ok[8] er þess þar getit, at þeir váru í sela-líkjum. Hann[9] er[9] ok sonr Óðins.

9. Hvernig skal kenna Tý? — Svá, at kalla hann Einhenda-ás ok Úlfs-fóstra, víga-guð, son Óðins.

10. Hvernig skal kenna Braga? — Svá, at kalla hann Iðunnar ver, frumsmið bragar ok enn síðskeggja ás — af hans nafni er sá kallaðr skeggbragi, er mikit skegg hefir —, ok sonr Óðins.

11. Hvernig skal kenna[8] Víðar? — Hann má kalla enn þǫgla ás, eiganda járnskós, dólg ok bana Fenrisúlfs, hefniás goðanna, byggviás fǫðurtopta ok son Óðins, bróður ásanna.

12. Hvernig skal kenna Vála? — Svá, at kalla hann

---

[1] Mgl. R. [2] Sál. U, W, T, segir, R. [3] Sál. U, skipa, T, W, R. [4] Sál. U; fyrst ok gulli byrstum, R, W, T. [5] Sál U, W, T; mgl. R. [6] foran hǫfuð, W [7] Sál. U, T, W, hann, R. [8] Mgl. R. [9] Sál. U; mgl. R, T; hele sætn. mgl. W.

son Óðins ok Rindar, stjúpson[1] Friggjar, bróður ásanna, hefniás Baldrs, dólg Haðar ok bana hans, byggvanda fǫðurtopta[2].

13. Hvernig skal kenna Hǫð? — Svá, at kalla hann Blinda-ás, Baldrs bana, skjótanda Mistilteins, son Óðins, Heljar-sinna, Vála-dólg.

14. Hvernig skal kenna Ull? — Svá, at kalla hann son Sifjar, stjúp[3] Þórs, ǫndur-ás, boga-ás, veiði-ás, skjaldar-ás.

15. Hvernig skal kenna Hœni? — Svá, at kalla hann sessa eða sinna eða mála Óðins ok enn skjóta ás ok enn langa fót ok aurkonung.

16. Hvernig skal kenna Loka? — Svá, at kalla hann[4] son Fárbauta ok Laufeyjar[5], Nálar, bróður Býleists ok Helblinda, fǫður Vánargandz — þat er Fenrisúlfr — ok Jǫrmungandz — þat er Miðgarðzormr — ok Heljar ok Nara ok Ála, frænda ok fǫður-bróður, vár[6]-sinna ok sessa Óðins ok ása, heimsœki ok kistu-skrúð Geirrøðar, þjófr jǫtna, hafrs ok Brísingamens ok Iðunnar epla, Sleipnis frænda, ver Sigynjar, goða dólgr, hárskaði Sifjar, bǫlva-smiðr, enn slœgi áss, rœgjandi[7] ok vélandi goðanna, ráðbani Baldrs, enn bundni áss[8], þrætu-dólgr Heimdalar ok Skaða. Svá sem hér segir Úlfr Uggason:

64. Ráðgegninn bregðr ragna
rein at Singasteini
frægr við firna-slœgjan[9]
4 Fárbauta mǫg[10] vári;
móðǫflugr ræðr mœðra
mǫgr hafnýra fǫgru,
kynnik, áðr ok[11] einnar
8 átta, mærðar þǫttum.

Hér er þess getit, at Heimdallr er sonr níu mœðra.

17. Nú skal enn segja dœmi, af hverju þær kenningar eru, er nú váru ritaðar, er áðr váru eigi dœmi til sǫgð, svá sem Bragi sagði Ægi, at Þórr var farinn í Austrvega at berja

---

[1] Sál. alle, undt. R: stjúp. [2] túna, U, W, 757. [3] stjúpson, U, W, 757. [4] Sál. U, T, 757; mgl. W, R. [5] ok tf. U, W, 757. [6] Sál. U, T, (ver 757); mgl. R, W. [7] -anda, R. [8] Mgl. R. [9] Sál. W, T; slœgjum, R. [10] Sál. W; mǫgr, R, T. [11] en, R; at, W.

trǫll, en Óðinn reið Sleipni í Jǫtunheima ok kom til þess jǫtuns, er Hrungnir hét. Þá spyrr Hrungnir, hvat manna sá er með gullhjálminn, er ríðr lopt ok lǫg, ok segir, at hann á furðu-góðan hest. Óðinn sagði, at þar vill hann veðja fyrir hǫfði sínu, at engi hestr skal vera jafngóðr í Jǫtunheimum. Hrungnir segir, at sá er góðr hestr, en hafa lézk hann mundu myklu stórfetaðra hest — sá heitir Gullfaxi. Hrungnir varð reiðr ok hleypr upp á hest sinn ok hleypir eptir honum ok hyggr at launa honum ofrmæli Óðinn hleypir[1] svá mikit, at hann var á ǫðru leiti fyrir, en Hrungnir hafði[2] svá mikinn[2] jǫtunmóð, at hann fann eigi fyrr en hann kom[3] inn of ásgrindr. Ok er hann kom at hallar-durum, buðu æsir honum til drykkju; hann gekk í hǫllina ok bað fá sér at[4] drekka[4]; váru þá teknar þær skálir, er Þórr var vanr at drekka af[5], ok snerti Hrungnir ór hverri. En er hann gerðisk drukkinn, þá skorti eigi stór orð, hann lézk skyldu taka upp Valhǫll ok fœra í Jǫtunheima, en søkkva Ásgarði, en drepa goð ǫll, nema Freyju ok Sif vill hann heim hafa[6] með sér, ok[7] Freyja ein[8] þorir[9] þá at skenkja honum, ok drekka lézk hann mundu[10] alt ása ǫl. En er ásum leiddisk ofryrði[11] hans, þá nefna þeir Þór. Því næst kom Þórr í hǫllina ok hafði[12] á lopti hamarinn ok var allreiðr ok spyrr, hverr því ræðr, er jǫtnar hundvísir skolu þar drekka, eða hverr seldi Hrungni grið at vera í Valhǫll eða hví Freyja skal skenkja honum sem at gildi ása. Þá svarar Hrungnir ok sér ekki vinar-augum til Þórs, sagði, at Óðinn bauð honum til drykkju ok hann var á hans griðum. Þá mælti Þórr, at þess boðs skal Hrungnir iðrask, áðr hann komi út. Hrungnir segir, at Ásaþór er þat lítill frami

[1] Sál. U, W, T, hleypði, R. [2] Sál. U, W, T; var í svá myklum, R. [3] Sál. U, T; sótti, R; þæytti, W. [4] Sál. U, W, T; drykkju, R. [5] Sál. U, W, T; or, R. [6] Sál. U, W, T; fœra, R. [7] Sál. T, W; en, R, mgl. U. [8] Sál U, W, T; mgl. R. [9] Sál. U, W, T; fór, R. [10] Sál. U, W; munu, R, T. [11] -efli, R. [12] uppi tf. R, T; mgl. U, W.

at drepa hann vápnlausan, hitt er meiri hugraun, ef hann þorir at[1] berjask við hann at landa-mæri á Grjótúnagǫrðum — »ok hefir þat verit mikit fólsku-verk, sagði hann, er ek lét eptir heima skjǫld minn ok hein, en ef ek hefða hér vápn mín, þá skyldu vit nú reyna hólmgǫnguna, en at ǫðrum kosti legg ek þér við níðings-skap, ef þú vill drepa mik vápnlausan«. Þórr vill fyrir engan mun bila at koma til einvígis, er honum var hólmr skoraðr, þvíat engi hafði[2] honum þat fyrr veitt. Fór þá Hrungnir braut leið sína ok hleypði ákafliga, þar til er hann kom í Jǫtunheima, ok varð[3] hans ferð[4] allfræg með jǫtnum ok þat, at stefnu-lag var komit á með þeim Þór; þóttusk jǫtnar hafa mikit í ábyrgð, hvárr sigr fengi; þeim var illz ván af[5] Þór, ef Hrungnir léti[6], fyrir því at hann var þeira sterkastr. Þá gerðu jǫtnar mann á Grjótúnagǫrðum af leiri, ok var hann ix. rasta hár en þriggja breiðr undir hǫnd, en ekki fengu þeir hjarta svá mikit, at honum sómði, fyrr en þeir tóku ór[7] meri[7] nǫkkurri[7], ok varð honum þat eigi stǫðugt, þá er Þórr kom. Hrungnir átti hjarta þat, er frægt er, af hǫrðum steini ok tindótt með iii. hornum, svá sem síðan er gǫrt[8] ristu-bragð þat, er Hrungnis-hjarta heitir; af steini var ok hǫfuð hans; skjǫldr hans[9] var ok steinn, víðr ok þjokkr, ok hafði hann skjǫldinn fyrir sér, er hann stóð á Grjótúnagǫrðum ok beið Þórs, en hein hafði hann fyrir vápn ok reiddi of ǫxl ok var ekki dælligr. Á aðra hlið honum stóð leirjǫtunninn, er nefndr er Mǫkkurkálfi, ok var hann allhræddr; svá er sagt, at hann meig, er hann sá Þór. Þórr fór til hólmstefnu ok með honum Þjálfi. Þá rann Þjálbi framm at, þar er Hrungnir stóð, ok mælti til hans: »þú stendr óvarliga jǫtunn, hefir skjǫldinn fyrir þér, en Þórr hefir sét þik ok ferr hann et

---

[1] Mgl. R. [2] Sål. U, W, T, hefir, R. [3] Sål. U, T; var, R, W. [4] Sål. W, U, T (foran með); fǫr (foran hans), R. [5] Sål. U, W, T; at, R. [6] Sål. U, W, T; létiz, R. [7] ok man nokkvorn, R (fejllæsn.) [8] var tf. R. [9] Sål. U, W; mgl. R, T.

neðra í jǫrðu, ok mun hann koma neðan at þér«. Þá skaut Hrungnir skildinum undir fœtr sér ok stóð á, en tvíhendi heinina. Því næst sá hann eldingar ok heyrði þrumur stórar; sá hann þá Þór í ásmóði, fór hann ákafliga ok reiddi hamarinn ok kastaði um langa leið at Hrungni. Hrungnir fœrir upp heinina báðum hǫndum ok[1] kastar í mót; mœtir hon hamrinum á flugi[2], ok brotnar sundr heinin; fellr annarr hlutr á jǫrð, ok eru þar af orðin ǫll heinberg; annarr hlutr brast í hǫfði Þór, svá at hann fell framm á jǫrð; en hamarrinn Mjǫllnir kom í mitt hǫfuð Hrungni ok lamði hausinn í smán[3] mola, ok fell hann framm yfir Þór, svá at fótr hans lá of háls Þór. En Þjálfi vá at Mǫkkurkálfa, ok fell hann við lítinn orðs-tír. Þá gekk Þjálfi til Þórs ok skyldi taka fót Hrungnis af honum ok gat hvergi valdit; þá gengu til æsir allir, er þeir spurðu, at Þórr var fallinn, ok skyldu taka fótinn af honum ok fengu hvergi komit. Þá kom til Magni, sonr Þórs ok Járnsǫxu; hann var þá þrínættr[4]; hann kastaði fœti Hrungnis af Þór ok mælti: »sé þar ljótan harm faðir, er ek kom svá síð; ek hygg, at jǫtun þenna myndak hafa lostit í hel með hnefa mínum[5], ef ek hefða fundit hann«. Þá stóð Þórr upp ok fagnaði vel søni sínum ok sagði, at[6] hann myndi[6] verða mikill[6] fyrir sér — »ok vil ek, sagði hann, gefa þér hestinn Gullfaxa, er Hrungnir hefir[7] átt«. Þá mælti Óðinn ok sagði, at Þórr gerði rangt, er hann gaf þann enn góða hest gýgjar-søni, en eigi fǫður sínum. Þórr fór heim til Þrúðvanga, ok stóð heinin í hǫfði honum. Þá kom til vǫlva sú, er Gróa hét, kona Aurvandils ens frœkna; hon gól galdra sína yfir Þór, til þess er heinin losnaði. En er Þórr fann þat ok þótti þá ván, at braut myndi ná heininni, þá vildi hann launa Gró lækningina ok gera hana fegna, sagði henni þau tíðendi, at hann hafði vaðit norðan yfir

---

[1] Sål. U, T, mgl W, R. [2] heinin tf. R. [3] Sål. U, R; smá, W, T. [4] -vetr, R. [5] Sål. U, W, T; mer, R. [6] Sål. U, W, T; hann mundu . . . . mikinn, R. [7] Sål. U; hafði, de øvr.

Élivága ok hafði borit í meis á baki sér Aurvandil norðan ór Jǫtunheimum, ok þat til jartegna, at ein tá hans hafði staðit ór meisinum ok var sú frørin, svá at Þórr braut af ok kastaði upp á himin ok gerði af stjǫrnu þá, er heitir Aurvandilstá. Þórr sagði, at eigi myndi langt til at Aurvandill myndi heim koma[1], en Gróa varð svá fegin, at hon munði enga galdra, ok varð heinin eigi lausari ok stendr enn í hǫfði Þór; ok er þat boðit til varnanar at kasta hein of gólf þvert, þvíat þá hrœrisk heinin í hǫfði Þór. Eptir þessi sǫgu hefir ort Þjóðólfr hvinverski í Haustlǫng[2]. — Þá mælti Ægir: Mikill þótti mér Hrungnir fyrir sér. Vann Þórr meira þrekvirki nǫkkut, þá er hann átti við trǫll? — Þá svarar Bragi:

18. Mikillar frásagnar er þat vert, er Þórr fór til Geirrøðargarða; þá hafði hann eigi hamarinn Mjǫllni eða megingjarðar eða járngreipr, ok olli því Loki; hann fór með honum; þvíat Loka hafði þat hent, þá er hann flaug einu sinni at skemta sér með vals-ham Friggjar, at hann flaug fyrir forvitni sakar í Geirrøðargarða ok sá þar hǫll mikla, settisk ok sá inn of glugg, en Geirrøðr leit í móti honum ok mælti, at taka skyldi fuglinn ok fœra honum; en sendimaðr komsk nauðuliga á hallar-vegginn — svá var hann hár; þat þótti Loka gott, er hann sótti erfiðliga til hans, ok ætlaði sér stund at fljúga eigi upp, fyrr en hann hafði farit alt torleiðit; en er maðrinn sótti at honum, þá beinir hann fluginn ok spyrnir við fast, ok eru þá fœtrnir fastir; var Loki tekinn þar hǫndum ok fœrðr Geirrøði jǫtni. En er hann sá augu hans, þá grunaði hann, at maðr myndi vera, ok bað hann svara, en Loki þagði. Þá læsti Geirrøðr Loka í kistu ok svelti hann þar iii. mánuðr. En þá er Geirrøðr tók hann upp ok beiddi hann orða, þá[3] sagði Loki, hverr hann var, ok til fjǫrlausnar vann hann Geirrøði þess eiða, at hann

[1] Mgl. R. [2] Herefter følger i R, W, T et stykke af digtet; se Tillæg. [3] Sål. W; ok, R, T.

skyldi koma Þór í Geirrøðargarða, svá at hann hefði hvárki hamar[1] né megingjarðar. Þórr kom til gistingar til gýgjar þeirar, er Gríðr er kǫlluð; hon var móðir Víðars ens þǫgla. Hon sagði Þór satt frá Geirrøði[2], at hann var jǫtunn hundvíss ok illr viðreignar; hon léði honum megingjarða ok járngreipr, er hon átti, ok staf sinn, er heitir Gríðarvǫlr. Þá fór Þórr til ár þeirar, er Vimur heitir, allra á mest. Þá spenti hann sik megingjǫrðum ok studdi forstreymis Gríðarvǫl, en Loki helt undir megingjarðar. Ok þá er Þórr kom á miðja ána, þá óx svá mjǫk áin, at uppi braut á ǫxl honum; þá kvað Þórr þetta:

65. Vaxattu nú Vimur, | veiztu, ef þú vex,
alls mik þik vaða tíðir | at þá vex mér ásmegin
3 jǫtna garða í; | 6 jafn-hátt upp sem himinn.

Þá sér Þórr uppi í gljúfrum nǫkkurum, at Gjálp, dóttir Geirrøðar, stóð þar tveim megin árinnar ok gerði hon ár-vǫxtinn. Þá tók Þórr upp ór ánni stein mikinn ok kastaði at henni ok mælti svá: »at ósi skal á stemma«. Eigi misti hann, þar er hann kastaði til, — ok í því bili bar hann at landi ok fekk tekit reynirunn nǫkkurn ok steig svá ór ánni; því er þat orðtak haft, at reynir er bjǫrg Þórs. En er Þórr kom til Geirrøðar, þá var þeim félǫgum vísat fyrst í geita-hús til herbergis, ok var þar einn stóll til sætis ok sat Þórr[3] þar[3]. Þá varð hann þess varr, at stóllinn fór undir honum upp at ræfri; hann stakk Gríðarveli upp í raptana ok lét sígask fast á stólinn; varð þá brestr mikill ok fylgði skrækr[4]. Þar hǫfðu verit undir stólinum dœtr Geirrøðar, Gjálp ok Greip, ok hafði hann brotit hrygginn í báðum[5]. Þá lét Geirrøðr kalla Þór í hǫllina til leika; þar váru eldar stórir eptir endilangri hǫll[6]. En er Þórr kom[7] gagnvart Geirrøði, þá tók

---

[1] Sål. W, T; med art. U, R. [2] -roðar, T. [3] Sål. U, W, T; omv. R. [4] mikill tf. R. [5] Her tf. U: Þá kvað Þórr. Einu neytta ek allz megins jǫtna gǫrðum í; þá er Gjálp ok Gneip dœtr Geirraðar vildu hefja mik til himins. [6] Sål. U, W, T; med art. R. [7] í hǫllina tf. R.

Geirrøðr með tǫng járnsíu glóandi ok kastar at Þór, en Þórr tók í móti með járngreipum ok fœrir á lopt síuna, en Geirrøðr hljóp undir járnsúlu at forða sér. Þórr kastaði síunni ok laust í[1] gǫgnum súluna ok gǫgnum Geirrøð ok gǫgnum vegginn ok svá fyrir útan í[1] jǫrðina. Eptir þessi sǫgu hefir ort Eilífr Guðrúnarson í Þórsdrápu[2].

19. Hvernig skal kenna Frigg? — Svá at kalla hana dóttur Fjǫrgvns, konu Óðins, móður Baldrs, elju Jarðar ok Rindar ok Gunnlaðar ok Gríðar[3], sværa Nǫnnu, drótning ása ok ásynja, Fullu ok vals-hams ok Fensala.

20. Hvernig skal Freyju kenna? — Svá, at kalla hana[4] dóttur Njarðar, systur Freys, konu Óðs[5], móður Hnossar, eigandi valfallz ok Sessrúmnis ok fressa, Brísingamens, Vana-goð, Vana-dís, et grátfagra goð, ásta-guð[6]. — Svá má kenna allar ásynjur at nefna annarrar nafni ok kenna við eign eða verk sín eða ættir[7].

Ásu er svá rétt at kenna at kalla einn hvern annars nafni ok kenna við verk sín eða eign eða ættir[8].

21 (23). Hvernig skal kenna himininn[9]? — Svá, at kalla hann Ymis haus ok þar af jǫtuns haus ok erfiði eða byrði dverganna eða hjálm Vestra ok Austra, Suðra, Norðra, land sólar ok tungls ok himintungla, vagna ok veðra, hjálmr eða hús lopts ok jarðar ok sólar. Svá kvað Arnórr jarlaskáld:

66. Ungr skjǫldungr stígr aldri (þess vas grams) und
jafnmildr á við skildan[10] gǫmlum
(gnóg rausn) Ymis hausi.

Ok enn sem hann kvað:

---

[1] Mgl. R. [2] Herefter følger i R, W, T digtet; se Tillæg. [3] Sål. U først, men ved rettelse Gerðar; Gerðar, de øvr. [4] Sål. U, 757, T; mgl. R, W. [5] Óðins, R, U. [6] Sål. W, T, 757; mgl. U, R. [7] Herefter følger i R, W, T, 757 to kapp. om Sif og Iðun, 21, 22 (dette mgl. i U) med et stykke af Haustlǫng, se Tillæg. [8] Dette prosastykke findes i W, T, U (ikke ordret), 757, og i R lige efter digtet. [9] Sål. U, T, 757; himin, W, R. [10] Sål U; skildar, T; skjaldar, de øvr.

67. Bjǫrt verðr sól at svartri, brestr erfiði Austra,
søkkr fold í mar døkkvan, allr glymr sjár á fjǫllum.

Svá kvað Bǫðvarr[1] balti[1]:

68. Alls engi verðr Inga bǫðvar hvatr né betri
undir sólar grundu brœðr landreki œðri.

Ok sem kvað Þjóðólfr enn hvinverski:

69. Ók at ísarnleiki (móðr svall Meila blóða)
Jarðar sunr, en[2] dunði mána vegr und hǫnum.

Svá sem kvað Ormr Barreyjarskáld[3]:

70. Hvégi es, Draupnis dróгar (sá ræðr) valdr (fyr veldi)
dís, ramman spyrk vísa, vagnbrautar mér fagnar.

Svá sem kvað Bragi skáld:

71. Hinn es varp á víða of manna sjǫt margra
vinda Ǫndurdísar mundlaug fǫður augum.

Ok sem Markús kvað:

72. Fjarri hefr, at fœðisk dýrri hǫva leyfir hverr maðr æfi
flotna vǫrðr á élkers botni, hringvarpaðar, gjalfri kringðum.

Svá sem kvað Steinn Herdísarson:

73. Hǫs kveðk helgan ræsi (mærð[4] tésk[5] framm) an fyrða
heimtjalds at brag þeima fyrr, þvít hann es dyrri.

Ok sem kvað Arnórr jarlaskáld:

74. Hjalp dýrr konungr dýrum dags grundar Hermundi.

Ok enn sem kvað Arnórr:

75 Saðr stillir hjalp snjǫllum sóltjalda Rǫgnvaldi.

Ok sem kvað Hallvarðr:

76. Knútr verr jǫrð sem[6] ítran alls dróttinn[7] sal fjalla.

Sem Arnórr kvað:

---

[1] Sål. U; kolli, R, 757; Svá—balti mgl. W; ok enn sem (ok—sem, sål. også R) hann kvað, T. [2] Sål. U, W, T; ok, R. [3] Sål. W, T; -eyja-, U, R, 757. [4] meið, R. [5] Sål. W; telz, U, 757, ræzk, R; rekz, T. [6] með, R. [7] drotni, R.

77. Mikáll vegr þat es misgǫrt
þykkir
manvits fróðr ok alt et góða;
tyggi skiptir síðan seggjum
sólar hjalms á dœmistóli.

22 (24). Hvernig skal jǫrð kenna? — Svá[1], at[1] kalla hana[1] Ymis hold ok móður Þórs, dóttur Ónars[2], brúði Óðins, elju Friggjar ok Rindar ok Gunnlaðar, sværu Sifjar, gólf ok botn veðra-hallar, sjár[3] dýranna, dóttir Náttar, systir Auðs ok Dags. Svá sem kvað Eyvindr skáldaspillir:

78. Nú's alfrǫðull elfar
jǫtna dolgs of folginn,
rǫ́ð eru rammrar þjóðar
rík, í móður líki.

Sem kvað Hallfrøðr vandræðaskáld:

79. Rǫ́ð lukusk, at sá, síðan,
snjallráðr konungs spjalli
átti einga-dóttur
Ónars viði gróna.

Ok enn sagði hann:

80. Breiðleita gat brúði
Báleygs at sér teygða[4]
stefnir stǫðvar hrafna
stála ríkis-mǫ́lum[5].

Svá sem kvað Þjóðólfr:

81. Útan bindr við enda
elgvers glǫðuðr hersa
hreins við, húfi rónum,
hafs botni far[6] gotna.

Sem Hallfrøðr kvað:

82. Því hykk fleygjanda frægjan[7],
ferr jǫrð und menþverri
ítran, eina at[8] láta
Auðs systur[9] mjǫk trauðan.

Svá kvað Þjóðólfr:

83. Dolgljóss, hefir dási
darrlatr staðit fjarri,
endr þás elju Rindar
ómynda[10] tók skyndir.

23 (25). Hvernig skal sæ kenna? — Svá at kalla hann Ymis blóð, heimsœkir goðanna, verr Ránar, faðir Ægis-dœtra, þeira er svá heita, Himinglæva, Dúfa, Blóðughadda, Hefring, Uðr, Hrǫnn, Bylgja, Bára, Kólga, land Ránar ok Ægis-dœtra

---

[1] Sål. U, W, T, 757; mgl. R. [2] Sål. R, 757; ana(r)s, U, W, T. [3] Sål. U, W, T. 757; sjá, R. [4] Sål. W, T, 757; teygja, R. [5] Herefter tf. R, 757· Svá sem fyrr er ritat· Fjarri hefr at fœðisk dýrri; mgl. U, W, T. [6] fiar, R. [7] Sål. alle (ur. vistnok for frakkna). [8] Mgl. R. [9] Sål. U; mgl. R, T, W; þerssa, 757. [10] Sål. ó-, U; y- (j-), de øvr.

ok skipa ok sæskips-heita, kjalar, stála, súða, sýju, fiska, ísa, sækonunga leið ok braut, eigi síðr hringr eyjanna, hús sanda ok þangs ok skerja, dorgar land ok sæfogla, byrjar. Svá sem kvað Ormr Barreyjarskáld:

84. Útan gnýr á eyri
Ymis blóð — fara góðra.

Svá kvað Refr:

85. Vágþrýsta berr vestan,
vættik lands fyr brandi,
(hvalmœni skefr) húna
hógdýr of lǫg bógu.

Svá sem kvað Sveinn:

86. Þás élreifar ófu
Ægis dœtr ok tœttu[1]
fǫls[2], við frost of alnar,
fjallgarðs rokur harðar.

Ok sem kvað Refr:

87. Fœrir bjǫrn, þars bára
brestr, undinna festa
opt í Ægis kjapta
úrsvǫl[3] Gymis vǫlva.

Hér er sagt, at alt er eitt, Ægir [ok Hlér] ok Gymir. Ok enn kvað hann:

88. En sægnípu[4] Sleipnir
slítr úrdrifinn[5] hvítrar
Ránar, rauðum steini
runnit, brjóst ór munni.

Sem kvað Einarr Skúlason:

89. Harðr hefr ǫrt frá jǫrðu
élvindr, svana strindar
blakkr[6] lætr[6] í sog søkkva
snægrund[7], skipi hrundit.

Ok enn sem hann kvað:

90. Margr ríss, en drífr dorgar
dynstrǫnd í svig lǫndum,
spend verða stǫg stundum,
stirðr[8] keipr, fira greipum.

Ok enn kvað hann:

91. Gránn[9], bera gollna[10] spǫ́nu
(gǫfug ferð es sú jǫfri)
skýtr holmfjǫturr Heita
hrafni, snekkju stafnar[11].

Enn sem hann kvað:

92. Haustkǫld skotar hélðum
holmrǫnd varar ǫndri.

Ok enn svá:

---

[1] Sål. W, T (teu-), 757, teygðu, R; v. mgl. U. [2] Sål. K. G.; fals, alle. [3] Sål. U; út-, de øvr. [4] sjá-, alle (snia, U). [5] vindriðinn, U, T, 757. [6] Sål. alle undt. R: blakk leitr (forskr. T). [7] sæ-, R. [8] Sål. alle undt. R: stirð. [9] Sål. udg.; grans, alle. [10] goldna, R. [11] stafna, alle.

93. Sundr springr svalra landa
sverrigjǫrð fyr bǫrðum.

Sem Snæbjǫrn kvað:

94. Hvatt kveða hrœra Grotta
hergrimmastan skerja
út fyr jarðar skauti
4 eylúðrs níu brúðir,
þær es (lungs) fyr lǫngu
líðmeldr (skipa hlíðar
baugskerðir rístr barði
8 ból) Amlóða mólu.

Hér er kallat hafit Amlóða kvern. — Enn sem kvað Einarr Skúlason:

95. Viknar ramr í, Rakna,
reksaumr fluga-straumi,
dúks hrindr bǫl, þars[1] bleikir
bifgrund, á[2] stag rifjum.

24 (26). Hvernig skal kenna sól? — Svá, at kalla hana dóttur Mundilfara[3], systur Mána, kona Glens, eldr himins ok lopts. Svá sem kvað Skúli Þorsteinsson:

96. Glens beðja veðr gyðju
goðblíð í vé, síðan
ljós kømr gótt, með geislum,
gránserks ofan Mána.

Svá kvað Einarr Skúlason:

97. Hvargi's Beita borgar
bálgrimmustum[4] skála
hǫ́r of[5] hnossvin órum
heims vafrlogi sveimar.

25 (27). Hvernig skal kenna vind? — Svá, at kalla hann son Fornjóts, bróður Ægis ok eldz, brjót viðar, skaði ok bani eða hundr eða vargr viðar eða segls eða seglreiða[6]. — Svá sagði Sveinn i Norðrsetudrápu:

98. Tóku fyrst til fjúka
Fornjóts sønir ljótir.

26 (28). Hvernig skal kenna eld? — Svá, at kalla hann bróður vindz ok Ægis, bana ok grand viðar ok húsa, Hálfs bani, sól húsanna.

27 (29). Hvernig skal kenna vetr? — Svá, at kalla hann son Vindsvals ok bana orma, hríðmál. Svá kvað Ormr Steinþórsson:

---

[1] Sål. U, 757, W, T; þar, R. [2] Sål. alle, undt. R: -ar (ɔ· grundar). [3] Sål. W, 757; -fœra, R, T (ö); -feta, U. [4] Sål. U, -grimmastan, de øvr. af, R. [5] -reipa, W, T, 757.

99. Ræðk þenna mǫg manni Vindsvals unað blindum.

Svá kvað Ásgrímr:

100. Siggœðir[1] vas síðan
seimǫrr í Þrándheimi
(þjóð veit þínar íðir)
þann orms trega (sannar).

28 (30). Hvernig skal kenna sumar? — Svá, at kalla son Svásaðar ok líkn ormanna[2] ok[3] gróðr manna[4]. Svá sem kvað Egill Skallagrímsson:

101. Upp skolum órum sverðum,
ulfs tannlituðr, glitra;
eigum dǫð at drýgja
í dalmiskunn fiska.

29 (31). Hvernig skal kenna manninn[5]? — Hann skal kenna við verk sín, þat er hann veitir eða þiggr eða gerir; hann má ok kenna til eignar sinnar, þeirar er hann á ok svá ef hann gaf; svá ok við ættir þær, er hann kom af, svá þær, er frá honum kómu. — Hvernig skal hann kenna við þessa hluti? — Svá, at kalla hann vinnanda eða fremjanda[6] fara sinna eða athafnar, víga eða sæfara eða veiða eða vápna eða skipa. Ok fyrir því at hann er reynir vápnanna ok viðr víganna — alt eitt ok vinnandi; viðr heitir tré, reynir heitir ok[7] tré; af þessum heitum hafa skáldin kallat manninn[8] ask eða hlyn, lund eða ǫðrum viðar-heitum karlkendum ok kent til víga eða skipa eða fjár. Mann er ok rétt at kenna til allra ása-heita; kent er ok við jǫtna-heiti, ok er þat flest háð eða lastmæli. Vel þykkir kent til álfa. Konu skal kenna til allz kvenbúnaðar, gullz ok gimsteina, ǫls eða víns eða annars drykkjar, þess er hon selr eða gefr, svá ok til ǫlgagna ok til allra þeira hluta, er henni samir at vinna eða veita. Rétt er at kenna hana svá, at kalla hana selju eða lǫg[9] þess, er hon miðlar, en selja eða lǫg[10] — þat eru tré. Fyrir því

[1] Sigr-, alle, undt. U (sigbjóðr). [2] Sål. W, 757 (uden art.); manna, T, R; mgl. U. [3] Mgl. R, T. [4] Sål. R; mars, 757; mgl. de øvr.; jfr. dog mannlíkn, U. [5] Sål. alle, undt. R: uden art. [6] eða tf. R, 757; eða til tf. W; mgl. T, U. Mulig har der oprindelig stået. eða eiganda passende til vápna eða skipa. [7] Dette ok står i R, 757 foran det næst foregående tré. [8] Sål. alle, undt. R: menn. [9] log, R, T; lòg, W, lág, U, 757. [10] log, R, T, W; lág, U, 757.

er kona kǫlluð til kenningar ǫllum kvenkendum viðar-heitum, en fyrir því er kona[1] kend til gimsteina eða glersteina, at[2] þat var í forneskju kvinna búnaðr, er kallat var steinasørvi, 'er þær hǫfðu á hálsi sér; nú er svá fœrt til kenningar, at konan er nú kend við stein ok[3] við ǫll steins-heiti. Kona er ok kend við allar ásynjur eða[4] valkyrjur[4] eða nornir eða dísir. Konu er ok rétt at kenna við alla athǫfn sína eða við eign[5] eða ætt.

30 (32). Hvernig skal kenna gull? — Svá, at kalla þat eld ægis ok barr Glasis, haddr Sifjar, hǫfuðband Fullu, grátr Freyju, munntal ok rǫdd ok orð jǫtna, dropa Draupnis ok regn eða skúr Draupnis eða augna Freyju, otrgjǫld, nauðgjald[6] ásanna, sáð[7] Fýrisvalla, haugþak Hǫlga, eldr allra vatna ok handar, grjót ok sker eða blik handar.

31 (33). Fyrir hví er gull kallat eldr ægis? — Þessi saga er til þess, er fyrr er getit, at Ægir sótti heimboð til Ásgarðz, en er hann var búinn til heimferðar, þá bauð hann til sín Óðni ok ǫllum ásum á þriggja mánaða fresti. Til þeirar ferðar varð fyrst Óðinn ok Njǫrðr, Freyr, Týr, Bragi, Víðarr, Loki, svá ok ásynjur, Frigg, Freyja, Gefjun, Skaði, Iðunn, Sif. Þórr var eigi þar; hann var farinn í Austrveg at drepa trǫll. En er goðin hǫfðu sezk í sæti, þá lét Ægir bera inn á hallar-gólf lýsigull, þat er birti ok lýsti hǫllina sem eldr, ok[8] þat var þar haft fyrir ljós at hans veizlu[8], sem í Valhǫllu váru sverðin fyrir eld. Þá senti Loki þar við ǫll goð ok drap þræl Ægis, þann er Fimafengr hét; annarr þræll hans er nefndr Eldir[9]. Rán er nefnd kona Ægis, en níu dœtr þeira, svá sem fyrr er ritat. At þeiri veizlu vanzk alt sjálft, bæði vist ok ǫl ok ǫll reiða, er til veizlunnar þurpti. Þá urðu æsir þess varir, at Rán átti net þat, er hon veiddi í menn alla, þá er á sæ kómu. Nú er

---

[1] er tf. R. [2] Sål. 757; mgl. de øvr. [3] eða, R. [4] Mgl. R. [5] sína tf. R. [6] Sål. W, T, 757; slaug-, R. [7] Sål. U; fræ, W; mgl. de øvr., der kun har ok. [8] ok—veizlu, W, T (der ul. þar); mgl. R. [9] Reseldr, R.

þessi saga til þess, hvaðan af þat er, at[1] gull er kallat eldr eða ljós eða birti Ægis, Ránar eða Ægis-dœtra, ok af þeim kenningum er nú svá sett, at gull er kallat eldr sævar ok allra hans heita, svá sem Ægir eða Rán eigu heiti við sæinn, ok þaðan af er nú gull kallat eldr vatna eða á ok allra ár-heita. En þessi heiti hafa svá farit sem ǫnnur ok kenningar, at en yngri skáld hafa ort eptir dœmum enna gǫmlu skálda, svá sem stóð í þeira kvæðum, en sett síðan út í hálfur þær, er þeim þóttu líkar við þat, er fyrr var ort, svá sem vatnit er sænum, en áin vatninu, en bekkr[2] ánni. Því er þat kallat nýgǫrvingar alt, er út er sett heiti lengra, en fyrr finzk, ok þykkir þat vel alt, er með líkendum ferr ok eðli. Svá kvað Bragi skáld:

102. Eld of þák af jǫfri þat gaf fjǫrnis[3] fjalla
ǫlna bekks, við drykkju, með fylli mér stillis[4].

32 (34). Hví er gull kallat barr eða lauf Glasis? — Í Ásgarði fyrir durum Valhallar stendr lundr, sá er Glasir er kallaðr, en lauf hans alt er gull rautt, svá sem hér er kveðit, at

103. Glasir stendr með gollnu laufi
fyr Sigtýs sǫlum.

Sá er viðr fegrstr[5] með goðum ok mǫnnum.

33 (35). Hví er gull kallat haddr Sifjar? — Loki Laufeyjarson hafði þat gǫrt til lævísi, at klippa hár alt af Sif. En er Þórr varð þess varr, tók hann Loka ok myndi lemja hvert bein í honum, áðr hann svarði þess, at hann skal fá af svartálfum, at þeir skolu gera af gulli Sifju hadd þann, er svá skal vaxa sem annat hár. Eptir þat fór Loki til þeira dverga, er heita Ívalda-sønir, ok gerðu þeir haddinn ok Skíðblaðni ok geirinn, er Óðinn átti, er Gungnir heitir. Þá veðjaði Loki hǫfði sínu við þann dverg, er Brokkr[6] heitir, hvárt bróðir hans, Sindri[7], myndi gera jafngóða gripi iii., sem

[1] Mgl. R. [2] Sål. W, T, lækr, R. [3] Sål. G. Pálsson; fjǫlnis, alle. [4] Sål. K. G. stillir, alle. [5] er tf. R. [6] Sål. W; med senere hånd her og ellers tilskr. i R; åben plads i T; i U findes ikke navnet. [7] Sål. R med en yngre hånd; æitri, W, mgl. T, U.

þessir váru. En er þeir kómu til smiðju, þá lagði Sindri[1] svínskinn í aflinn ok bað blása Brokk[2] ok létta eigi fyrr en hann[3] tœki þat ór aflinum, er hann hafði[4] í lagt[4]; en þegar er hann var[5] genginn[5] ór smiðjunni en hinn blés, þá settisk fluga ein á hǫnd honum ok kroppaði, en hann blés sem áðr, þar til er smiðrinn tók ór aflinum, ok var þat gǫltr ok var burstin ór gulli. Því næst lagði hann í aflinn gull ok bað hann blása ok hætta eigi fyrr blæstrinum, en hann kvæmi aptr; gekk hann[6] á braut, en þá kom flugan ok settisk á háls honum ok kroppaði nú hálfu fastara en[7] áðr[7], en hann blés, þar til er smiðrinn tók ór aflinum gullhring þann, er Draupnir heitir. Þá lagði hann járn í aflinn ok bað hann blása ok sagði, at ónýtt myndi verða, ef blástrinn felli; þá settisk flugan milli augna honum ok kroppaði hvarmana, en er blóðit fell í augun, svá at hann sá ekki, þá greip hann til hendinni sem skjótast, meðan belgrinn lagðisk niðr, ok sveipði af sér flugunni; ok þá kom þar smiðrinn ok[8] sagði, at nú lagði nær, at alt myndi ónýtask, er í aflinum var. Þá tók hann ór aflinum hamar[8]; fekk hann þá alla gripina í hendr bróður sínum Brokk[2] ok bað hann fara með til Ásgarðz ok leysa veðjunina. En er þeir Loki báru framm gripina, þá settusk æsirnir á dómstóla, ok skyldi þat atkvæði standask, sem segði Óðinn, Þórr, Freyr. Þá gaf Loki Óðni geirinn Gungni, en Þór haddinn, er Sif skyldi hafa, en Frey Skíðblaðni, ok sagði skyn á ǫllum gripunum[9], at geirrinn nam aldri staðar í lagi, en haddrinn var holdgróinn, þegar er hann kom á hǫfuð Sif, en Skíðblaðnir hafði byr, þegar er segl kom á lopt, hvert er fara skyldi, en mátti vefja saman sem dúk ok hafa í pungi[10] sér, ef þat vildi. Þá bar framm Brokkr[2]

---

[1] Sål. R med en senere hånd, æitri, W. [2] Sål. W, R (med senere hånd). [3] at, R. [4] Sål. W, T, U (dog látit); lagði í, R. [5] Sål. T, U (útg.), W (brott g.); gekk, R. [6] Mgl. R. [7] Sål. T; en it fyrra sinn, U; mgl. R, W. [8] Mgl. R, men tf. med en senere hånd i nedre margin. Sål. U, W uden art. R, T. [10] Sål. U, W, pung, R, T.

sína gripi; hann gaf Óðni hringinn ok sagði, at ena níundu hverja nótt myndi drjúpa af honum átta hringar jafnhǫfgir sem hann; en Frey gaf hann gǫltinn ok sagði, at hann mátti renna lopt ok lǫg nótt ok dag meira en hverr hestr, ok aldri varð svá myrkt af nótt eða í myrkheimum, at eigi væri œrit ljós[1], þar er hann fór; svá lýsti af burstinni. Þá gaf hann Þór hamarinn ok sagði, at hann myndi mega ljósta svá stórt sem hann vildi, hvat sem fyrir væri, at[2] eigi myndi hamarrinn bila, ok ef hann yrpi honum til, þá myndi hann aldri missa, ok aldri fljúga svá langt, at eigi myndi hann sœkja heim hǫnd, ok ef þat[3] vildi, þá var hann svá lítill, at hafa mátti í serk sér; en þat var lýti á, at forskeptit var heldr skamt. Þat var dómr þeira, at hamarrinn var beztr af ǫllum gripunum[4] ok mest vǫrn í fyrir hrímþursum, ok dœmðu þeir, at dvergrinn ætti veðféit. Þá bauð Loki at leysa hǫfuð sitt, en[5] dvergrinn[6] sagði, at þess var engi ván »Tak þú mik þá« kvað Loki. En er[5] hann vildi taka hann, þá var hann víts fjarri. Loki átti skúa þá[5], er hann rann á lopt ok lǫg. Þá bað dvergrinn Þór, at hann skyldi taka hann, en hann gerði svá. Þá vildi dvergrinn hǫggva af hǫfuð[7] hans[7], en Loki sagði, at hann átti hǫfuðit[8] en eigi hálsinn. Þá tók dvergrinn þveng ok kníf ok vill stinga rauf á vǫrrum Loka ok vill rifa saman munninn, en knífrinn beit ekki. Þá mælti hann, at betri væri þar alr bróður hans, en jafnskjótt sem hann nefndi hann, þá var þar alrinn, ok beit hann varrarnar; rifaði[9] hann saman varrarnar, ok reif Loki[10] ór æsunum. Sá þvengr, er muðrinn Loka var saman rifaðr, heitir Vartari.

34 (36). Hér heyrir, at gull er kent til hǫfuðbandz Fullu, er orti Eyvindr skáldaspillir:

104. Fullu skein á fjǫllum	Ullar kjóls of allan
fallsól bráa[11] vallar	aldr Hǫkunar skǫldum.

[1] Sål. T, W; ljóst, U, R. [2] Sål. U, W, T; ok R. [3] Sål. W, T, hann, R, U. [4] Sål W, T; jfr. U; uden art. R. [5] Mgl. R. [6] svarar tf. R. [7] Sål. U, W, T; Loka hǫfuð, R. [8] Sål. U, W, T, uden art R, [9] rifj-, R. [10] Sål. U, mgl. de øvr. [11] Sål. Rask, brá, alle.

35 (37). Gull er kallat grátr Freyju, sem fyrr er sagt; svá kvað Skúli Þorsteinsson:

105. Margr of hlaut of morgin
morðelds, þars val[1] feldum[1],
Freyju tǫ̨r at fleiri
fárbjóðr; at þar vǫ̨rum.

Ok sem kvað Einarr Skúlason:

106. Þars Mardallar milli,
meginhurðar, liggr skurða,
Gauts berum galla þrútinn,
grátr, dalreyðar látri[2].

Ok hér hefir Einarr enn kent svá Freyju, at kalla hana móður Hnossar eða konu Óðs, svá sem[3] hér[4]:

107. Eigi þverr fyr augna
Óðs beðvinu Róða
ræfrs[5] (eignisk svá) regni
ramsvell (konungr elli).

Ok enn svá:

108. Hróðrbarni knák Hǫrnar
(hlutum dýran grip) stýra,
brandr þrymr gjalfrs[6] á grandi
gollvífiðu, hlífar[7];
(sáðs) berr sinnar móður
(svans unni mér gunnar
fóstrgœðandi Fróða)
Freys nipt bráa[8]driptir.

Hér getr ok þess, at Freyju má svá kenna, at kalla hana systur Freys. — Ok enn svá:

109. Nýt buðumk (Njarðar dóttur)
nálægt[9] vas þat skála,
(vel of hrósak því) vísa,
vǫrn[10], sævar, ǫll[11](barni).

Hér er hon kǫlluð dóttir Njarðar — Ok enn svá:

110. Gaf, sá 's erring ofrar,
ógnprúðr Vana-brúðar
þing Váfaðar þrøngvir
4 þróttǫflga mér dóttur;
ríkr leiddi mey mækis
mótvaldr á beð[12] skaldi
Gefnar, glóðum drifna,
8 Gautreks, svana brautar.

Hér er hon kǫlluð Gefn ok Vana-brúðr. Til allra heita Freyju er rétt at kenna grátinn ok kalla svá gullit, ok á marga lund er þessum kenningum breytt, kallat hagl eða regn eða él eða dropar eða skúrir eða forsar augna hennar eða kinna eða hlýra eða brá eða hvarma.

---

[1] hlyn felldum, U; ver feldumz (-omc), R, W, T. [2] Sál. udg. látra, alle (v. mgl.U). [3] Sál. U, T, W; segir R. [4] er tf. T; segir tf. U. [5] Sál. T; ræfs, R, W; ræfr, U. [6] Sál. W (gjalfs), T; gjalfr, R. [7] Sál. T; hlıðar, W, R. [8] brá, alle. [9] ne-, R, T. [10] varn, alle. [11] Sál. udg.; ǫl, alle. [12] beıð, R, W.

36 (38). Hér má þat heyra, at kallat er orð eða rǫdd jǫtna gullit, svá sem fyrr er sagt; svá kvað Bragi skáld:

111. Þann áttak vin verstan Ála undirkúlu
vastrǫdd[1] en mér baztan óniðraðan[2] Þriðja.

Hann kallaði stein vasta undirkúlu[3], en jǫtun Ála steinsins, en gull rǫdd jǫtuns.

37 (39). Hver[4] sǫk er til þess, at gull er kallat otrgjǫld? — Svá er sagt, at þá er æsir fóru at kanna heim[5], Óðinn ok Loki ok Hœnir, þeir kómu at á nǫkkurri ok gengu með ánni til fors nǫkkurs, ok við forsinn var otr einn ok hafði tekit lax ór forsinum ok át blundandi. Þá tók Loki upp stein ok kastaði at otrinum ok laust í hǫfuð honum. Þá hrósaði Loki veiði sinni, at hann hefði veitt í einu hǫggvi otr ok lax, tóku þeir þá laxinn ok otrinn ok báru eptir[6] sér, kómu þá at bœ nǫkkurum ok gengu inn En sá búandi er nefndr Hreiðmarr, er þar bjó, hann var mikill fyrir sér ok mjǫk fjǫlkunnigr; beiddusk æsir at hafa þar náttstað ok kváðusk hafa með sér vist œrna ok sýndu búandanum veiði sína. En er Hreiðmarr sá otrinn, þá kallaði hann sonu sína, Fáfni ok Regin, ok segir, at Otr, bróðir þeira, var drepinn ok svá, hverir þat hǫfðu gǫrt. Nú ganga þeir feðgar at ásunum ok taka þá hǫndum ok binda ok segja þá um otrinn, at hann var sonr Hreiðmars. Æsir bjóða fyrir sik fjǫrlausn, svá mikit fé, sem Hreiðmarr sjálfr vill á kveða, ok varð þat at sætt með þeim ok bundit svardǫgum. Þá var otrinn fleginn; tók Hreiðmarr otrbelginn ok mælti við þá, at þeir skolu fylla belginn af rauðu gulli ok svá hylja hann allan, ok[7] skal þat vera at sætt þeira. Þá sendi Óðinn Loka í Svartálfaheim, ok kom hann til dvergs þess, er heitir Andvari; hann var fiskr í vatni, ok tók Loki hann hǫndum ok lagði á hann fjǫrlausn alt þat[8] gull[8], er hann átti í steini sínum. Ok er þeir

[1] vats rauðla, R. [2] -niðjoð-, R. [3] steininn tf. W, T, R. [4] Sål. T; Sú, R (åbenbart fejlskr.) og omv.: er sǫk. [5] allan, tf. R; mgl. T, U. [6] Sål. U, T; með, R. [7] svá, tf. R; mgl. U, T. [8] Sål. U, T; omv. R.

koma í steininn, þá bar dvergrinn framm alt gull, þat er hann átti, ok var þat allmikit fé. Þá svipti dvergrinn undir hǫnd sér einum lítlum gullbaug; þat sá Loki ok bað hann framm láta bauginn. Dvergrinn bað hann[1] eigi bauginn af sér taka ok lézk mega œxla sér fé af bauginum, ef hann heldi. Loki kvað hann eigi skyldu hafa einn penning eptir ok tók bauginn af honum ok gekk út, en dvergrinn mælti, at sá baugr skyldi vera hverjum hǫfuðs-bani, er ætti[2]. Loki segir, at honum þótti þat vel, ok sagði, at þat skyldi haldask mega fyrir því, sá formáli, at hann skyldi flytja þeim til eyrna, er þá tœki við. Fór hann í braut ok[3] kom[3] til Hreiðmars ok sýndi Óðni gullit; en er hann sá bauginn, þá sýndisk honum fagr ok tók hann af fénu, en greiddi Hreiðmari gullit; þá fyldi hann otrbelginn, sem mest mátti hann, ok setti upp, er fullr var; gekk þá Óðinn til ok skyldi hylja belginn með gullinu, ok þá mælti hann við Hreiðmar, at hann skal sjá, hvárt belgrinn er þá allr hulðr, en Hreiðmarr leit á[4] vandliga ok sá eitt grana-hár ok bað þat hylja, en at ǫðrum kosti væri lokit sætt þeira Þá dró Óðinn framm bauginn ok hulði grana-hárit ok sagði, at þá váru þeir lausir frá otrgjǫldunum. En er Óðinn hafði tekit geir sinn en Loki skúa sína ok þurptu þá ekki at óttask, þá mælti Loki, at þat skyldi haldask, er Andvari hafði mælt, at sá baugr ok þat gull skyldi verða þess bani, er ætti[5], ok þat[6] helzk[6] síðan. Nú er[7] sagt, af[8] hverju gull er otrgjǫld kallat eða nauðgjald ásanna eða rógmálmr.

38 (40). Hvat er fleira at segja frá gullinu? — Hreiðmarr tók þá gullit at sonar-gjǫldum, en Fáfnir ok Reginn beiddusk af nǫkkurs í bróður-gjǫld; Hreiðmarr unni þeim enskis pennings af gullinu. Þat varð óráð[9] þeira brœðra, at þeir drápu fǫður sinn til gullzins. Þá beiddisk Reginn, at

[1] taka, tf. R. [2] Sál. U, T; átti, R. [3] Sál. U, T, mgl. R. [4] Sál. U, T; til ok hugði at, R. [5] Sál. U, T; átti, R. [6] Sál. U, T; þat helz þat, R. [7] þat, tf. R; mgl. U, T. [8] Mgl. R. [9] ráð, T.

Fáfnir skyldi skipta gullinu í helminga með þeim; Fáfnir svarar svá, at lítil ván var, at hann myndi miðla gullit við bróður sinn, er hann drap fǫður sinn til gullzins, ok bað Regin fara braut, en at ǫðrum kosti myndi hann fara sem Hreiðmarr. Fáfnir hafði þá tekit hjálm, er Hreiðmarr hafði átt, ok setti á hǫfuð sér, er kallaðr var œgishjálmr, er ǫll kvikvendi hræðask, er sjá, ok sverð þat, er Hrotti heitir. Reginn hafði þat sverð, er Refill er kallaðr; flýði hann þá braut, en Fáfnir fór upp á Gnitaheiði ok gerði sér þar ból ok brásk í orms-líki ok lagðisk á gullit, en[1] Reginn fór þá til Hjálpreks konungs á Þjóði ok gerðisk þar smiðr hans. Þá tók hann þar til fóstrs Sigurð, son Sigmundar, sonar Vǫlsungs, ok son Hjǫrdísar, dóttur Eylima. Sigurðr var[2] ágætastr allra herkonunga af ætt ok afli ok hug. Reginn sagði honum til, hvar Fáfnir lá á gullinu, ok eggjaði hann at sœkja gullit. Þá gerði Reginn sverð þat, er Gramr heitir[3], er[4] svá var hvast[4], at Sigurðr brá niðr í rennanda vatn, ok tók í sundr ullar-lagð, er rak fyrir strauminum at sverðzegginni; því næst klauf Sigurðr steðja Regins ofan í stokkinn með sverðinu. Eptir þat fóru þeir Sigurðr ok Reginn á Gnitaheiði, þá gróf Sigurðr grǫf á veg Fáfnis ok settisk þar í. En er Fáfnir skreið til vats ok hann kom yfir grǫfna, þá lagði Sigurðr sverðinu í gǫgnum hann, ok var þat hans bani. Kom þá Reginn at ok sagði, at hann hefði drepit bróður hans, ok bauð honum þat at sætt, at hann skyldi taka hjarta Fáfnis ok steikja við eld, en Reginn lagðisk niðr ok drakk blóð Fáfnis ok lagðisk at sofa En er Sigurðr steikði hjartat ok hann hugði, at fullsteikt myndi, ok tók á fingrinum, hvé hart var, en er frauðit rann ór hjartanu á fingrinn, þá brann hann ok drap fingrinum í munn sér, en er hjartablóðit kom á tunguna, þá kunni hann fugls-rǫdd ok skilði, hvat igðurnar sǫgðu, er sátu í viðnum; þá mælti ein:

---

[1] Sál. T, mgl. R. [2] er, T. [3] Sál. T; mgl. R. [4] Sál. T; at svá hvast var, R.

112. Þar sitr Sigurðr
sveita stokkinn,
Fáfnis hjarta
4 við funa steikir;
spakr þœtti mér
spillir bauga,
ef fjǫrsega
8 fránan æti[1].

113. Þar liggr Reginn, — kvað ǫnnur
ræðr umb við sik,
vill tæla mǫg,
4 þanns trúir hǫ́num;
berr af reiði
rǫng orð saman,
vill bǫlva-smiðr
8 bróður hefna.

Þá gekk Sigurðr til Regins ok drap hann, en síðan til hests síns, er Grani heitir, ok reið, til er þess hann kom til bóls Fáfnis, tók þá upp gullit ok batt í klyfjar ok lagði upp á bak Grana ok steig upp sjálfr ok reið þá leið sína. Nú er þat sagt, hver saga til er þess, at[2] gullit er kallat ból eða byggð Fáfnis eða málmr Gnitaheiðar eða byrðr Grana.

39 (41—42[I]). Þá reið Sigurðr til þess, er hann fann á fjallinu hús; þar svaf inni ein kona ok hafði sú hjálm ok brynju. Hann brá sverðinu ok reist brynjuna af henni; þá vaknaði hon ok nefndisk Hildr; hon er kǫlluð Brynhildr, ok var valkyrja. Sigurðr reið þaðan ok kom til þess konungs, er Gjúki hét; kona hans er nefnd Grímhildr; bǫrn þeira váru þau Gunnarr, Hǫgni, Guðrún, Guðný; Gotthormr var stjúpson Gjúka. Þar dvalðisk Sigurðr langa hríð; þá fekk hann Guðrúnar Gjúkadóttur, en Gunnarr ok Hǫgni sórusk í brœðralag við Sigurð. Því næst fóru þeir Sigurðr ok Gjúka-sønir at biðja Gunnari konu til Atla Buðlasonar Brynhildar, systur hans. Hon sat á Hindafjalli ok var um sal hennar vafrlogi, en hon hafði þess heit strengt, at eiga þann einn mann, er þorði at ríða vafrlogann. Þá riðu þeir Sigurðr ok Gjúkungar — þeir eru ok kallaðir Niflungar — upp á fjallit, ok skyldi þá Gunnarr ríða vafrlogann; hann átti hest þann, er Goti heitir, en sá hestr þorði eigi at hlaupa í eldinn. Þá

---

[1] ætti, R, T. [2] Mgl. R.

skiptu þeir litum Sigurðr ok Gunnarr ok svá nǫfnum, því-at Grani vildi undir engum manni ganga nema Sigurði. Þá hljóp Sigurðr á Grana ok reið vafrlogann; þat kveld gekk hann at brúðhlaupi með Brynhildi. En er þau kómu í sæing, þá dró hann sverðit Gram ór slíðrum ok lagði í milli þeira. En at morni þá er hann stóð upp ok klæddi sik, þá gaf hann Brynhildi at línfé gullbauginn, þann er Loki hafði tekit af Andvara, en tók af hendi[1] henni annan baug til minja. Sigurðr hljóp þá á hest sinn ok reið til félaga sinna; skipta þeir Gunnarr þá aptr litum ok fóru heim[2] til Gjúka með Brynhildi. Sigurðr átti ii. bǫrn með Guðrúnu, Sigmund ok Svanhildi. Þat var eitt sinn, at Brynhildr ok Guðrún gengu til vats, at bleikja hadda sína. Þá er þær kómu til árinnar, þá óð Brynhildr út á ána frá landi ok mælti, at hon vildi eigi bera í hǫfuð sér þat vatn, er rynni ór hári Guðrúnu, því at hon átti búanda hugaðan betr. Þá gekk Guðrún á ána eptir henni ok sagði, at hon mátti fyrir því þvá ofarr sinn hadd í ánni, at hon átti þann mann, er eigi Gunnarr ok engi annarr í verǫldu var jafnfrœkn, því at hann vá Fáfni ok Regin ok tók arf eptir báða þá. Þá svarar Brynhildr: »meira var þat vert, er Gunnarr reið vafrlogann, en Sigurðr þorði eigi«. Þá hló Guðrún ok mælti: »ætlar þú, at Gunnarr riði vafrlogann; sá ætlak[3] at gengi í rekkju hjá þér, er mér gaf gullbaug þenna, en sá gullbaugr, er þú hefir á hendi ok þú þátt at línfé, hann er kallaðr Andvaranautr, ok ætlak, at eigi sótti Gunnarr hann á Gnitaheiði«. Þá þagnaði Brynhildr ok gekk heim. Eptir þat eggjaði hon Gunnar ok Hǫgna at drepa Sigurð, en fyrir því at þeir váru eiðsvarar Sigurðar, þá eggjuðu þeir til Gotthorm, bróður sinn, at drepa Sigurð; hann lagði Sigurð sverði í gǫgnum sofanda, en er hann fekk sárit, þá kastaði hann sverðinu Gram eptir honum, svá at sundr sneið í miðju manninn; þar fell Sigurðr ok sonr hans

---

[1] Sál. T; mgl. R. [2] Sál. T; aptr, R. [3] Sál. T.

þrévetr, er[1] Sigmundr hét, er þeir drápu. Eptir þat lagði Brynhildr sik sverði ok var hon brend með Sigurði, en Gunnarr ok Hǫgni tóku þá Fáfnis-arf ok Andvaranaut ok réðu þá lǫndum. Atli konungr Buðlason, bróðir Brynhildar, fekk þá Guðrúnar, er Sigurðr hafði átta, ok áttu þau bǫrn. Atli konungr bauð til sín Gunnari ok Hǫgna, en þeir fóru at heimboðinu. En áðr þeir fóru heiman, þá fálu þeir gullit Fáfnis-arf í Rín, ok hefir þat gull aldri síðan fundizk. En Atli konungr hafði þar lið fyrir ok barðisk við þá[2] Gunnar ok Hǫgna, ok urðu þeir handteknir; lét Atli konungr skera hjarta ór Hǫgna kykum; var þat hans bani; Gunnari lét hann kasta í ormgarð, en honum var fengin leyniliga harpa ok sló hann með tánum, þvíat hendr hans váru bundnar. En[3] svá lék hann hǫrpuna[3], svá at allir ormarnir sofnuðu, nema sú naðra, er rendi at honum ok hjó svá fyrir flagbrjóskat, at hon steypði hǫfðinu inn í holit ok hangði hon á lifrinni, þar til er hann dó. Gunnarr ok Hǫgni eru kallaðir Niflungar ok Gjúkungar; fyrir því er gull kallat Niflunga-skattr eða arfr[4].

40 (43). Hví er gull kallat mjǫl Fróða? — Til þess er saga sjá, at Skjǫldr hét sonr Óðins, er Skjǫldungar eru frá komnir; hann hafði atsetu ok réð lǫndum, þar sem nú er kǫlluð Danmǫrk, en þá var kallat Gotland. Skjǫldr átti þann son, er Friðleifr hét, er lǫndum réð eptir hann; sonr Friðleifs hét Fróði; hann tók konungdóm eptir fǫður sinn í þann tíð, er Ágústús keisari lagði frið of heim allan; þá var Kristr borinn. En fyrir því at Fróði var allra konunga ríkastr á Norðrlǫndum, þá var honum kendr friðrinn um alla danska tungu, ok kalla menn[5] þat Fróða-frið. Engi maðr grandaði ǫðrum, þótt hann hitti fyrir sér fǫður-bana eða bróður-bana lausan eða bundinn; þá var ok engi þjófr eða ráns-maðr, svá at gullhringr einn lá á Jalangrsheiði lengi.

---

[1] Mgl R. [2] Sål. 1eβ; mgl. R, T. [3] En—hǫrpuna, sål. 1eβ; mgl. R. T. [4] Kap.s slutning i R, T findes blandt Tillæg. [5] Sål. T, 1eβ; Norðmenn, R.

Fróði konungr sótti heimboð í Svíþjóð til þess konungs, er Fjǫlnir er nefndr. Þá keypti hann ambáttir ii., er hétu Fenja ok Menja; þær váru miklar ok sterkar. Í þann tíma fanzk í Danmǫrku kvernsteinar ii. svá miklir, at engi var svá sterkr, at dregit gæti; en sú náttúra fylgði kvernunum, at þat mólsk á kverninni[1], sem sá mælti fyrir, er mól. Sú kvern hét Grótti. Hengikjǫptr er sá nefndr, er Fróða konungi gaf kvernina[2]. Fróði konungr lét leiða ambáttirnar til kvernarinnar ok bað þær mala gull, ok[3] svá gerðu þær, mólu fyrst gull[3], ok frið ok sælu Fróða; þá gaf hann þeim eigi lengri hvíld eða svefn en gaukrinn þagði eða hljóð mátti kveða; þat[4] er sagt, at þær kvæði ljóð þau, er kallat er Gróttasǫngr, ok[5] er þetta uphaf at:

114. Nú eru komnar
til konungs húsa
framvísar tvær
4 Fenja ok Menja;

þær 'ró at Fróða
Friðleifs sonar,
mátkar meyjar,
8 at mani hafðar[5].

Ok áðr létti kvæðinu, mólu þær her at Fróða, svá at á þeiri nótt kom þar sá sækonungr, er Mýsingr hét, ok drap Fróða, tók þar herfang mikit. Þá lagðisk Fróða-friðr. Mýsingr hafði með sér Grótta ok svá Fenju ok Menju ok bað þær mala salt; ok at miðri nótt spurðu þær, ef eigi leiddisk Mýsingi salt. Hann bað þær mala lengr. Þær mólu lítla hríð, áðr niðr sǫkk[6] skipit[6], ok var þar eptir svelgr í hafinu, er særinn fellr í kvernar-augat; þá varð sær saltr[7].

41 (44). Hví[8] er gull kallat sáð Kraka?[8] — Konungr einn í Danmǫrk er nefndr Hrólfr kraki; hann var[9] ágætastr fornkonunga fyrst af mildi ok frœknleik ok lítillæti. Þat er eitt mark um lítillæti hans, er mjǫk er fœrt í frásagnir, at

[1] kvernunum, T. [2] kvernirnar, T. [3] Sål. T; mgl, R, 1eβ (homöoteleutisk udeladelse). [4] Sål T, 1eβ; þá, R. [5] Sål. ok—hafðar 1eβ; mgl. R, T; for hafðar har 1eβ gǫrvar. [6] Sål. T, sukku skipin, R, 1eβ. [7] Herefter følger i R, T hele Grottesangen, samt et par skjaldecitater, se Tillæg. [8] Sål. T, W (Fyrir hverja sǫk . . . gullit . . .); mgl. R. [9] Sål. T, 1 eβ; jfr. U, er R, W.

einn lítill sveinn ok fátœkr er nefndr Vǫggr; hann kom í hǫll Hrólfs konungs; þá var konungrinn ungr at aldri ok grannligr á vǫxt. Þá gekk Vǫggr fyrir hann ok sá upp á hann. Þá mælti konungr[1]: »hvat viltu mæla sveinn, er þú sér á mik?«. Vǫggr segir: »þá er ek var heima, heyrðak sagt, at Hrólfr konungr at Hleiðru var mestr maðr á Norðrlǫndum, en nú sitr hér í hásæti kraki einn lítill, ok kallið[2] ér[2] hann konung[3]«. Þá svarar konungr[1]: »þú sveinn hefir gefit mér nafn, at ek skal heita Hrólfr kraki, en þat er títt, at gjǫf skal fylgja nafnfesti. Nú sé ek þik enga gjǫf hafa til at gefa mér at nafnfesti, þá er mér sé þægilig; nú skal sá gefa ǫðrum, er til hefir« — tók gullhring af hendi sér ok gaf honum. Þá mælti Vǫggr: »gef þú allra konunga heilastr ok þess strengi ek heit, at verða þess mannz bani, er þinn bana-maðr verðr«. Þá mælti konungr ok hló við: »lítlu verðr Vǫggr feginn« — Annat mark var þat sagt frá Hrólfi kraka um frœknleik hans, at sá konungr réð fyrir Upsǫlum, er Aðils hét. Hann átti Yrsu, móður Hrólfs kraka. Hann hafði ósætt við þann konung, er réð fyrir Nóregi, er Áli hét. Þeir stefnðu orrostu milli sín á ísi vats þess, er Væni heitir. Aðils konungr sendi boð Hrólfi kraka, mági sínum, at hann kvæmi til liðveizlu við hann, ok hét mála ǫllum her hans, meðan þeir væri í ferðinni, en konungr sjálfr skyldi eignask iii. kostgripi, þá er hann køri[4] af[5] Svíþjóð. Hrólfr konungr mátti eigi fara fyrir ófriði þeim, er hann átti við Saxa, en þó sendi hann Aðilsi berserki sína xii.; þar var einn Bǫðvar-Bjarki ok Hjalti hugprúði, Hvítserkr hvati, Vǫttr, Véseti[6], þeir brœðr Svipdagr ok Beiguðr. Í þeiri orrostu fell Áli konungr ok mikill hluti liðs hans. Þá tók Aðils konungr af honum dauðum hjálminn Hildisvín ok hest hans Hrafn. Þá beiddusk þeir berserkir Hrólfs kraka at taka mála

---

[1] Med art. R. [2] Sål. R (þer), T; kalla þeir, W, 1e,ʒ. [3] sinn, tf. R, W, 1eβ. [4] Sål. 1eʒ; kyri, U; kaus, R, T, W. [5] Sål. U, T, W; or, R, 1eβ. [6] Við-, R.

sinn, iii. pund gullz hverr þeira, ok umframm beiddusk þeir at flytja Hrólfi kraka kostgripi þá, er þeir kuru til handa honum; þat var hjálmrinn Hildigǫltr ok brynjan Finnzleif, er á[1] hvárigu[1] festi járn[2], ok gullhringr sá, er kallaðr var Svíagriss, er átt hǫfðu langfeðgar Aðils. En konungr varnaði allra gripanna ok eigi heldr galt hann málann; fóru berserkir[3] braut ok unðu illa sínum hlut, sǫgðu svá búit Hrólfi kraka, ok jafnskjótt byrjaði hann ferð sína til Upsala; ok er hann kom skipum sínum í ána Fýri, þá reið hann til Upsala ok með honum xii. berserkir hans, allir griðalausir. Yrsa, móðir hans fagnaði honum ok fylgði honum til herbergis ok eigi til konungs hallar; váru þá gǫrvir eldar[4] fyrir þeim ok gefit ǫl at drekka. Þá kómu menn Aðils konungs inn ok báru skíð[5] á eldinn ok gerðu svá mikinn, at klæði brunnu af þeim Hrólfi, ok mæltu: »er þat satt, at Hrólfr kraki ok berserkir hans flýja hvárki eld né járn?«. Þá hljóp Hrólfr kraki upp ok allir þeir; þá mælti hann: »Aukum enn elda | at Aðils húsum« — tók skjǫld sinn ok kastaði á eldinn ok hljóp yfir eldinn, meðan skjǫldrinn brann, ok mælti enn: »Flýra sá eld[6] | er yfir hleypr«. Svá fór hverr at ǫðrum hans manna, tóku þá ok[7], er eldinn hǫfðu aukit ok kǫstuðu[8] á eldinn. Þá kom Yrsa ok fekk Hrólfi kraka dýrshorn, fult af gulli, ok þar með hringinn Svíagris ok bað þá braut ríða til liðsins. Þeir hljópu á hesta sína ok ríða ofan á Fýrisvǫllu; þá sá þeir, at Aðils konungr reið eptir þeim með her sinn alvápnaðan ok vill drepa þá. Þá tók Hrólfr kraki hœgri hendi gullit ofan í hornit ok søri alt um gǫtuna. En er Svíar sjá þat, hlaupa þeir ór sǫðlunum, ok tók hverr slíkt, er fekk, en Aðils konungr bað þá ríða ok reið sjálfr ákafliga. Sløngvir[9] hét hestr hans, allra hesta

[1] Sål. U, W, T; hvergi, R, 1eβ. [2] Sål. alle, undt. R: vápn á; á tf. også 1eβ. [3] Med art. R, T. [4] stórir, tf. R, 1eβ; mgl. W, T, U. [5] Sål. U, 1eβ; med art. R. W, T. [6] Sål. U, W, T; elda, R, 1eβ. [7] Sål. T, W; síðan, 1eβ; mgl. de øvr. [8] þeim, tf. R, 1eβ; mgl de øvr. [9] Sål. 1eβ; Slu(n)gnir R, W, T.

skjótastr, Þá sá Hrólfr kraki, at Aðils konungr reið nær honum, tók þá hringinn Svíagrís ok kastaði til hans ok bað hann þiggja at gjǫf. Aðils konungr reið at hringinum ok tók til með spjóts-oddinum ok rendi upp á falinn. Þá veyk Hrólfr kraki aptr ok sá, er hann laut niðr; þá mælti hann: »svínbeygt hefi ek nú þann, er ríkastr er með Svíum«. Svá skilðusk þeir. Af þessi sǫk er gull kallat sáð Kraka eða Fýrisvalla; svá kvað Eyvindr skáldaspillir:

115. Bǫrum, Ullr, of alla[1],
ímunlauks, á hauka
fjǫllum Fýrisvalla
fræ Hǫkunar ævi.

Svá sem Þjóðólfr kvað:

116. Ǫrð sær Yrsu burðar
inndrótt jǫfurr sinni
bjartplógaðan bauga
4 brattakr vǫlu-spakra;
eyss landreki ljósu
lastvarr Kraka barri
á, hlémildar holdi,
8 hauks kǫlfur mér sjǫlfum.

42 (45). Svá er sagt, at konungr sá, er Hǫlgi er nefndr[2], er Hálogaland er við kent[3], var faðir Þorgerðar Hǫlgabrúðar; þau váru bæði blótuð, ok var haugr Hǫlga kastaðr, ǫnnur fló af gulli eða silfri, þat var blótféit, en ǫnnur fló af moldu ok grjóti. Svá kvað Skúli Þorsteinsson:

117. Þás ræfrvita Reifnis
rauðk fyr Svǫlð til auðar,
herfylgins bark[4] Hǫlga
haugþǫk saman[5] baugum.

Í Bjarkamálum enum fornum eru tǫlð[6] mǫrg gullz-heiti; svá segir þar:

118. Gramr enn gjǫflasti
gœddi hirð sína
Fenju forverki,
4 Fáfnis Miðgarði,
Glasis glóbarri,
Grana fagrbyrði,
Draupnis dýrsveita,
8 dúni Grafvitnis.

119. Ýtti[7] ǫrr hilmir —
aldir við tóku —
Sifjar svarðfestum,
4 svelli dalnauðar,
tregum otrs-gjǫldum,
tǫrum Mardallar,
eldi Órunar,
8 Iðja glysmǫlum.

---

[1] allan, R, 1eβ. [2] kallaðr, R. [3] Sål. W, 748, T; nefnt, R. [4] Sål. U, W, 748, 757; bað, R, T. [5] Sål U, 748, 757, 1eβ; sama, R, W, T. [6] tauð, R. [7] Sål. alle, undt. R. veitti.

120. Gladdi gunnveitir[1] —
gengum fagrbúnir —
Þjaza þingskilum
4 þjóðir hermargar,
Rínar rauðmalmi,
rógi Niflunga
vísi enn vígdjarfi,
8 varði hann Baldr þeygi[2].

43 (46). Gull er kallat í kenningum eldr handar eða liðs eða leggjar, þvíat þat er rautt, en silfr snær eða svell eða héla, þvíat þat er hvítt. Með sama hætti skal ok kenna gull eða silfr til sjóðs eða diguls eða lauðar, en hvárt tveggja silfr ok gull má vera grjót handar eða hálsgjǫrð nǫkkurs þess mannz, er títt var at hafa men[3]. Men ok hringar eru bæði silfr ok gull, ef eigi er annan veg greint. Sem kvað Þorleikr[4] fagri:

121. Kastar gramr á glæstar
gegn valstǫðvar þegnum,
ungr vísi[5] gefr eisu
armleggs, digulfarmi.

Ok sem kvað Einarr skálaglamm:

122. Liðbrǫndum kná Lundar
landfrœkn jǫfurr granda;
hykkak ræsis rekka
Rínar grjót of þrjóta[6].

Svá kvað Einarr Skúlason:

123. Blóðeisu liggr bæði
bjargs tveim megin geima
sjóðs (ák søkkva stríði)
snær ok eldr (at mæra).

Ok enn sem hann kvað:

124. Dœgr þrymr hvert, en[7] hjarta
hlýrskildir ræðr mildu
Heita blakks, of hvítum
4 hafleygr digulskafli[7].
aldri má fyr eldi
áls hrynbrautar skála
(ǫll viðr folka fellir[8]
8 framræði) snæ[8] bræða.

Hér er gull kallat eldr[9] áls hrynbrautar, en silfr[9] snær skálanna. — Svá kvað Þórðr mœraskáld[10]:

125. Sér[11] á seima[11] rýri,
sigðis látrs at[12] átti,
hrauns glaðsendir handa,
Hermóðr fǫður góðan

[1] Sål. alle, undt.: R, W, T. -veiti. [2] Sål. alle, undt. R, 1eβ: þǫgli. Sål. W, T; mgl de øvr. [4] -leifr U, 1eβ, T, R (lef-). [5] vísir, R. [6] Sål. alle, undt. R· þrjóti. [7] en — skafli er afrevet i R. [8] fellir — snæ afrevet R. [9] eldr — silfr, sål. 748, 757, (der dog mgl. áls), mgl. de øvr. [10] Maura- alle. [11] Sér á sei- er afrevet R. [12] Sål alle, undt. R, 1eβ: ok.

44 (47). Maðr er kallaðr brjótr gullzins, svá sem kvað Óttarr svarti:

126. Góðmennis þarfk gunnar / glóð-[1] brjótanda at njóta; / hér es alnennin inni / inndrótt með gram svinnum.

Eða gullsendir, sem kvað Einarr skálaglamm:

127. Gollsendir lætr grundar, / glaðar þengill her drengja[2], / (hans mæti knák hljóta) / hljót Yggs mjaðar njóta.

Gullvǫrpuðr, sem kvað Þorleikr:

128. Hirð viðr, grams með gerðum, / gollvǫrpuðr sér holla.

Gullstríðir, sem kvað Þorvaldr blǫnduskáld:

129. Gollstríðir verpr glóðum, / gefr auð konungr rauðan, / (óþjóðar bregðr eyðir) / armleggs (Grana farmi).

Gullskati, sem hér er:

130. Gatk gollskata; / gǫr es leygs of bǫr / gǫtu gunnvita[3] / gráps tøgdrápa[4].

Kona er kend til gullz, kǫlluð selja gullz, sem kvað Hallar-Steinn:

131. Svalteigar mun selju / salts Viðblinda galtar / rafkastandi rastar / reyrþvengs muna lengi,

Hér er kallat hvalir Viðblinda geltir; hann var jǫtunn ok dró hvali í hafi út sem fiska; teigr hvala er sær, rǫf sæfar er gull; kona er selja gullz þess, er hon gefr, ok samheiti við selju er tré, sem fyrr er ritat, at kona er kend við allz konar trjá-heiti kvenkend. Hon er ok lǫ́g[5] kǫlluð þess, er hon gefr; lǫ́g[6] heitir ok tré þat, er fellr í skógi. — Svá kvað Gunnlaugr ormstunga:

132. Alin vas rýgr at rógi, / runnr olli því gunnar, / (lǫ́g[7] vask auðs at eiga / óðgjarn) fira bǫrnum.

---

[1] Sál. 748; gull(s) de øvr. [2] Sál. 1eβ; drengi, de øvr. [3] Sál. alle, R ved rettelse. [4] Sál. W, -drápu, de øvr. [5] lavg, R; lág, de øvr [6] lǫg, log, R, T; lág, de øvr. [7] Sál. U, 748, 1eβ; þa, R; mgl. W, T.

Kona er[1] kǫlluð[1] mǫrk; svá kvað Hallar-Steinn:

133. Ek hef óðar lokri
ǫlstafna Bil[2] skafna,
væn[3] mǫrk skála, verki
vandr stefknarrar branda.

Tróða, enn sem kvað Steinn:

134. Þú munt, fúrs, sem fleiri,
flóðs hirði-Sif, tróður[4],
grǫnn, við gæfu þinni
grjóts Hjaðninga brjótask.

Skorða; svá kvað Ormr Steinþórsson:

135. Skorða vas í fǫt fœrð
fjarðbeins afar-hrein;
nýri slǫng[5] nadd-Freyr
nisting of mjaðar Hrist.

Stoð, sem Steinarr kvað:

136. Mens hafa mildrar Synjar
mjúkstalls logit[6] allir
(sjá hǫfumk veltistoð[7] stiltan
straumtungls) at mér draumar.

Bjǫrk, enn sem Ormr kvað:

137. Þvít hols hrynbáls
hramma, þats ek berk framm,
Billings á burar full
bjarkar hefk lagit mark.

Eik, svá sem hér er:

138. Aura stendr fyr órum
eik fagrbúin leiki.

Lind, svá sem hér er:

139. Ógnrakkr, skalat okkur,
almr dynskúrar malma,
(svá bauð lind) í landi
(líns) hugrekki dvína.

Maðr er kendr til viða, sem fyrr er ritat, kallaðr reynir vápna eða víga, ferða ok athafnar, skipa ok allz þess, er hann ræðr[8] ok reynir; svá[8] kvað Úlfr Uggason:

140. En stirðþinull starði
storðar leggs fyr[9] borði
fróns[9] á folka reyni
fránleitr ok blés eitri.

Viðr ok meiðr, sem kvað[10] Kormákr[10]:

141. Meiðr es mǫrgum œðri
morðteins[11] í dyn fleina;
hjǫrr fær hildibǫrrum
hjarl Sigurði jarli.

---

[1] Sål. W, T, 1e,ɜ, 748; er kend, U, kallaz, R. [2] Sål. 748; þér, de øvr. [3] Sål. alle, undt. R: vetz. [4] Sål. 748; troþar, R; tróða, de øvr. (U?) [5] Sål. 748; sǫng, de øvr. [6] logut, R. [7] villti, R. [8] ræðr — svá afrevet R. [9] Sål. W, T, 748; fráns, 1e,ɜ, fyr—fro- afrevet, R. [10] Afrevet, R. [11] Sål. F. Magn.; -reins, alle

Lundr; svá kvað Hallfrøðr vandræðaskáld:

142. Askþollum stendr Ullar   rœkilundr enn ríki
austr at miklu trausti   randfárs brumaðr hári.

Hér er ok þollr nefndr. — Búss; svá kvað Arnórr:

143. Røkkr ǫndurt bað randir   (rógskýja helt) Rygja
reggbúss saman leggja   (regni haustnótt gegnum).

Askr, sem Refr kvað:

144. Gekk í golli stokna   askr viðr[1] œrinn þroska)
gjǫfrifr (Hǫars drífu   as[2] Freyr sæing meyjar.

Hlynr, sem[3] hér er[3]:

145. Heill kom þú handar svella   hlynr — kvaddi svá brynja.

Bǫrr, sem Refr kvað:

146. Alls bǫðgœðis[4] bjóða[5]   ógnstǫðvar hefk ægi
(bǫrr ræðr til þess hjǫrva)   einráðit Þorsteini.

Stafr, sem Óttarr kvað:

147. Heltu, þars hrafn né svalta,   ógnar[6] stafr[6], fyrir jǫfrum,
(hvatráðr est þú) láði,   ýgr, tveimr við kyn beima.

Þorn, sem Arnórr kvað:

148. Hlóð, en hála téðu   auðar þorn fyr ǫrnu
hirðmenn ara[7] grenni,   ungr valkǫstu þunga.

45 (48). Hvernig skal kenna orrostu? — Svá, at kalla veðr vápna eða hlífa eða Óðins eða valkyrju eða herkonunga eða gný eða glym. Svá kvað Hornklofi:

149. Háði gramr, þars gnúðu,   (rauð fnýstu ben blóði)
geira hregg við seggi,   bengǫgl at dyn Skǫglar.

Svá kvað Eyvindr:

150. Ok sá halr   hǫsvan serk
at Hǫars veðri   hrísgrímnis[8] bar.

---

[1] Sål. W, T, 748 (nn); við R, 1eβ, U. [2] Sål. W; el, 748, 1eβ; egg(þeys), U; es-, R, T. [3] sem—er, sål. W (mgl. er), T, 1 eβ, U (segir f er), 748 (kveðit tf.); mgl. R. [4] Sål. udg. (jfr. auglís, 1eβ); gœði, de øvr. [5] giǫþa, R(galla, 1eβ). [6] Mgl. R, W, T. [7] arn-, R. [8] Sål. (grímnis) 748, 1eβ; -grisnis, R, T; hrisnis, W; hrvngnis, U.

Svá kvað Bersi:

151. Þótta ek, þás œri,
ár, (sagt es þat) vǫrum,
hœfr at Hlakkar drífu
hyrrunnum vel Gunnar.

Svá kvað Einarr:

152. Glymvindi lætr Gǫndlar[1]
(gnestr[2] hjǫrr) taka mestum
Hildar segl, þars hagli,
hraustr þengill, drífr strengjar.

Sem kvað Einarr skálaglamm:

153. Né sigbjarka serkir
sóm[3]-miðjungum rómu
Hárs við Hǫgna skúrir
hléðut fast of séðir.

Svá sem hér:

154. Odda gnýs við œsi
oddnets[4] þinul setja.

Ok enn þetta:

155. Hnigu fjandr at glym Gǫndlar
grams und arnar hramma.

46 (49). Vápn ok herklæði skal kenna til orrostu ok til Óðins ok valmeyjá ok herkonunga, kalla[5] hjálm hǫtt eða fald, en brynju serk eða skyrtu, en skjǫld tjald, ok skjaldborgin er kǫlluð hǫll ok ræfr, veggr ok gólf. Skildir eru kallaðir ok kendir við herskip sól eða tungl eða lauf eða blik eða garðr skipsins; skjǫldr er ok kallaðr skip Ullar eða kent til fóta Hrungnis, er hann stóð á skildi. Á fornum skjǫldum var títt at skrifa rǫnd þá, er baugr var kallaðr, ok er við þann baug skildir kendir. Hǫggvápn, øxar eða sverð, er kallat eldar blóðs eða benja; sverð heita Óðins eldar, en øxar kalla menn trǫllkvinna heitum, ok kenna við blóð eða benjar eða skóg eða við. Lagvápn eru vel kend til orma eða fiska. Skotvápn eru mjǫk kend til hagls eða drífu eða rotu. Ǫllum þessum kenningum er marga lund breytt, þvíat þat er flest ort í lofkvæðum, er þessar kenningar þarf við. — Svá[6] kvað Víga-Glúmr[6]:

[1] Gǫndla, R, W. [2] gnest, R. [3] sum-, R. [4] Sál. U, -nes, de øvr. [5] hjálma, tf. R, W (dittogr.; jfr. má, 1eβ), T. [6] Sál. 748, 1eβ; mgl. de øvr.

156. Lattisk herr með hǫttu
Hangatýs at ganga
(þóttit þeim at hætta
þekkiligt) fyr brekku.

Svá kvað Einarr skálaglamm:

157. Hjalmfaldinn[1] bauð hildi
hjaldrǫrr ok[2] Sigvaldi,
hinn es fór í gný Gunnar,
gunndjarfr Búi, sunnan,

Róða serkr, sem Tindr kvað:

158. Þás hringfǫum Hanga
hrynserk Viðurr[3] brynju
(hruðusk riðmarar Róða
rastar) varð at kasta.

Hamðis skyrta, sem Hallfrøðr kvað:

159. Ólítinn[4] brestr úti
unndýrs frǫmum[5] runnum
hart á Hamðis skyrtum
hryngráp Egils vápna.

Sǫrla fǫt, enn sem hann kvað:

160. Þaðan verða fǫt fyrða
(fregnk gǫrla þat) Sǫrla
rjóðask bjǫrt[6] í blóði
benfúr[7] meilskúrum.

[Hlakkar tjǫld[8]], sem Grettir kvað:

161. Heldu Hlakkar tjalda
hefjendr saman nefjum
Hildar veggs ok hjoggusk
hreggnirðir til skeggjum.

Róða ræfr, sem Einarr kvað:

162. Eigi þverr fyr augna
Óðs beðvinu Róða
ræfrs[9], eignisk sá, regni
ramsvell[10], konungr elli.

Hildar veggr, sem kvað Grettir ok áðr er ritat. — Skipsól, sem Einarr kvað:

163. Leyg rýðr ætt á ægi
Óláfs skipa sólar[11].

Hlýrtungl, sem Refr kvað:

164. Dagr vas fríðr, sás fǫgru
fleygjendr alinleygjar[12]
í hangferil hringa
hlýrtungli mér þrungu.

Garðr skips, sem hér er:

---

[1] Sál. U, 748; faldinn mgl. R, T, W; -elldum, 1eβ. [2] Mgl. R; með (Sigvalda) 1 eβ, mulig rigtigst (så burde der læses -fǫldnum K. G.) [3] Sál. U, (viðaurr); viðum, de øvr. [4] Sál. U; ólítit, de øvr. [5] Sál. 748; sumum, de øvr. (U afrevet). [6] Sál. alle, undt. R, 1eβ: bjǫrk. [7] -fyrir, R. [8] Sál. udg.; mgl. alle. [9] Sál. W, 1eβ, T; ræfr, de øvr. [10] Sál. W, T, U, 748; svellz, R, 1eγ. [11] U tf. 2 linjer. [12] alm-, R, 748.

165. Svá skaut gegn í gǫgnum sá vas, gnýstœrir geira,
garð steinfarinn barða, gunnar æfr, sem næfrar.

Askr Ullar, sem Þjóðólfr[1] kvað[1]:

166. Ganga él of yngva[2] þars samnagla siglur
Ullar skips með fullu, slíðrdúkaðar ríða.

Ilja-blað Hrungnis, sem Bragi kvað:

167. Vilið Hrafnketill heyra, Þrúðar skalk ok þengil
hvé hreingróit steini þjófs ilja-blað leyfa.

Bragi skáld kvað þetta um bauginn á skildinum:

168. Nema svát góð ens gjalla meyjar hjóls enn mæri
gjǫld baugnafaðs[3] vildi mǫgr Sigurðar Hǫgna.

Hann kallaði skjǫldinn Hildar-hjól, en bauginn nǫf hjólsins.

Baugjǫrð, sem Hallvarðr kvað:

169. Rauðljósa sér ræsir baugjǫrð brodda ferðar
(rít brestr sundr en hvíta) (bjúgrend) í tvau fljúga.

Svá er enn kveðit:

170. Baugr es á beru sœmstr, en á boga ǫrvar.

Sverð er Óðins eldr, sem Kormákr kvað:

171. Svall, þás gekk með gjallan glaðfœðandi Gríðar,
Gauts eld, hinn 's styr beldi, gunnr. *Komsk Urðr*[4] *ór brunni.*

Hjálms eldr, sem kvað Úlfr Uggason:

172. Fullǫflug lét fjalla Hildr, en Hropts of gildar
framm hafsleipni þramma hjalmelda[5] mar feldu.

Brynju eldr, sem kvað Glúmr Geirason:

173. Heinþyntan lét hvína foldar[6] vǫrðr, sás fyrðum
hryneld at þat brynju fjǫrnharðan sik varði.

Randar íss ok grand hlífar, sem Einarr kvað:

174. Ráðvǫndum þák rauðra[7] (grand berum hjalms í hendi),
randa ís at vísa hvarmþey drifinn Freyju.

---

[1] Sål. U, 748; hér er, de øvr. [2] unga, R, W. [3] Sål. 748, 1eβ, T; nafagdrs, R; naþrs, U, navar, W. [4] Uðr, R, T, 748. [5] -elldar 748; eld (þá er), U; eldum, T; ǫlldum, W, R. [6] fyldar, T, R. [7] raþra, R.

Øx heitir trǫllkona hlífa, sem Einarr kvað:

175\. Séa megu rétt, hvé, Rævils fjǫrnis fagrt of skornir,
ríðendr, við brǫ́ Gríðar foldviggs, drekar liggja.

Spjót er ormr kallat, sem Refr kvað:

176\. Kná myrkdreki marka æfr á aldar lófum
minn, þars ýtar finnask, eikinn borðs[1] at leika.

Ǫrvar eru kallaðar hagl boga eða strengjar eða hlífa eða orrostu, sem Einarr kvað skálaglamm;

177\. Brakrǫgnir skók[2] bogna, hagl[3] ór Hlakkar seglum,
barg óþyrmir varga hjǫrs rakkliga fjǫrvi.

Ok Hallfrøðr:

178\. Ok geirrotu gǫtvar hungreyðǫndum[4] hanga
gagls við strengjar hagli hléðut[5] járni séðar.

Ok Eyvindr skáldaspillir:

179\. Lítt kvǫ́ðu[6] þik láta, brynju hagl í benjum,
landvǫrðr, es brast, Hǫrða, (bugusk almar) geð falma.

47 (50). Orrosta er kǫlluð Hjaðninga-veðr eða él ok vápn Hjaðninga eldr[7] eða vendir, en saga er til þess. Konungr sá, er Hǫgni er nefndr, átti dóttur, er Hildr hét; hana tók at herfangi konungr sá, er Heðinn hét Hjarrandason; þá var Hǫgni konungr farinn í konunga-stefnu. En er hann spurði, at herjat var í ríki hans ok dóttir hans var í braut tekin, þá fór hann með sínu liði at leita Heðins ok spurði til hans, at hann[8] fór[8] norðr með landi. Þá er Hǫgni konungr kom í Nóreg, spurði hann, at Heðinn hafði siglt vestr of haf. Þá siglir Hǫgni eptir honum alt til Orkneyja, ok er hann kom þar, sem heitir Háey, þá var þar fyrir Heðinn með lið sitt. Þá fór Hildr á fund fǫður síns ok bauð honum men at[9] sætt af hendi Heðins, en í ǫðru orði sagði hon, at Heðinn væri búinn at berjask ok ætti Hǫgni af honum

---

[1] Sål. 748, U; bozt, W; bezt, R, T. [2] skaut, R. [3] hagls, R. [4] Sål. T; -und- de øvr. [5] Sål. 748 (-ur), hlo- de øvr. [6] qvoþut, R. [7] Sål. U, W, T, 748; eldar, R, og U (i k. 96). [8] Sål. U, T, W; Heðinn hafði siglt, R. [9] Mgl. R; men at, mgl. de øvr.

engrar vægðar ván. Hǫgni svarar stirt dóttur sinni, en er hon hitti Heðin, sagði hon honum, at Hǫgni vildi enga sætt, ok bað hann búask til orrostu; ok svá gera þeir hvárirtveggju, ganga upp á eyna ok fylkja liðinu. Þá kallar Heðinn á Hǫgna mág sinn ok bauð honum sætt ok mikit gull at bótum. Þá svarar Hǫgni: »of síð bauttu þetta, ef þú vill sættask, þvíat nú hefi ek dregit Dáinsleif, er dvergarnir gerðu, er mannz-bani skal verða, hvert sinn er bert er, ok aldri bilar í hǫggvi, ok ekki sár grœr, ef þar skeinisk af«. Þá segir Heðinn: »sverði hœlir þú þar, en eigi sigri; þat kallak[1] gott hvert, er dróttinhollt er«. Þá hófu þeir orrostu þá, er Hjaðninga-víg er kallat, ok bǫrðusk þann dag allan; ok at kveldi fóru konungar til skipa. En Hildr gekk of nóttina til valsins ok vakði upp með fjǫlkyngi alla þá, er dauðir váru. Ok annan dag gengu konungarnir á vígvǫllinn ok bǫrðusk ok svá allir þeir, er fellu enn fyrra daginn. Fór svá sú orrosta hvern dag eptir annan, at allir, þeir er fellu, ok ǫll vápn, þau er lágu á vígvelli, ok svá hlífar, urðu at grjóti; en er dagaði, stóðu upp allir dauðir menn ok bǫrðusk, ok ǫll vápn váru þá nýt. Svá er sagt í kvæðum, at Hjaðningar skolu svá bíða ragna-røkrs. Eptir þessi sǫgu orti Bragi skáld í Ragnars drápu loðbrókar[2]. — Orrosta er veðr Óðins, sem fyrr er ritat; svá kvað Víga-Glúmr:

180. Rudda ek sem jarlar (með veðrstǫfum Viðris
(orð lék[3] á því) forðum vandar) mér til landa[4].

Viðris veðr er hér kallat orrosta, en vǫndr vígs sverðit, en menn stafir sverðzins; hér er bæði orrosta ok vápn haft til kenningar mannzins. Þat er rekit kallat, er svá[5] er[5] ort. Skjǫldr er land vápnanna, en vápn er hagl eða regn þess landz, ef nýgǫrvingum er ort.

48 (51). Hvernig skal kenna skip? — Svá, at kalla

[1] Sål. T. [2] Herefter R, W, T et afsnit af digtet, se Tillæg. [3] ler, R. [4] Sål. W, 748, handa U, R, T. [5] Mgl. R.

hest eða dýr eða skíð sækonunga eða sævar eða skipreiða eða veðrs. Báru fákr, sem Hornklofi kvað:

181. Hrjóðr lét hæstrar tíðar bǫru fáks ens bleika
harðráðr skipa bǫrðum barnungr á lǫg þrungit.

Geitis marr[1], sem[2] kvað Erringar-Steinn:

182. En þótt ófrið[3] sunnan hlǫðum Geitis mar grjóti
ǫll[4] þjóð segi[5] skaldi, (glaðir nennum vér) þenna.

Sveiða hreinar:

183. Súðlǫngum komt Sveiða[6] sigrakkr, Sǫlsa bekkjar,
(sunds liðu dýr frá grundu), Sveins mǫgr, á trǫð hreinum.

Svá kvað Hallvarðr; hér er ok kǫlluð sundz dýr ok særinn Sǫlsa bekkr. — Svá kvað Þórðr Sjáreksson[7]:

184. Sveggja lét fyr Siggju en slóðgoti síðan
sólborðs goti norðan; sæðings fyr skut bæði,
gustr skaut Gylfa rastar hestr óð lauks fyr Lista,
4 glaumi suðr fyr Aumar; 8 lagði Kǫrmt ok Agðir.

Hér er skip kallat sólborðz-hestr ok sær Gylfa land, sæðings-slóð særinn ok hestr skipit, ok enn lauks hestr; laukr heitir siglu-tré. — Ok enn sem Markús kvað:

185. Fjarðlinna óð fannir bjǫrn gekk framm á fornar
fast vetrliði rastar; flóðs hafskíða slóðir;
hljóp of húna[8]-gnípur skúrǫrðigr braut skorðu
4 hvals rann[9]-íugtanni; 8 skers glymfjǫtur bersi.

Hér er skip kallat bjǫrn rasta; bjǫrn heitir vetrliði ok íugtanni ok bersi, ok bjǫrn skorðu er hér kallat. Skip er ok kallat hreinn; svá kvað Hallvarðr, sem áðr er ritat; ok hjǫrtr, sem kvað Haraldr konungr Sigurðarson:

186. Sneið fyr Sikiley víða brýnt skreið vel til vánar[10]
súð, vǫrum þá prúðir; vengis hjǫrtr und drengjum.

---

[1] hest(r), tf. R, T. [2] Svá, R. [3] Sål. U, 748; ófriðr, R, T, W. [4] Sål. alle. [5] Sål. U, 748; segir þat, R; segir T, W. [6] Sveita, R. [7] Siarraks-, R. [8] Sål. W; hvíta- R, 748, hvítar T. [9] þann, R; landz 748; mgl. W, T. [10] varnar, R.

Ok elgr, sem Einarr kvað:

187. Baugs, getr með þér þeygi, (elg búum flóðs) nema fylgi,
þýðr, drengr vesa lengi friðstøkkvir, því nøkkvat[1].

[Ok otr[2]], sem Máni kvað:

188. Hvat muntu hafs á otri[3], karl, þvít kraptr þinn fǫrlask,
hengiligr, með drengjum, kinngrár, mega vinna.

Vargr, sem kvað Refr:

189. En hoddvǫnuðr hlýddi, hollr til hermðar-spjalla
hlunnvitnis emk runni heinvandils[4], Þorsteini.

Ok oxi. — Skip er ok kallat skíð eða vagn eða reið. Svá kvað Eyjólfr dáðaskáld:

190. Meita fór[5] at móti ungr með jǫfnu gengi
mjǫk síð of[6] dag skíði útvers frǫmum hersi.

Svá kvað Styrkárr Oddason:

191. Ok ept ítrum støkkvi[7] hlunns á Heita[8] fannir
ók Hǫgna lið vǫgnum hyrjar flóðs af móði.

Ok sem Þorbjǫrn kvað:

192. Hafreiðar vas hlœðir Hvíta-Krists sás hæsta
hlunns í skírnar brunni, hoddsviptir fekk giptu.

49 (52). Hvernig skal Krist kenna? — Svá, at kalla hann skapara himins ok jarðar, engla ok sólar, stýranda heims ok himinríkis ok engla, konung himna ok sólar ok engla ok Jórsala ok Jórdánar ok Gríklandz, ráðandi postola ok heilagra manna. Forn skáld hafa kent hann við Urðarbrunn ok Róm, sem kvað Eilífr Guðrúnarson:

193. Setbergs, kveða sitja svá hefr ramr konungr
sunnr[9] at Urðarbrunni, remðan
Róms banda sik lǫndum.

Svá kvað Skapti Þóroddsson:

194. Máttr es munka dróttins Kristr skóp ríkr ok reisti
mestr, aflar goð flestu; Rúms hǫll verǫld alla.

---

[1] nockut U; nakkva R, W, T; fork. 748. [2] Mgl alle. [3] Sål. W, 748, T; akri R(?), U. [4] Sål J Þork. Arkiv VI, 101 (der dog vil læse vaðils), vandil, alle. [5] var, R. [6] Sål. T. [7] Mgl. R. [8] Sål. U, háfar, 748; Heiða, R, T, W. [9] suðr, alle.

Himna konungr, sem Markús kvað:

195. Gramr skóp grund ok himna
glyggranns, sem her dyggvan,
einn stillir má ǫllu
aldar Kristr of valda.

Svá kvað Eilífr kúlnasveinn:

196. Hróts lýtr helgum krúzi
heims ferð ok lið beima;
sǫnn es en ǫll dýrð ǫnnur
einn[1] sólkonungr hreinni[1].

Máríu sonr, enn sem Eilífr kvað:

197. Hirð lýtr himna dýrðar
hrein Máríu sveini;
mátt viðr mildingr[2] dróttar
(maðr es hann ok goð) sannan.

Engla konungr, enn sem Eilífr kvað:

198. Máttr es, en menn of hyggi,
mætr goðs vinar[3] betri;
þó es engla gramr ǫllu
ǫrr helgari ok dýrri.

Jórdánar konungr, sem[4] kvað Sigvatr:

199. Endr réð engla senda
Jórdánar gramr[5] fjóra,
fors þó heims[6] á hersi
heilagt skopt, ór lopti.

Grikkja konungr, sem Arnórr kvað:

200. Bœnir hefk fyr beini
bragna falls við snjallan
Grikkja vǫrð ok Garða;
gjǫf launak[7] svá jǫfri.

Svá kvað Eilífr kúlnasveinn:

201. Himins dýrð lofar hǫlða (hann es alls konungr) stilli.

Hér kallaði hann fyrst Krist konung manna, ok annat sinn allz konung. Enn kvað Einarr Skúlason:

202. Lét, sás landfolks gætir,
líknbjartr[8] himinríki
umbgeypnandi opna
alls heims fyr gram snjǫllum.

50 (53). Þar koma saman kenningar, ok[9] verðr sá at skilja af stǫð, er ræðr skáldskapinn, um hvárn kveðit er

---

[1] Sål. U, 748; ein Maríu sveini R, W, T (einn, T). [2] Sål. U, 748; -ing, de øvr. [3] Sål. W, T, 748; vinum U; -sonar, R. [4] Sål. U, T, 748, svá, R, W. [5] gram, R. [6] Sål. udg.; hans, U, 748; hann, R, W, T. [7] launat, R, T. [8] lík-, R, W, T. [9] var, tf. R.

konunginn, þvíat rétt er at kalla Miklagarðz-keisara Grikkja-konung, ok svá þann konung, er ræðr Jórsala-landi, at kalla Jórsala-konung; svá ok at kalla Róms-konung Rómaborgar-keisara eða Engla-konung þann, er Englandi ræðr. En sú kenning, er áðr var rituð, at kalla Krist konung manna, þá kenning má eiga hverr konungr. Konunga alla er rétt at kenna svá, at kalla þá landráðendr eða landz-vǫrðu eða landz-sœki eða hirðstjóra eða vǫrð landfólks. Svá kvað Eyvindr skáldaspillir:

203. Farmatýs jarðráðendr
fjǫrvi næmðu á Ǫglói.

Ok sem Glúmr kvað Geirason:

204. Hilmir rauð und hjalmi þar varð í gný geira
heina laut á[1] Gautum; grundar vǫrðr of fundinn.

Sem Þjóðólfr kvað:

205. Hǫr skyli hirðar[2] stjóri arf ok óðaltorfu,
hugreifr sonum leifa ósk mín es þat, sína.

Sem Einarr kvað:

206. Snáks berr fald of frœknu[3], frama telr greppr fyr gumnum)
folkvǫrðr[4] (konungs Hǫrða geðsnjallr skarar fjalli.

Rétt er ok um þann konung, er undir honum eru skatt-konungar, at kalla hann konung konunga. Keisari er œztr konunga, en þar næst er konungr sá, er ræðr fyrir þjóð-landi, jafn í kenningum ǫllum hverr við annan í skáldskap. Þar næst eru þeir menn, er jarlar heita eða skattkonungar, ok eru þeir jafnir í kenningum við konung, nema eigi má þá kalla þjóðkonunga, er skattkonungar eru; ok svá kvað Arnórr jarlaskáld of Þorfinn jarl:

207. Nemi drótt, hvé sæ[5] sótti eigi þraut við ægi
snarlyndr konungr jarla; ofvægjan gram bægja.

---

[1] Sál. U, W, T; und, R. [2] hildar, R. [3] Sál. U; fræknum R, T, W. [4] Sál. U, W, T; fold- R. [5] sjá R, W, T.

Þar næst eru í kenningum í skáldskap þeir menn, er hersar heita; kenna má þá sem konung eða jarl, svá at kalla þá gullbrjóta ok auðmildinga ok merkis-menn ok fólks-stjóra, eða kalla hann oddvita liðsins eða orrostu, fyrir því at þjóðkonungr hverr, sá er ræðr mǫrgum lǫndum, þá setr hann til landstjórnar með sér skattkonunga ok jarla at dœma landzlǫg ok verja land fyrir ófriði í þeim lǫndum, er konungi liggja fjarri, ok skolu þeir dómar ok refsingar vera þar jafnréttir sem sjálfs konungs. En[1] í einu landi eru mǫrg heruð ok er þat háttr konunga at setja þar réttara yfir svá mǫrg heruð, sem hann gefr til[2] valdz[2], ok heita þeir hersar eða lendir menn í danskri tungu, en greifar í Saxlandi, en barúnar í Englandi; þeir skolu ok vera réttir dómarar ok réttir landvarnar-menn yfir því ríki, er þeim er fengit til stjórnar. Ef eigi er konungr nær, þá skal fyrir þeim merki bera í orrostum, ok eru þeir þá jafnréttir herstjórar sem konungar eða jarlar. Þar næst eru þeir menn, er hǫlðar heita; þat eru búendr þeir, er gildir eru at[3] ættum ok réttum fullum. Þá má svá kenna, at kalla þá veitanda fjár ok gætanda ok sætti manna; þessar kenningar megu ok eiga hǫfðingjar Konungar ok jarlar hafa til fylgðar með sér þá menn, er hirðmenn heita ok húskarlar, en lendir menn hafa ok sér handgengna menn, þá er í Danmǫrku ok Svíþjóð eru hirðmenn kallaðir, en í Nóregi húskarlar, ok sverja þeir þó eiða svá sem hirðmenn konungum. Húskarlar konunga váru mjǫk hirðmenn kallaðir í forneskju; svá kvað Þorvaldr blǫnduskáld:

208. Konungr heill ok svá snjallir[4] sóknǫrr (við lof gǫrvan óð hafa menn í munni mínn) húskarlar þínir.

Þetta orti Haraldr konungr Sigurðarson:

209. Fullafli bíðr[5] fyllar (finnk opt at drífr minna) hilmis stóls (á hæla) (húskarla lið jarli).

[1] Ok, R. [2] Sål. U, W, T; vald yfir, R. [3] Sål. U, W, T; af, R. [4] Snjallr, R. [5] Sål. U, beið, de øvr.

Hirðmenn ok húskarla hǫfðingja má svá kenna, at kalla þá inndrótt eða verðung eða heiðmenn[1]; svá kvað Sigvatr:

210. Þat frák víg á vatni
verðung jǫfurs gerðu,
nadda él en[2], nýla,
næst telk eng[3] en[3] smæstu.

Ok enn þetta:

211. Þági vas, sem, þessum
þengils á jó strengjar,
mjǫð, fyr malma kveðju,
mær heiðþegum bæri.

Heiðfé heitir máli ok gjǫf, er hǫfðingjar gefa; svá kvað Óttarr svarti:

212. Góðmennis þarfk Gunnar
glóðbrjótanda at njóta;
hér es alnennin inni
inndrótt með gram svinnum.

Jarlar ok hersar ok hirðmenn eru[4] svá kendir[5], kallaðir konungs rúnar eða málar eða sessar; svá kvað Hallfrøðr:

213. Grams rúni lætr glymja
gunnríkr, hinn 's hvǫt líkar,
Hǫgna hamri slegnar
heiptbráðr of sik váðir.

Sem Snæbjǫrn kvað:

214. Stjórviðjar lætr styðja
stáls buðlunga máli
hlemmisverð við harðri
húflangan skæ[6] dúfu.

Svá kvað Arnórr:

215. Bera sýn[7] of[8] mik mínir
morðkends taka enda
þess of þengils sessa
þung mein synir ungir.

Konungs spjalli, sem Hallfrøðr kvað:

216. Rǫ́ð lukusk, at sá, síðan,
snjallráðr[9] konungs spjalli
átti einga-dóttur
Ónars viði gróna.

Svá skal menn kenna við ættir[10]; sem Kormákr kvað:

217. Heyri sonr á, Sýrar,
sannreynis, fentanna
ǫrr greppa lætk[11] uppi
jastrín, Haralds, mína.

Hann kallaði jarlinn sannreyni konungsins, en Hákon jarl son Sigurðar jarls. En Þjóðólfr kvað svá um Harald:

---

[1] hirð-, R. [2] at, R. [3] Sál. U; engin, R; eigin, T; æigi hin, W. [4] er, R. [5] at, tf. R, W. [6] Sál. U, T; sæ, W; ser, R. [7] Sál. U; sín, de øvr. [8] Sál. U; en, R, W, T. [9] Sál. U; -mæltr, de øvr.; jfr. ovf. s. 92. [10] Sál. U, W, T; ætt, R. [11] lætr, R, T, U.

218. Vex Áláfs feðr | harðræðit hvert,
járnsaxa veðr, | svát hróðrs es vert.

Ok enn svá:

219. Jarizleifr of sá, | hófsk hlýri frams
hvert jǫfri brá; | ens helga grams.

Ok enn kvað hann:

220. Andaðr es sá, | haukstalla konr,
es of alla brá, | Haralds bróður-sonr.

Enn kvað svá Arnórr í Rǫgnvaldzdrápu:

221. Réð Heita konr hleyti[1] | styrk lét oss of orkat
herþarfr við mik gǫrva; | jarls mægð af því frægðar.

Ok enn kvað[2] hann[2] of Þorfinn jarl:

222. Bitu sverð, en þar | Rǫgnvalds kind, und randir
þurðu[3], | ramlig folk, ens gamla.
þunngǫr fyr Mǫn sunnan

Ok enn kvað hann:

223. Ættbœti firr[4] ítran | trúra tyggja dýrum,
allríks, en ek bið líkna | Torf-Einars goð meinum.

Ok enn kvað Einarr skálaglamm:

224. Né ættstuðill[5] ættar | (skyldr emk hróðri at halda)
ógnherði[6] mun verða | Hilditanns in mildri[7].

51 (54). Hvernig er ókend setning skáldskapar? — Svá, at nefna hvern hlut sem heitir. — Hver eru ókend nǫfn[8] skáldskaparins? — Hann heitir bragr ok hróðr, óðr, mærð, lof. Þetta kvað Bragi enn gamli, þá er hann ók um skóg nǫkkurn síð um kveld, — þá stefjaði trǫllkona á hann, ok spurði, hverr þar fór[9]; hann svaraði svá:

---

[1] Sål. U; hlæ-, W; hlò-, T; hljó-, R. [2] Sål. U, W, T; sem hann kvað, R. [3] Sål. W, T; þurði, U; þurðir, R. [4] Sål. U; fiðr, R, T, W. [5] átt-, W. [6] Sål. U; -herðir, R, W, T. [7] Sål. U, T; mildi, R, W. [8] Sål. U, T, 748; heiti, R. [9] Her tf. R, (1ep) følgende: Trǫll kalla mik | tungl sjǫtrungnis | auðsug jǫtuns | élsólar bǫl | vílsinn vǫlu | vǫrð nafjarðar | hvélsvelg himins | hvat er trǫll nema þat?

225. Skǫld kalla mik
skapsmið Viðurs,
Gauts gjafrǫtuð,
4 grepp óhneppan,
Yggs ǫlbera,
Óðs skapmóða,
hagsmið bragar —
8 hvat es skald nema þat?

Ok sem Kormákr kvað:

226. Hróðr gerik of mǫg mæran
meir Sigrøðar fleira;
haptsœnis geld[1] ek hǫnum
heið. *Sitr Þórr í reiðu*[2].

Ok sem kvað Þórðr Kolbeinsson:

227. Mjǫk lét margar snekkjur
(mærðar ǫrr) sem knǫrru
(óðr vex skalds) ok[3] skeiðar[3]
skjaldhlynr á brim dynja.

Mærð, sem Úlfr Uggason kvað:

228. Þar kømr ǫ, en æri
endr bark mærð af hendi
(ofrak svá) til sævar,
sverðregns (lofi þegna).

Hér er ok lof kallat skáldskapr[4].

52 (55). Hvernig eru nǫfn goðanna? — Þau heita[5] bǫnd, sem kvað Eyjólfr[6] dáðaskáld:

229. Dregr land at mun banda
Eiríkr und sik geira
veðrmildr ok semr hildi.

Ok hǫpt, sem kvað Þjóðólfr enn hvinverski:

230. Tormiðlaðr vas tívum[7]
tálhreinn meðal beina;
hvat kvað[8] hapta snytrir[9]
hjalmfaldinn því valda.

Rǫgn, sem Einarr kvað skálaglamm:

231. Rammaukin kveðk ríki
rǫgn Hǫkunar magna.

Jólnar, sem Eyvindr kvað:

232. Jólna sumbl
enn vér gǫtum,
stillis lof,
sem steina brú.

---

[1] Sál. U; galt, R, 1eβ, T; vel, 748. [2] Sál. U, T, 748; reiðum, R, 1eβ. [3] Sál. U, 748 (skeiða, = de øvr.); at R, 1eβ. [4] U tf.: Svá kvað Ormr Steinþórsson: Ek hef orðgnótt mikla | (opt finnum þa)t minni, | framm telk leyfð fyr lofða, | ljóss en myndak kjósa. [5] ok, tf. R. [6] Eyvindr, R. [7] Sál. U; tívi, de øvr. [8] kvað þv, U, 1eβ; kveðu, R, T, 748. [9] snyrtir, R.

Díar, sem Kormákr kvað:

233. Eykr með ennidúki breyti, hún[2] sás, beinan,
jarðhljótr[1] día fjarðar bindr. *Seið Yggr til Rindar.*

53 (56). Þessi nǫfn himins eru rituð, en eigi hǫfum vér fundit í kvæðum ǫll þessi heiti; en þessi skáldskapar-heiti sem ǫnnur þykki mér óskylt at hafa í skáldskap, nema áðr finni hann í verka hǫfuðskálda þvílík heiti: himinn, hlýrnir, heiðþornir, hreggmímir, andlangr, ljósfari, drífandi, skatyrnir, víðfeðmir, vetmímir, leiptr, hrjóðr, víðbláinn. — Sól: sunna, rǫðull, eygló̧a, alskír, sýni, fagra-hvél, líknskin, Dvalins-leika, álfrǫðull, ifrǫðull, mylin. — Tungl: máni, ný, nið, ártali, mulinn, fengari, glámr, skyndir, skjálgr, skrámr[3].

54 (57). Hver[4] eru jarðar heiti? — Hon heitir[4] jǫrð, sem Þjóðólfr kvað:

234. Ǫrr[5] lætr odda skúrar hrings, áðr hann of þryngvi,
opt herðir gǫr verða hǫrð él, und sik jǫrðu.

Fold, sem Óttarr kvað:

235. Fold verr folkbaldr ǫrnu reifir Áleifr,
(fár má konungr svá) es framr Svía gramr.

Grund, sem Hallvarðr[6] kvað:

236. Grund liggr und bǫr (heinlands hoddum grandar
bundin Hǫðr) eitrsvǫlum naðri.
breið holmfjǫturs leiðar

Hauðr, sem Einarr kvað:

237. Verja hauðr með hjǫrvi hjalmr springr opt fyr ǫlmri
hart dǫglinga[7] bjartra[8], egghríð, framir seggir.

Land, sem Þórðr Kolbeinsson kvað:

238. En ept víg frá[9] Veigu land eða lengra stundu
(vant es orð at styr) lagðisk suðr til Agða.
norðan

---

[1] Sål. K. G.; -hlutr, alle. [2] Sål. 748; hunn, U; huns, T, R, 1e*þ*. [3] skamr, R [4] Hver—heitir, sål. 748, mgl. R, T, 1e*þ*. [5] Sål. G. Pálsson;), R, 748, T; jarl, 1e*þ*. [6] Sål. 748, T; Haraldr, R, 1e*þ*. [7] Sål. R; -ingar, de øvr. [8] Sål. Rask; bjartir, alle. [9] fram, R.

Láð, sem Óttarr kvað:

239. Heltu, þars hrafn né svalta,
(hvatráðr estu) láði
ógnar stafr, fyr jǫfrum,
ýgr, tveimr, við kyn beima.

Hlǫðyn, sem kvað Vǫlu-Steinn:

240. Mank, þats jǫrð við orða
endr myrk Danar sendi[1]
grœnnar grǫfnum munni
gein Hlǫðynjar beina.

Frón, sem Úlfr kvað Uggason:

241. En stirðþinull starði
storðar leggs fyr borði
fróns á folka reyni
fránleitr ok blés eitri.

Fjǫrgyn, sem[2] hér er kveðit[2]:

242. Ǫrgildi[3] vask (Eldis)[3]
áls Fjǫrgynjar (mála)
dyggr (sé heiðr ok »hreggi«)
hrynbeðs (áar steðja).

55 (58). Vargr heitir dýr; þat er rétt at kenna við blóð eða hræ svá, at kalla verð hans eða drykk; eigi er rétt at kenna svá við fleiri dýr. Vargr heitir ok úlfr, sem Þjóðólfr kvað:

243. Gera vas gisting byrjuð[4]
gnóg, en ulf[5] ór skógi
sonr á sǫr at spenja
Sigorðar[6] kom norðan.

Hér er hann ok geri kallaðr. — Freki, sem Egill kvað:

244. Þás oddbreki,
sleit und freki,
gnúði hrafni
á hǫfuðstafni.

Vitnir, sem Einarr kvað:

245. Elfr varð unda gjalfri
eitrkǫld roðin heitu,
vitnis fell með vatni
varmt[7] ǫlðr í men Karmtar.

Ylgr, sem Arnórr kvað:

246. Svalg áttbogi ylgjar
ógóðr, en varð[8] blóði
grœðir grœnn at rauðum,
grandauknum ná, blandinn.

Vargr, sem Illugi kvað:

---

[1] Sål. K. G.; sendu(-a), alle. [2] Sål. 748; sætn. mgl. de øvr. [3] Sål. udg.; gildis . . . eldi (alldri, 1eβ), alle. [4] Sål. U, 1eβ; mgl. de øvr. [5] Sål. K. G; ulfr, alle. [6] -urð-, alle. [7] vart, R. [8] Sål. 748, 757; var, de øvr.

247. Vargs vas munr, þats
margan
(menskerðir stakk sverði
myrkaurriða markar)
minn dróttinn rak flótta[1].

Svá kvað Hallr[2]:

248. Heiðingja sleit hungri,
hárr gylðir naut sára,
granar rauð gramr á fenri,
gekk ulfr í ben[3] drekka.

Ok enn, sem Þórðr kvað:

249. Óð, en œrnu náði
íms sveit freka hveiti,
(gera ǫlðra naut gylðir)
gjalpar stóð í blóði.

Bjǫrn[4] heitir[5] fetvíðnir, húnn, vetrliði, bersi, fress, íugtanni, ifjungr, glúmr, jǫlfuðr, vilskarpr, bera, jórekr, riti, frekr, blómr, ysjungr. — Hjǫrtr heitir[6]: móðrǫðnir, dalarr, dalr, dáinn, dvalinn, duneyrr, duraþrór. — Þessi eru hesta heiti talið[7] í Þorgrímsþulu:

250. Hrafn ok Sleipnir,
hestar ágætir,
Valr ok Léttfeti,
4 vas þar Tjaldari,
Gulltopr ok Goti,
getit heyrðak Sóta,
7 Mór ok Lungr með Mari.

251. Vigg ok Stúfr
vas með Skævaði,
3 Þegn knátti Blakkr bera,
Silfrtopr ok Sinir[8],
svá heyrðak Fáks of getit,
6 Gullfaxi ok Jór með goðum.

252. Blóðughófi hét hestr,
es[9] bera kvǫ́ðu
3 ǫflgan Atriða;
Gísl ok Falhófnir[10],
Glær ok Skeiðbrimir,
6 þar vas ok Gyllis[11] of getit[11].

Þessir ró enn talðir í Kálfsvísu[12]:

253. Dagr reið Drǫsli,
en Dvalinn Móðni,
Hjalmþér Háfeta[13],
4 en Haki Fáki,

---

[1] Her indskyder R, T, 1eβ björne- og hjorte-navne. [2] Sål. 757; þetta er enn vargs heiti s. H. kv., R, 1eβ, T, 748 heiðingi, sem hér segir, U. [3] Sål. U, 1eβ; fen, de øvr. [4] Findes her i U; står lidt för i R, T, 1eβ; mgl. 748, 757. [5] Sål. T, 1eβ; mgl. de øvr. [6] Sål. 1eβ; mgl. de øvr. [7] þessi eru hesta-heiti, tf. R; þessir eru hestar talðir, tf. T. [8] Syn-, R, 1eβ. [9] ok, R. [10] Sål. T, U = 748 (-ofnir); -iafnir, R, 1eβ. [11] Sål. U, T, 748, 1eβ; gullir . . . getinn, R. [12] Sål. 748; Alsvinnsmálum, R, T, 1eβ. [13] Sål. 748; ha, T (foran); hauð, U; mgl. R.

reið bani Belja
Blóðughófa,
en Skævaði
8 skati Haddingja.

254. Vésteinn Vali,
en Vivill Stúfi,
Meinþjófr Mói,
4 en Morginn Vakri,
Áli Hrafni,
es[1] til íss riðu,
en annarr austr
8 und Aðilsi
grár hvarfaði,
geiri undaðr.

255. Bjǫrn reið Blakki,
en Bíarr Kerti,
Atli Glaumi,
4 en Aðils Sløngvi[2],
Hǫgni Hǫlkvi,
en Haraldr Fǫlkvi,
Gunnarr Gota,
8 en Grana Sigurðr.

Árvakr ok Alsviðr draga sólina, sem fyrr er ritat; Hrímfaxi eða Fjǫrsvartnir[3] draga nóttina, Skinfaxi eða Glaðr fylgja[4] deginum[4]. Þessi øxna-heiti eru í Þorgrímsþulu:

256. Gamalla øxna nǫfn
hefk gǫrla[5] fregit[5]
3 þeira Rauðs ok Hœfis,
Rekinn ok Hýrr[6],
Himinhrjóðr[7] ok Apli,
6 Arfr ok Arfuni.

Þessi eru orma-heiti: dreki, Fáfnir, jǫrmungandr, naðr, Níðhǫggr, linnr, naðra, Góinn, Móinn, Grafvitnir, Grábakr, Ófnir, Sváfnir, grímr. — Naut: kýr, kálfr, yxni, kvíga, vetrungr, griðungr, boli. — Sauðr: hrútr, bekri, ær, lamb, veðr. — Svín: sýr, gylta, runi, gǫltr, gríss.

56 (59). Hver eru heiti lopts ok veðranna? — Lopt heitir ginnunga[8]-gap ok meðalheimr, foglheimr, veðrheimr[9]. — Veðr heitir hregg, byrr, glygg, hret, gjósta, vindr. Svá segir í Alsvinnzmálum:

257. Vindr heitir með
mǫnnum,
en vǫnsuðr[10] með goðum,
3 kalla gneggjuð ginnregin,
œpi[11] jǫtnar,

---

[1] Sål. 748; en U; mgl. de øvr. [2] Sål. 1eβ; slungni, de øvr. [3] svat-, R. [4] Sål. 1eβ; mgl. R, T. [5] Sål. U, T; gǫrla talit, 1eβ; gerþa, R. [6] Sål. T; hlyrr, U; kyrr, R, 1eβ. [7] Sål. U, 1eβ; -inshrjótr, R, T. [8] gunn-, R. [9] veið-, R. [10] Sål. 748, T; -undr, R; vofuðr, 1eβ. [11] kalla, tf. R, T.

en alfar gnýfara,
6 heitir í helju hlǫmmuðr.

Veðr heitir ok gustr.

57 (60). Tveir eru fuglar þeir, er eigi þarf at kenna annan veg en kalla blóð eða hræ drykk þeira eða verð; þat er hrafn ok ǫrn; alla aðra fugla karlkenda má kenna við blóð eða hræ, ok er þat þá nafn ǫrn eða hrafn, sem Þjóðólfr kvað:

258. Blóðorra lætr barri
bragningr ara fagna;
Gauts berr sigð á sveita
4 svans ǫrð konungr Hǫrða;
geirs oddum lætr greddir
grunn hvert stika sunnar
hirð, þats hann skal varða,
8 hrægamms ara sævar.

Þessi eru nǫfn hrafns: krákr, Huginn, Muninn, borginmóði, árflognir, ártali, holdboði. Svá kvað Einarr skálaglamm:

259. Fjallvǫnðum gaf fylli,
fullr varð (en spjǫr gullu)
herstefnandi hrǫfnum,
hrafn á ylgjar tafni.

Svá kvað Einarr Skúlason:

260. Dolgskára kná dýrum
dýrr magnandi[1] stýra
(Hugins fermu bregðr harmi
harmr) bliksólar garmi.

Ok enn sem hann kvað:

261. En við hjaldr, þars hǫlðar[2],
hugþrútit svellr, lúta,
(Muninn drekkr blóð ór benjum
blásvartr) konungs hjarta.

Sem kvað Víga-Glúmr:

262. Þás dynfúsir[3] dísar[3]
dreyra mens[4] á eyri
(brǭð fekk borginmóði
blóðs[5]) skjaldaðir stóðum.

Sem Skúli kvað Þorsteinsson:

263. Myndit øfst, þars undir
árflogni gafk sárar,
Hlǫkk í hundraðs-flokki
Hvítinga mik líta.

Ǫrn heitir svá: ari, gemlir, hreggskornir, egðir, ginnarr, undskornir, gallópnir[6]. Sem Einarr kvað:

---

[1] Magnaþı, R, 1eβ. [2] havlda, R. [3] Sål. K. G.; -fúsar dísir, alle. [4] sals, 1eβ; rettest: svells. [5] Sål. 748, 757, T; blóð- de øvr. [6] Sål. 748, T, -ofn-, de øvr.

264. Sámleitum rauð sveita
(sleit ǫrn gera[1] beitu[2]),
fekksk arnar matr jǫ́rnum,
Járnsǫxu grǫn faxa[3].

Sem Óttarr kvað:

265. Ǫrn drekkr, undarn
ylgr fær, af[4] hræum[5] sylg,
(opt rýðr ulfr kjǫpt)
ari getr verð þar.

Sem Þjóðólfr kvað:

266. Segjǫndum fló sagna
snótar ulfr[6] at móti
í gemlis ham gǫmlum
glamma ó fyr skǫmmu.

Ok sem hér er:

267. Hreggskornis vilk handa
háleitan mjǫð vanda.

Ok enn sem Skúli kvað:

268. Vakik þats[7] val[8] heltk[8] ekka
víðis ár[9] ok síðan
(greppr hlýðir þá góðu)
gallópnis[10] vel (spjalli).

58 (61). Hver ró sævar heiti? — Hann heitir: marr, ægir, gymir, hlér, haf, leið, ver, salt[11], lǫgr, grœðir. Sem Arnórr kvað ok fyrr var ritat:

269. Nemi drótt, hvé[12] sæ sótti[13]
snarlyndr konungr jarla;
eigi þraut við ægi
óvæginn gram[14] bægja.

Hér er nefndr sær ok svá ægir. — Marr, sem Hornklofi kvað:

270. Þás út á mar mœtir[15]
mannskœðr lagar[16] tanna[16]
rœsinaðr til[17] rausnar
rak vébrautar nǫkkva.

Lǫgr er ok hér nefndr. — Svá kvað Einarr:

271. Lǫgr þvær[18] flaust, en fagrir,
(flóðs vaskar brim glóðum)
þars sær á hlið hvára
hlymr, veðrvitar glymja.

---

[1] gróa (?), R. [2] Rettet i R. [3] foxu, R, 1eβ. [4] at, R. [5] Sål. 748, T; hræm, R, 1eβ; hræi, 757. [6] ylgr, R. [7] Sål. R, 748; þar er, de øvr. [8] Sål. udg.; vel hellz, 1eβ; velleız, R, T, 748; vellis, U; vel lézt, 757. [9] áþr, alle. [10] ofnis, U, 757; med p de øvr. [11] sem arna, tf. R. [12] Mgl. R. [13] sveiti, R. [14] fram, R. [15] Sål. 748, meita, R, T, 1eβ. [16] Sål. 748, 1eβ (laðar), T; laþ' ranna, R. [17] Sål. alle; mgl. T. [18] Sål. 748, T; er, R, 1eβ.

Hér er ok[1] flóð kallat. — Svá kvað Refr, sem fyrr var ritat:

272. Fœrir[2] bjǫrn, þars bára
brestr, undinna festa
opt í Ægis kjapta
úrsvǫl[3] Gymis vǫlva.

Haf, sem Hallvarðr kvað:

273. Vestr lézt í haf, hristir[4],
harðviggs, sikulgjarðar[5],
umbands allra landa,
íss, framstafni vísat.

Leið, sem hér er:

274. Erum á leið frá láði
liðnir[6] Finnum skriðnu;
austr sék fjǫll af flausta
ferli geisla merluð.

Ver[7], sem Egill kvað:

275. Vestr fórk[8] of ver,
en ek Viðris ber
munstrandar mar
svá 's mitt of far.

Marr, sem Einarr kvað:

276. Kaldr þvær marr und mildum
mart dœgr viðu svarta,
grefr élsnúin, jǫfri,
almsorg Manar þjalma.

Salt, sem Arnórr kvað:

277. Salt skar húfi héltum
hraustr þjóðkonungr austan;
bǫru brimlogs rýri
brún veðr at Sigtúnum.

Grœðir, sem Bǫlverkr kvað:

278. Leiðangr bjótt af láði
(lǫgr gekk of skip) fǫgru,
gjalfrstóðum reist grœði
glæstum, ár et næsta.

Hér er ok gjálfr kallat særinn. — Viðir, sem kvað Refr:

279. Barðristinn nemr brjósti
borðheim[9] drasill skorðu,
(nauð þolir viðr) en víði
verpr inn of þrǫm stinnan.

Húmr, sem Brennu-Njáll kvað:

280. Senn jósum vér, svanni,
sextán, en brim vexti,
(dreif á hafskips húfa
húm) í fjórum rúmum.

---

[1] Sál. 748, 1eγ; mgl. T, R. [2] Færiz, alle undt. T(?). [3] Sál. 748, T; út-, R, 1eβ. [4] Sál. 748, T; hristum, R, 1eβ. [5] Sál. 748, T; svikul-, R, 1eβ. [6] Sál. 748, T; liðnum, R, 1eβ. [7] Efter: kvað, R. [8] Sál. 1eβ; fer, de øvr. [9] Sál. Svb. Eg. -heimr, alle.

Þessi eru enn sævar heiti, svá at rétt er at kenna til skip[1] eða gull[1]. — Rán er sagt[2] at var kona Ægis, svá sem hér er:

281. Hrauð í himin upp glóðum
hafs, gekk sær af afli;
bǫrð hykk at ský skerðu[3],
skaut Ránar vegr mána.

Dœtr þeira Ægis ok Ránar eru níu, ok eru nǫfn þeira fyrr rituð, Himinglæva, Dúfa, Blóðughadda, Hefring, Uðr, Hrǫnn, Bylgja, Drǫfn, Kólga. Einarr Skúlason talði í þessi vísu[4]:

282. Œsir hvast at hraustum Himinglæva þyt sævar[5]

vi. nǫfn þeira, [Himinglæva, Uðr, Dúfa, Blóðughadda, Kólga, Hefring][6]. Hrǫnn, sem Valgarðr kvað:

283. Lauðr vas lagt í beðja[7],
lék sollit haf golli,
en herskipum hrannir
hǫfuð ógurlig þógu.

Bylgja, sem Óttarr svarti kvað:

284. Skǫruð skǫfnu stýri,
skaut, sylgháar bylgjur,
lék við hún á hreini
hlunns, þat[8]'s drósir spunnu.

Drǫfn, sem Ormr kvað:

285. Hrosta drýgir hvern kost
hauk lúðrs gæiþrúðr,
en drafnar loga Lofn
lǫstu rækir vinfǫst.

Bára, sem Þorleikr[9] fagri kvað:

286. Sjár þýtr, en berr bára
bjart lauðr of við rauðan,
gráns þars golli búnum
ginn hlunns[10] visundr munni.

Lá, sem Einarr kvað:

287. Né framlyndir fundu
fyrr, hykkat lǫ kyrðu,
þar 's sjár, á við varra[11],
vini óra fell stórum.

Fyllr, sem Refr kvað:

288. Hrynja fjǫll á fyllar,
framm œsisk nú glamma
skeið vetrliði skíða,
skautbjǫrn Gusis nauta.

---

[1] Sål. 748; skips . . . gulls, de øvr. [2] er, tf. R. [3] Sål. T, 1eβ; skerði, 748, 757; skorði, R. [4] er fyrr var (er) ritat, tf. R, 1eβ. [5] 748, 757 har hele verset; T intet deraf. [6] Dette er vistnok et tillæg i R. [7] Sål. K. G; beði (bæði), alle (beð 748). [8] Sål. 748; þar, de øvr. [9] -leifr, R, 1eβ. [10] Sål. udg.; hlunnr, 757, hlunn-, de øvr. [11] Sål. K. G; vara, 1eβ; varu, voru, de øvr.

Boði, sem hér er:

289. Boði fell of[1] mik bráðla, bauð heim með sér geimi
þák[2] eigi lǫð lœgis.

Breki, sem Óttarr kvað:

290. Braut, en breki þaut, (meðr fengu mikit veðr)
borð, óx viðar morð, mjó fyr ofan sjó[3].

Vágr, sem Bragi kvað:

291. Vildit vrǫngum[4] ofra hinn 's mjótygil máva
vágs hyrsendir[5] ægi mœrar skar fyr Þóri.

Sund, sem Einarr kvað:

292. Skark súðum sund mín prýddisk mund
fyr sunnan Hrund; við mildings fund.

Fjǫrðr, sem Einarr kvað:

293. Næst sék orm á jastar nemi bjóðr, hvé ek fer flœðar,
ítrserki vel merkðan; fjarðbáls, of hlyn máli.

Sœgr, sem Markús kvað:

294. Sœgs munk síðr en eigi, sólar sverri málan,
(sás illr es brag spillir) slíðráls reginn, níða.

59 (62). Hver ró eldz heiti? — Svá sem hér er:

295. Eldr brennat sjá[6] sjaldan, (blása rǫnn fyr ræsi
svíðr dyggr jǫfurr byggðir, reyk) es Magnús kveykvir.

Logi, sem Valgarðr kvað:

296. Snarla skaut ór sóti, stóðu stopðir síðan,
sveyk[7] of hús ok reykir steinóðr logi glóðum.

Bál, sem hér er:

297. Haki vas brendr á báli, þars brimslóðir óðu.

Glœðr, sem Grani kvað:

298. Glœðr hykk Glamma slóðar (gramr eldi svá) feldu.

Eisa, sem Atli kvað:

---

[1] Sål. 748, 757, T; á, R, 1eβ. [2] þa er, R. [3] De to sidste linjer mgl. R, 1eβ. [4] Sål. 748; vaungum, 1eβ; orongum, 757, ravngum, R, T. [5] byr-, T, R, 1eβ. [6] Sål. 1eβ; svá, U, sá, R, 757, T, 748. [7] svék, R; sveit, 1eβ; sueik, T.

299. Øx rýðsk, eisur vaxa
allmǫrg, loga hallir,
hús brenna, gim geisar,
góðmennit fellr, blóði.

Hér er ok gim kallat eldrinn. — Eimr, sem hér er:

300. Brunnu allvalds inni,
eldr hykk at sal feldi,
(eimr skaut á her hrími)
halfgǫr við Nið sjalfa.

Hyrr, sem Arnórr kvað:

301. Eymðit ráð við Rauma
reiðr Eydana meiðir;
heit dvínuðu Heina[1];
hyrr gerði þá kyrra.

Funi[2], sem Einarr kvað:

302. Funi kyndisk fljótt[3],
en flýði skjótt
Hísingar herr,
sás hafði vèrr.

Brími, sem Valgarðr kvað:

303. Bjartr sveimaði brími,
brutu víkingar fíkjum,
vísa styrks of[4] virki
(varp sorg[5] á mey[6]) borgar.

Leygr, sem Halldórr kvað:

304. Ér knǫttuð þar þeira,
(þú vast aldrigi) skjaldar
leygr þaut of sjǫt (sigri
sviptr) gersimum skipta.

60 (63). Þessi eru nǫfn stundanna: ǫld, forðum, aldr, fyrir lǫngu, ár, misseri, vetr, sumar, vár, haust, mánoðr, vika, dagr, nótt, morginn, aptan, kveld, árla, snemma, síðla, í sinn, fyrra dag, í næst, í gær, á morgin, stund, mél[7]. — Þessi eru enn heiti nætrinnar í Alsvinnzmálum:

305. Nótt heitir með mǫnnum,
en njóla með[8] goðum[8],
kalla grímu ginnregin[9];
ósorg kalla jǫtnar,
alfar svefngaman,
dvergar draumnjǫrun.

[Frá jafndœgri er haust, til þess er sól sezk í eykðar-stað; þá er vetr til jafndœgris; þá er vár til fardaga; þá er sumar til jafndœgris. Haustmánuðr heitir enn næsti fyrir vetr, fyrstr í vetri heitir gormánuðr, þá er frørmánuðr, þá er hrútmánuðr,

---

[1] Hveina, R, T. [2] Viti, tf. R, T, 1eβ, foran dette ord. [3] ótt, R. [4] Sål. 748; or, 757; af, de øvr. [5] Herfra og til grímu (v. 305) er afrevet i R. [6] Sål. 748, 1eβ, T. [7] Sål. U, T, 748, 1eβ (ɔ: alle). [8] Sål. 748, 1eβ; í helju, U, T. [9] Linjen efter 748, 1eβ; kǫlluð er gríma með guðum, U, T; með goðum, R (jfr. ovf.).

þá er þorri, þá gói, þá einmánuðr, þá gaukmánuðr ok sáðtíð, þá eggtíð ok stekktíð, þá er sólmánuðr ok selmánuðr, þá eru heyannir, þá er kornskurðar-mánuðr][1].

61 (64). Hver eru manna heiti[2] ókend? — Maðr er hverr fyrir sér; et fyrsta ok et œzta heiti mannz, er kallaðr[3] er maðr[3] keisari, því næst konungr, þar næst jarl; þessir iii. menn eigu saman þessi heiti ǫll. Allvaldr, svá sem hér er kveðit:

306. Allvalda kannk alla — Sveins es sonr at reyna,
austr ok suðr of flausta, — setr, hverjum gram betri.

Hér er ok gramr kallaðr; því heitir hann allvaldr, at hann er einvaldi allz ríkis síns. — Fylkir, sem Gizurr kvað:

307. Fylkir gleðr í folki — Áleifr of viðr élum
flagðs[4] blakk[4] ok svan — Yggs gǫgl fegin Skǫglar.
Hlakkar

Fyrir því er fylkir kallaðr konungr, at hann skipar í fylkingar herliði sínu. — Vísi, sem kvað Óttarr svarti:

308. Vísi tekr, vígfreys, — aldar hefr allvaldr,
víst austr munlaust, — óskvíf, gótt líf.

Harri eða herra, sem kvað Arnórr:

309. Harri fekk í hverri — (greppr vill grams dýrð yppa)
Hjaltlands þrumu branda — gagn, sás hæstr[5] vas[6] bragna.

Hertogi heitir jarl, ok er konungr svá kallaðr ok, fyrir því er hann leiðir her til orrostu. Svá kvað Þjóðólfr:

310. Ok hertoga hneykir — (leyfð berk hans) ór hǫfði
herfingnum[7] lét stinga — haugs skundaði[8] augu.

Sinjór eða senjór, sem Sigvatr kvað:

311. Lát auman nú njóta, — mál halt, svá sem sælan,
Nóregs, ok gef stórum — sinjór, laga þinna.

Mildingr, sem Markús kvað:

---

[1] Dette stykke, der mgl. U, er vistnok et yngre tillæg. [2] Sål. T, 1eβ; nǫfn, R. [3] Sål. 1eβ; kallat, skr. R og mgl. er. [4] Sål. K. G.; flein-blakk, 1eβ; flakk, R, T, 757. [5] Sål. 1eβ; næstr, R, T; afrevet, 757. [6] Sål. 757; er, de øvr. [7] -feng-, alle. [8] skynd-. alle undt. T.

312. Mildingr fór of óþjóð eldi,
auðit varð þá flotnum dauða;
hæstan kynduð, hlenna þrýstir,
hyrjar ljóma suðr at Jómi.

Mæringr, sem Hallvarðr kvað:

313. Esat und jarðar hǫslu,
orðbrjótr Dǫnum forðar
moldreks, munka valdi
mæringr en þú næri.

Landreki, sem Þjóðólfr kvað:

314. Eyss landreki ljósu
lastvarr Kraka barri,

sem fyrr var ritat; því heitir hann svá, at hann rekr her um land annarra konunga, eða rekr her ór sínu landi.

62 (64). Konungr[1] er nefndr Hálfdan gamli, er allra konunga var ágætastr. Hann gerði blót mikit at miðjum vetri ok blótaði til þess, at hann skyldi lifa í konungdómi sínum ccc. vetra; en hann fekk þau andsvǫr, at hann myndi lifa ekki meirr en einn mikinn mannz-aldr, en þat[2] myndi þó vera[2] ccc. vetra, er engi[2] myndi vera í ætt hans kona eða ótíginn maðr. Hann var hermaðr mikill ok fór víða um Austrvegu; þar drap hann í einvígi þann konung, er Sigtryggr hét; þá fekk hann þeirar konu, er kǫlluð er Alvig en spaka, dóttir Eymundar konungs ór[1] Hólmgarði[3]; þau áttu sonu xviii., ok váru ix. senn bornir; þeir hétu svá, einn var Þengill, er kallaðr var Manna-Þengill, annarr Ræsir, iii. Gramr, iiii. Gylfi, v. Hilmir, vi. Jǫfurr, vii. Tyggi, viii. Skyli eða Skúli, ix. Harri eða Herra. Þessir ix. brœðr urðu svá ágætir í hernaði, at í ǫllum frœðum síðan eru nǫfn þeira haldin fyrir tignar-nǫfn, svá sem konungs nafn eða nafn jarls. Þeir áttu engi bǫrn ok fellu allir í orrostum. — Svá kvað[4] Óttarr svarti:

315. Þengill vas þegar ungr
þreks gǫrr, vígǫrr;
haldask biðk hans aldr
hann telk yfirmann.

---

[1] Herfra og til ór l. 21 er afrevet i R. [2] Sål. T. [3] en ríka, tf. R.
[4] Sål. T, U, 757; sagði (segir), R, 1eβ.

Svá kvað Markús:

316. Ræsir lét af roðnum hausi — Rínar sól á marfjǫll skína.

Svá kvað Egill:

317. Gramr hefr gerðihǫmrum — grundar upp of hrundit.

Svá kvað Eyvindr:

318. Lék við ljóðmǫgu, — gylfi enn glaðværi,
skyldi land verja, — stóð und gollhjalmi.

Svá kvað Glúmr Geirason[1]:

319. Hilmir rauð und hjalmi — heina laut á Gautum[2].

Svá kvað Óttarr svarti:

320. Jǫfurr heyri uphaf, — hǫttu nemi hann rétt
ofrask mun konungs lof, — hróðrs míns, bragar síns.

Sem Stúfr kvað:

321. Tíreggjaðr hjó tyggi — reifr gekk herr und hlífar,
tveim hǫndum lið beima, — hizig suðr fyr Nizi.

Svá kvað Hallfrøðr:

322. Skiliðr em ek við Skylja, — vætta[3] virða dróttins
skalmǫld hefr því valdit; — vil es mest ok dul flestum.

Svá kvað Markús:

323. Harra kveðk at hróðrgǫrð dýrri — hauklundaðan Dana grundar.

Enn áttu þau Hálfdan aðra níu sonu, er svá heita: Hildir, er Hildingar eru frá komnir, ii. Nefir, er Niflungar eru frá komnir, iii. Auði, er Ǫðlingar eru frá komnir, iiii. Yngvi, er Ynglingar eru frá komnir, v. Dagr, er Dǫglingar[4] eru frá komnir, vi. Bragi, er Bragningar eru frá komnir — þat er ætt Hálfdanar ens milda —, vii. Buðli, er[5] Buðlungar eru frá komnir[5] — af Buðlunga ætt kom Atli ok Brynhildr —, viii. er Lofði; hann var herkonungr mikill; honum fylgði þat lið, er Lofðar váru kallaðir; hans ættmenn eru[6] kallaðir

---

[1] Sál. T, U, mgl. de øvr. [2] ágætum, R. [3] Sál. udg., vætti ek, alle (vætta ek, T). [4] Dagl-, R. [5] Sál. T, 748, 757, 1eβ; mgl. R. [6] Sál. U, T, 748; váru, R, 757; jfr. 1eβ.

Lofðungar; þaðan er kominn Eylimi móður-faðir Sigurðar Fáfnisbana, ix. Sigarr; þaðan eru komnir Siklingar; þat er ætt Siggeirs, er var mágr Vǫlsungs, ok ætt Sigars, er hengði Hagbarð. Af Hildinga ætt var kominn Haraldr enn granrauði, móður-faðir Hálfdanar svarta. Af Niflunga ætt var Gjúki; af Ǫðlinga ætt var Kjárr; af Ylfinga ætt var Eiríkr enn málspaki. Þessar eru ok konunga-ættir ágætar, frá Yngva[1], er Ynglingar eru frá komnir, frá Skildi í Danmǫrk, er Skjǫldungar eru frá komnir, frá Vǫlsungi á Frakklandi, þeir heita Vǫlsungar. Skelfir hét einn herkonungr, ok er hans ætt kǫlluð Skilfinga ætt; sú kynslóð er í Austrvegum. Þessar ættir, er nú eru nefndar, hafa menn sett svá í skáldskap, at halda ǫll þessi fyrir tígnar-nǫfn. Svá sem Einarr kvað:

324. Frák við holm at heyja (lind varð grœn) enn grána
hildingar framm gingu geirþing[2] (í tvau springa);

Sem Grani kvað:

325. Dǫglingr fekk at drekka danskt blóð ara jóði.

Sem Gamli kvað Gnævaðarskáld:

326. Ǫðlingr drap sér ungum innanborðs ok orða
ungr naglfara á[3] tungu aflgjóðr meðalkafla.

Sem Jórunn kvað:

327. Bragningr réð í blóði, (hús lutu opt fyr eisum)
beið herr konungs reiði, óþjóðar[4] slǫg rjóða.

Svá kvað Einarr:

328. Beit buðlungs hjǫrr, raufsk Hildar ský,
blóð fell á dǫrr, við Hvítabý.

Svá kvað Arnórr:

329. Siklinga venr snekkjur hann litar herskip innan
sjálútar konr úti, (hrafns góð es þat) blóði.

Sem Þjóðólfr kvað:

330. Svá lauk siklings ævi (lofðungr beið enn leyfði
snjalls, at vér róm allir lífs grand) í stað vǫndum.

---

[1] Yngvari, R, Yngvar, U. [2] -þings, R, 1e,ɜ. [3] Mgl. R, 1eβ. [4] íþj, R

Lofða konungi fylgði þat lið, er Lofðar heita. — Sem Arnórr kvað:

331. Skjǫldungr mun þér annarr aldri
œðri, gramr, und sólu fœðask.

Vǫlsungr, sem kvað Þorkell hamarskáld:

332. Mér réð senda
of svalan ægi
Vǫlsunga niðr
vápn gollbúit[1].

Ynglingr, sem kvað Óttarr svarti:

333. Engi varð á jǫrðu
ógnbráðr, áðr þér náði,
austr sás eyjum vestan
Ynglingr und[2] sik[2] þryngvi.

Yngvi — þat er ok konungs heiti, sem Markús kvað:

334. Eiríks lof verðr ǫld at heyra,
engi maðr veit fremra þengil,
Yngvi helt við orðs-tír langan
jǫfra sess, í verǫld þessi.

Skilfingr, sem Valgarðr kvað:

335. Skilfingr helt, þars skulfu
skeiðr, fyr lǫnd en breiðu
(eydd varð) suðr (of síðir
Sikiley) liði miklu.

Sinjór, sem Sigvatr kvað:

336. Lát auman nú njóta
Nóregs ok gef[3] stórum[3].

63 (65). Skáld heita greppar, ok rétt er í skáldskap at kalla[4] svá hvern mann, er[5] vill. Rekkar váru kallaðir þeir menn, er fylgðu Hálfi konungi, ok af þeira nafni eru rekkar kallaðir hermenn, ok er rétt at kalla[6] svá alla menn. Lofðar heita ok menn í skáldskap, sem fyrr er ritat. Skatnar váru þeir menn kallaðir, er fylgðu þeim konungi, er Skati mildi var kallaðr; af hans nafni er skati kallaðr, hverr er mildr er. Bragnar heita þeir, er fylgðu Braga konungi enum gamla. Virðar heita þeir menn, er meta mál manna. Fyrðar ok firar ok verar heita landvarnar-menn. Víkingar ok flotnar, þat er skipa-herr. Beimar — svá hétu þeir, er fylgðu Beim-

---

[1] Sål. alle undt. R, 1eβ: -búin. [2] við þik, R. [3] ef stórum, afskåret i R. [4] Sål. 748; kenna, de øvr. [5] ef, R. [6] Sål. 1eβ; kenna, de øvr.

una konungi. Gumnar eða gumar heita flokkstjórar, svá sem gumi er kallaðr í brúðfǫr. Gotnar eru kallaðir af heiti konungs þess, er Goti er nefndr, er Gotland er við kent; hann var kallaðr af nafni Óðins ok dregit af Gauts nafni, þvíat Gautland eða Gotland var kallat af nafni Óðins, en Svíþjóð af nafni Sviðurs; þat er ok heiti Óðins. Í þann tíma var kallat alt meginland þat, er hann átti, Reiðgotaland, en eyjar allar Eygotaland; þat er nú kallat Dana-veldi ok[1] Svía-veldi[1]. Drengir heita ungir menn búlausir, meðan þeir afla sér fjár eða orðz-tír, þeir fardrengir, er milli landa fara, þeir konungs-drengir, er hǫfðingjum þjóna, þeir ok drengir, er þjóna ríkum mǫnnum eða bóndum; drengir heita vaskir menn ok batnandi. Seggir eru kallaðir ok kníar ok liðar, þat eru fylgðar-menn; þegnar ok hǫlðar[2] — svá eru búendr kallaðir; ljónar heita þeir menn, er ganga of[3] sættir manna. Þeir menn eru, er svá eru kallaðir: kappar, kenpur, garpar, snillingar, hreystimenn, harðmenni, afar-menni, hetjur. Þessi heiti standa hér í mót, at kalla mann blauðan, veykan, þjarfan, þirfing, blota-mann, skauð, skræfu[4], skrjáð[5], vák, vám, lœra, sleyma, teyða, dugga, dási, dirokr, dusilmenni, ǫlmusa, auvirð, vílmǫgr. Ǫrr maðr heitir mildingr, mæringr, skati, þjóðskati, gullskati, mannbaldr, sælingr, sælkeri, auðkýfingr, ríkmenni, hǫfðingi; hér í mót er svá kallat: hnøggvingr, gløggvingr, mælingr, vesalingr, féníðingr, gjǫflati. Heitir spekingr ráðvaldr. Heitir ok óvitr maðr fifl, afglapi, gassi, ginningr, gaurr, glópr, snápr, fóli, œrr, óðr, galinn. Snyrtimaðr ofláti, drengr, glæsimaðr, stertimaðr, prýðimaðr. Heitir hraumi, skrápr, skrokkr, skeiðklofi, flangi, slinni, fjósnir, slápr, drǫttr. Lýðr heitir landfólk eða ljóðr. Heitir ok þræll kefsir, þjónn, ǫnnungr, þírr.

64 (66). Maðr heitir einn hverr, tá ef ii. ró, þorp, ef iii. ró, iiii. ró fǫruneyti, flokkr eru v. menn, sveit, ef vi. eru,

[1] Mgl. T. [2] ok hǫlða, tf. R. [3] Sål. T. [4] Sål. alle. undt. R; skrein.
[5] Sål. T, 748; skrjoð, 757; skiaðr, R, 1eβ.

sjau fylla sǫgn, átta bera ámælis-skor, nautar eru ix., dúnn, ef x. eru, ærir ró ellifu, toglǫð er, ef xii. fara, þyss eru xiii., ferð er xiiii., fundr er, þá er fimtán hittask, seta eru xvi., sókn eru xvii., œrnir þykkja óvinir, þeim er xviii. mœtir; neyti hefir sá, er xix. menn hefir[1]; drótt eru xx. menn; þjóð eru xxx.; fólk eru xl.; fylki eru l.; samnaðr[2] eru lx., sørvar eru vii. tigir; ǫld eru viii. tigir, herr er hundrað[3].

65 (67). Enn eru þau heiti, er menn láta ganga fyrir nǫfn manna; þat kǫllum vér viðkenningar eða[4] sannkenningar[4] eða fornǫfn. Þat eru viðkenningar, at nefna annan hlut réttu nafni ok kalla þann, er hann vill nefna, eiganda eða svá, at kalla hann þess, er hann nefndi, fǫður eða afa; ái er enn þriði. Heitir ok sonr ok arfi, arfuni, barn, jóð ok mǫgr, erfingi; heitir ok bróðir, blóði, barmi, hlýri, lifri; heitir ok niðr, nefi[5], áttungr, konr, kundr, frændi, kynstafr, niðjungr, ættstuðill, ættbarmr, kynkvísl, ættbogi, afkvæmi, afspringr, hǫfuðbaðmr[6], ofskǫpt. Heita ok mágar, sifjungar, hleyta-menn[7]. Heitir ok vinr ok ráðunautr, ráðgjafi, máli, rúni, spjalli, alda-þopti, einkili, sessi, sessunautr; þopti er hálfrýmis-félagi. Heitir ok óvinr[8], dólgr, andskoti, fjandi, søkkvi[9], skaða-maðr, bana-maðr, þrøngvir, søkkvir, ósvífruðr. Þessi heiti kǫllum vér viðkenningar ok svá, þótt maðr sé kendr við bœ sinn eða skip sitt, þat er nafn á, eða eign sína, þá er einkar-nafn er gefit. Þetta kǫllum vér sannkenningar at kalla menn spekimann, ætlunar-mann[10], orðspeking, ráðsnilling, auðmilding, ósløkinn, gæimann, glæsimann. — Þetta eru fornǫfn.

66 (68). Þessi eru kvinna-heiti ókend í skáldskap. Víf ok brúðr ok fljóð heita þær konur, er manni eru gefnar; sprund ok svanni heita þær konur, er mjǫk fara með dramb

---

[1] Sål. 1eβ, T, 757, mgl. de øvr. [2] of, tf. R. [3] Dette kapitel er rimeligvis et senere tillæg. [4] Mgl. T, U, Wb. [5] nepi, R. [6] Sål. R; -barmr, T. [7] hleta-, R. [8] úvitr, R, 1eβ. [9] sekvi, R. [10] -maðr, R.

ok skart. Snótir heita þær er orðnœfrar eru; drósir heita þær, er kyrlátar eru; svarri ok svarkr, þær er[1] mikillátar eru[1]; ristill er kǫlluð sú kona, er skǫruglynd er; rýgr heitir sú[2], er ríkust er; feima er sú kǫlluð, er ófrǫm er svá sem ungar meyjar, eða þær konur, er ódjarfar eru; sæta heitir sú kona, er búandi hennar er af landi farinn; hæll er sú kona kǫlluð, er búandi hennar er veginn; ekkja heitir sú, er búandi hennar varð sóttdauðr. Mær heitir fyrst hver, en kerling, er gamlar eru. [Eru enn þau kvinna heiti, er til lastmælis eru, ok má þau finna í kvæðum, þótt þat sé eigi ritat][3]. Þær konur heita eljur, er einn mann eigu. Snør heitir sonar-kván; sværa heitir vers móðir. Heitir[4] ok[4] móðir[4], amma, þriðja edda; eiða heitir móðir; heitir ok dóttir ok barn, jóð; heitir ok systir, dís, jóðdis. Kona er ok kǫlluð beðja, mála, rúna[5] búanda síns, ok er þat viðrkenning

67 (69). Hǫfuð heitir á manni. [Þat skal svá kenna, at kalla erfiði háls eða byrði, land hjálms ok hattar ok heila, hárs ok brúna, svarðar, eyrna, augna, munnz, Heimdalar sverð, ok er rétt at nefna hvert sverðz-heiti er vill ok kenna við eitt hvert nafn Heimdalar][6]. Hǫfuð heitir ókent hauss, hjarni, kjannr, kollr. Augu heita sjón ok lit eða viðrlit, ørmjǫt. [Þau má svá kenna, at kalla sól eða tungl, skjǫldu ok gler eða gimsteina eða stein brá eða brúna, hvarma eða ennis][6]: Eyru heita hlustir ok heyrn; [þau skal svá kenna, at kalla land eða jarðar-heitum nǫkkurum, eða munn eða rás eða sjón eða augu heyrnarinnar, ef nýgǫrvingar eru. Munn skal svá kenna, at kalla land eða hús tungu eða tanna, orða eða góma, varra eða þvílíkt, ok ef nýgǫrvingar eru, þá kalla menn munninn skip, en varrarnar borðit, tunga ræðit eða stýrit. Tennr eru stundum kallaðar grjót eða sker orða, munnz eða tungu. Tunga er opt kǫlluð sverð máls

---

[1] Sål. U, T, 1eβ; jfr. 748; eru mik., R. [2] kona, tf. R. [3] Denne sætn. er vistnok senere tillæg, mgl. U. [4] Sål. T, 748; mgl. R. [5] Sål. U, 1eβ; rún, R, T. [6] Vistnok et senere tillæg.

eða munnz][1]. Skegg heitir barð, grǫn eða kanpar, er stendr á vǫrrum. Hár heitir lá, haddr, þat er konur hafa, skopt heitir hár; [hár er svá kent, at kalla skóg eða viðar-heiti nǫkkuru, kenna til hauss eða hjarna eða hǫfuðs, en[2] skegg kenna við hǫku eða kinnr eða kverkr][1].

68 (70). Hjarta heitir negg; [þat skal svá kenna, kalla korn eða stein eða epli eða hnot eða mýl eða líkt ok kenna við brjóst eða hug; kalla má ok hús eða jǫrð eða berg hugarins. Brjóst skal svá kenna, at kalla hús eða garð eða skip hjarta, anda eða lifrar, eljunar land, hugar ok minnis][1]. Hugr heitir sefi ok sjafni[3], ást, elskugi, vili, munr; [huginn skal svá kenna, at kalla vind trǫllkvinna ok rétt, at nefna til, hverja er vill, ok svá at nefna jǫtnana, eða kenna þá til konu eða móður eða dóttur þess[1]][4]. Hugr heitir ok geð, þokki, eljun, þrekr, nenning, minni, vit, skap, lund, tryggð. Heitir ok hugr reiði, fjandskapr, fár, grimð, bǫl, harmr, tregi, óskap, grellskap[5], lausung, ótryggð, geðleysi, þunngeði, gessni, hraðgeði, óðværi.

69 (71). Hǫnd má kalla mund, arm, lám, hramm; á hendi heitir ǫlnbogi, armleggr, úlfliðr, liðr, fingr, greip, hreifi, nagl, gómr, jaðarr, kvikva[6]. [Hǫnd má kalla jǫrð vápna eða hlífa, við axlar ok ermar, lófa ok hreifa, gullhringa jǫrð ok vals ok hauks ok allra hans heita, ok í nýgǫrvingum fót axlar, bognauð. Fœtr má kalla tré ilja, rista, leista eða þvílíkt, renniflein brautar eða gǫngu, fets; má kalla fótinn tré eða stoð þessa. Við skíð ok skúa[7] ok brœkr eru fœtr kendir][1]. Á fœti heitir lær, kné, kálfi, bein, leggr, rist, jarki, il[8], tá; [við þetta alt má fótinn kenna ok kalla hann tré ok kallat er sigla ok rá fótrinn, ok kenna[9] við þessa hluti][1].

---

[1] Vistnok et senere tillæg. [2] eða, R; mgl. 748, 757, 1eβ. [3] Sål. T, 748, 757; sjálfs, R, 1eβ, mgl. U. [4] Herefter tf. R, 748, 757, 1eβ: þessi nǫfn eru sér (mgl. T, U.) [5] -skapr, U, 1eβ. [6] -vǫðvi, aflvǫðvi, æðar, sinar, kǫgglar, knúi, tf. U, T. [7] sva, R. [8] Mgl. R. [9] kenn, R; kent, T.

70 (72). Mál heitir ok orð ok orðtak ok orðsnilli, tala, saga, senna, þræta, sǫngr, galdr, kveðandi, skjal, bifa, hjaldr[1], hjal, skvál, glaumr, þjarka, gyss, þrapt, skálp, hól, skraf, dælska, ljóðœska, hégómi, afgelja. Heitir ok rǫdd, hljómr, rómr, ómun, þytr, gǫll, gnýr, glymr, þrymr, rymr, brak, svipr, svipun, gangr[2].

71 (73). Vit heitir speki, ráð, skilning, minni, ætlun, hyggjandi, tǫlvísi, langsæi, bragðvísi[3], orðspeki, skǫrungskapr; heitir undirhyggja, vélræði, fláræði, brigðræði[4].

72 (74). Læti er tvent; læti heitir rǫdd, — læti heitir œði ok œði er ok ólund. Reiði er ok tvíkent; reiði heitir þat, er maðr er í illum hug, — reiði heitir ok fargǫrvi skips eða hross. Far er ok tvíkent; fár er reiði, far er skip. — Þvílík orðtǫk hafa menn mjǫk til þess at yrkja fólgit, ok er þat kallat mjǫk ofljóst. [Lið kalla menn þat á manni, er leggir mœtask, — lið heitir skip, — lið heitir mannfólk; lið er ok þat kallat, er maðr veitir ǫðrum liðsinni[5]; líð heitir ǫl. Hlið heitir á garði, ok hlið kalla menn oxa, en hlíð er brekka. Þessar greinir má setja svá í skáldskap, at gera ofljóst, at vant er at skilja, ef aðra skal hafa greinina, en áðr þykki til horfa en fyrri vísu-orð. Slíkt sama eru ok ǫnnur mǫrg nǫfn þau, er saman eigu heitit margir hlutir][6].

---

[1] hjald, R. [2] Svá skal (má ok 1eβ) orrostu kenna við sverð eða ǫnnur vápn eða hlífar, tf. R, 1eβ, T, jfr. 748; mgl. U, 757. [3] brag-, R. [4] brigð reiði, R, T. [5] liði sínu, R. [6] Vistnok senere tillæg. Herefter følger navneremserne i R, T, 748, 757, 1eβ. Se Tillæg.

HÁTTATAL, ER SNORRI STURLUSON ORTI UM HÁKON KONUNG OK SKÚLA HERTOGA[1].

Hvat eru hættir skáldskapar? — Þrent. — Hverir? — Setning, leyfi, fyrirboðning. — Hvat er setning háttanna? — Tvent. — Hver? — Rétt ok breytt. — Hvernig er rétt setning háttanna? — Tvenn. — Hver? — Tala ok grein[2]. — Hvat er tala setningar háttanna? — Þrenn. — Hver? — Sú er ein tala, hversu margir hættir hafa funnizk í kveðskap họfuðskálda; ọnnur tala er þat, hversu mọrg vísu-orð standa í einu ørendi í hverjum hætti; en þriðja tala er sú, hversu margar samstọfur eru settar í hvert vísu-orð í hverjum hætti. — Hver er grein setningar háttanna? — Tvenn. — Hver? — Máls-grein ok hljóðs-grein. — Hvat[3] er máls-grein[3]? — Stafasetning greinir mál alt, en hljóðs[4]-grein er þat, at hafa samstọfur langar eða skammar, harðar eða linar, ok þat er setning hljóðs-greina, er vér kọllum hendingar, svá sem hér er kveðit[5]:

1. Lætr, sás Hákun heitir,	sjálfr ræðr alt ok Elfar
(hann rekkir lið) bannat,	ungr stillir sá milli
[jọrð kann frelsa] fyrðum	(gramr á[6] gipt at fremri)
4 friðrofs [konungr] ofsa;	8 Gandvíkr jọfurr landi.

---

[1] Denne overskrift er hentet fra U; Upphaf Háttatals, T. [2] Sål. T, U; málsgrein, R. [3] Sål. R, T; mgl. U. [4] hljóð, R. [5] T har overskr.: It fyrsta kvæði. [6] Sål. T; of, R, U.

Hér er stafa-setning sú, er hætti ræðr ok kveðandi gerir; þat eru xii. stafir í ørendi, ok eru iii. settir í hvern fjórðung. Í hverjum fjórðungi eru tvau vísu-orð; hverju vísu-orði fylgja vi. samstǫfur. Í ǫðru vísu-orði er settr sá stafr fyrst í vísu-orðinu, er vér kǫllum hǫfuðstaf; sá stafr ræðr kveðandi; en í fyrsta vísu-orði mun sá stafr finnask tysvar standa fyrir samstǫfun; þá stafi kǫllum vér stuðla. Ef hǫfuðstafr er samhljóðandi, þá skolu stuðlar vera enn sami stafr, svá sem hér er:

Lætr sás Hákun heitir, (hann rekkir lið) bannat;

en rangt er, ef þessir stafir standa fyrir samstǫfun optarr eða sjaldnarr en svá í fjórðungi vísu. En ef hljóðstafr er hǫfuðstafrinn, þá skolu stuðlar vera ok hljóðstafir, ok er þá[1] fegra, at sinn hljóðstafr sé hverr þeira; þá má ok hlýða, at hljóðstafr standi fyrir optarr í fjórðungi í fornǫfnum eða í málfylling þeiri, er svá kveðr at: ek, eða svá: en, er, at, í, á[2], of, af, um, ok er þat leyfi, en eigi rétt setning. Ǫnnur stafasetning er sú, er fylgir setning hljóðs þess, er hátt gerir ok kveðandi; skal sú grein í dróttkvæðum hætti svá vera, at fjórðungr vísu skal þar saman fara at allri stafa-setning ok hljóða; skal í fyrra vísu-orði þannig greina þá setning:

jǫrð kann frelsa fyrðum.

Hér er svá: jǫrð fyrð; þat er ein samstafa í hvárum stað ok sinn hljóðstafr fylgir hvárri ok svá uphafs-stafr, en[3] einir stafir[3] eru eptir hljóðstaf í báðum orðum; þessa setning hljóðfallz kǫllum vér skothending. En í ǫðru vísuorði er svá:

friðrofs konungr, ofsa.

Svá er hér: rofs ofs; þar er einn hljóðstafr ok svá allir þeir, er eptir fara í báðum orðum, en uphafs-stafir greina orðin. Þetta heita aðalhendingar. — Svá skal hendingar setja í dróttkvæðum hætti, at en síðarri hending í hverju vísu-orði, er heitir viðrhending, hon skal standa í þeiri samstǫfu, er ein

---

[1] Mgl. R. [2] o, R, T. [3] en—stafir, afrevet R; i T; jfr. U.

er síðar, en sú hending, er frumhending heitir, stendr stundum í uphafi orðz — kǫllum vér þá oddhending —, stundum í miðju orði — kǫllum vér þá hluthending. Þetta er dróttkvæðr háttr. Með þeima hætti er flest ort, þat er vandat er. Þessi er uphaf allra hátta, sem málrúnar eru fyrir ǫðrum rúnum.

Hvernig er breytt setning háttanna? — Tvá vega. — Hvernig? — Með máli ok hljóðum. — Hvernig skal með máli skipta? — Tvá vega. — Hvernig? — Halda eða skipta háttunum. — Hvernig skal breyta háttunum ok halda sama hætti? — Svá, at kenna eða styðja eða reka eða sannkenna eða yrkja at nýgǫrvingum. — Hvat eru kendir hættir? — Svá sem þetta:

2. Fellr of fúra stilli
fleinbraks, limu axla,
Hamðis fang[1], þars hringum
4 hylr ættstuðill skylja;
holt felr Hildigelti
heila bœs, ok[2] deilir
gulls í gelmis[3] stalli
8 gunnseið[4], skǫrungr, reiðir.

Hér eru ǫll heiti kend í þessi vísu, en hendingar ok orðalengð ok stafa-skipti fara, sem fyrr var ritat. Kenningar eru með þrennum háttum greindar, fyrst heita kenningar, annat tvíkent, þriðja rekit. Þat er kenning, at kalla fleinbrak orrostu, en þat er tvíkent, at kalla fleinbraks fúr[5] sverðit, en þá er rekit, ef lengra er.

Rekit[6]:

3. Úlfs bága verr ægis
ítr báls hati mǫlu;
sett eru bǫrð fyr bratta
4 brún Míms vinar rúnu;
orms váða kann eiðu
allvaldr gǫfugr halda;
menstríðir, njót móður
8 mellu dólgs til elli.

Hvat eru sannkenningar? — Svá sem þetta:

---

[1] Sál. udg.; fǫng, alle. [2] Sál. R*, T; en, U. [3] gemlis, T. [4] Sál. U, T, og vistnok også R. [5] Mgl. R. [6] Sál. U, T; ulæsel., R.

4. Stinn sǫ́r þróask stórum,
sterk egg frǫmum seggjum
hvast skerr hlífar traustar,
4 hár gramr lifir framla;
hrein sverð litar harða
hverr drengr, gǫfugr þengill,
ítr rǫnd furask undrum,
8 unir bjartr snǫru hjarta.

Þat er sannkenning, at styðja svá orðit[1] með sǫnnu efni, svá, at kalla stinn sárin, þvíat hǫfug eru sár stór; en rétt er mælt at þróask; ǫnnur sannkenning er sú, at sárin þróask stórum. Nú er eitt vísu-orð ok tvær sannkenningar. Í ǫðru vísu-orði er kǫlluð sterk egg, en framir seggir. Í enu þriðja er svá, at hvast skerr, hlífin er traust, ok í fjórða orði at kalla konunginn mikinn, en líf hans framligt; þar næst at kalla hreint sverð ok harðliga roðit, en einn hverr liðs-manna, ok væri rétt mál, þótt maðr væri nefndr; gǫfugr er konungrinn kallaðr; rǫndin var kostig ok furaðisk undarliga skjótt; konungrinn unði glaðr frœknu hjarta. Nú eru hér sýndar xvi. sannkenningar[2] í átta[2] vísu-orðum, en þó fegra þær mjǫk í kveðandi, at eigi sé svá vandliga eptir þeim farit. Sannkenningar hafa þrenna grein; heitir ein sannkenning, ǫnnur stuðning, þriðja tvíriðit[3].

Stuðningar[4]:

5. Óðharða spyrk eyða
egg fullhvǫtum seggjum;
dáðrǫkkum veldr dauða
4 dreng ofrhugaðr þengill;
hamdǫkkum fær Hlakkar
hauk munnroða aukinn,
veghrœsinn[5] spyrk vísa,
8 valdr[6] ógnþorinn skjaldar.

Hér fylgir stuðning hverri sannkenning, svá sem kǫlluð er eggin óðhǫrð, en fullhvatir menninir. Þat er sannkenning, hǫrð egg, en hvatir menn; þat er stuðning, er annat sǫnnunar-orð fylgir sannkenning.

Hvat eru nýgǫrvingar? — Svá sem þetta:

6. Sviðr lætr sóknar naðra
slíðrbraut jǫfurr skríða,
ótt ferr rógs ór réttum
4 ramsnákr fetilhamsi;
linnr kná sverða sennu
sveita bekks at leita,
ormr þyrr vals at[7] varmri
8 víggjǫll sefa stígu.

---

[1] Sål. alle. [2] Sål. U, T; -kenningar—átta, afrevet, R. [3] Þetta er tvíriðit kallat, tf. R. [4] Sål. T, tvíriðit, U. [5] víg-, R*. [6] vald, R, U. [7] Sål. U, T, R*; or, R.

Þat eru nýgǫrvingar, at kalla sverðit orm ok kenna rétt, en slíðrirnar gǫtur hans, en fetlana ok umgǫrð hams hans; þat heldr til ormsins náttúru, at hann skríðr ór hamsi ok[1] til vats; hér er svá sett nýgǫrving, at hann ferr leita blóðs bekkjar at, þar er hann skríðr hugar stígu; þat eru brjóst manna. Þá þykkja nýgǫrvingar vel kveðnar, ef þat mál, er upp er tekit, haldi of alla vísu-lengð; en[2] ef[2] sverð er[2] ormr kallaðr, en[3] síðan[3] fiskr eða vǫndr eða annan veg breytt, þat kalla menn nykrat, ok þykkir þat spilla. Nú er dróttkveðinn[4] háttr[4] með v. greinum, ok er þó enn sami háttr réttr ok óbrugðinn, ok er optliga þessar greinir sumar eða allar í einni vísu, ok er þat rétt, þvíat kenningar auka orðfjǫlða, sannkenningar fegra ok fylla mál, nýgǫrvingar sýna kunnostu ok orðfimi.

Þat er leyfi háttanna, at hafa samstǫfur seinar eða skjótar, svá at dragisk framm eða aptr ór réttri tǫlu setningar, ok megu finnask svá seinar, at fimm samstǫfur sé í ǫðru ok enu fjórða vísu-orði, svá sem hér er:

7. Hjálms fylli spekr hilmir
hvatr Vindhlés[5] skatna,
hann kná hjǫrvi þunnum
4 hræs þjóðár ræsa;
ýgr hilmir lætr[6] eiga
ǫld dreyrfá skjǫldu,
styrs rýðr stillir hersum
8 sterkr járngrá serki.

Í þessi vísu eru allar oddhendingar enar[7] fyrri[7] hendingar[7], ok er þó þessi háttr dróttkvæðr at hætti.

Nú skal sýna svá skjótar samstǫfur ok svá settar nær hverja annarri, at af því eykr lengð orðzins:

8. Klofinn spyr ek hjálm fyrir hilmis
hjarar egg, duga seggir;
því eru heldr, þar es skekr skjǫldu,
4 skafin sverð lituð ferðar;

---

[1] svá at hann skríðr mjǫk, R, T. [2] Sål. U, W; sva sem . . . se, R, T. [3] Sål. U, W, mgl. R, T. [4] Sål. T; (-kvæðum hætti, R); kvæðr, skr. U, W. [5] -hlæs, R; -les, W, T, U. [6] hetr, R, T; hvetr, R*. [7] Sål. U, W mgl. R, T.

bila muna gramr, þó at gumna
gular rítr nái líta,
draga þorir hann yfir hreinna
8 hvatan brand þrǫmu[1] randa.

Hér er í fyrsta ok þriðja vísu-orði níu samstǫfur, en í ǫðru ok í enu[2] fjórða vii. Hér er þat sýnt, hversu flestar samstǫfur megu vera í vísu-orði með dróttkvæðum hætti, ok af þessu má þat vita, at viii. eða vii. megu vel hlýða í fyrsta ok þriðja vísu-orði. Í þessi vísu eru allar frumhendingar hluthendur, ok dregr þat til, at lengja má orðit, at sem flestar samstǫfur standi fyrir hendingar. Þat er annat leyfi háttanna, at hafa í dróttkvæðum hætti eitt orð eða tvau í vísu með álǫgum eða detthent eða dunhent eða skjálfhent eða með nǫkkurum þeim hætti, er eigi spilli kveðandi. Þriðja leyfi er þat, at hafa aðalhendingar í fyrsta eða þriðja vísu-orði. Fjórða leyfi er þat, at skemma svá samstǫfur, at gera eina ór tveim ok taka ór annarri hljóðstaf; þat kǫllum vér bragarmál, svá sem[3] kvað Þórarinn máhlíðingr:

Varðak[4] mik, þars myrðir morðfárs vega þorði[5];

enn er sú grein út sett myklu lengra. Þat er et fimta leyfi, at skipta tíðum í vísu-helmingi. Sétta leyfi er þat, at hafa í dróttkvæðum hætti samhendingar eða liðhendingar. Þat er et sjaunda, at hafa eitt máls-orð í báðum vísu-helmingum, ok þykkir þat spilla í einstaka vísum. Átta er þat at nýta, þótt samkvætt verði við þat, er áðr er ort vísu-orð eða skemra. Níunda er þat, at reka til ennar fimtu kenningar, en ór ættum[6] er, ef lengra er rekit; en þótt þat finnisk í fornskálda verka, þá látum vér þat nú ónýtt. Tíunda er þat, ef[7] vísu fylgir drag eða stuðill. Ellipta er þat, at er eða[8] en eða at má hafa optarr en eitt sinn í vísu-helmingi, svá sem Refr kvað:

---

[1] Sál. vistnok W; þrumu, R, T; þrymu, R*; þrimu, U. [2] Sál. U, W, T; mgl. R. [3] hér er, tf. R; hele sætn. fra þat af mgl. U, W. [4] -at, R. [5] Sál. T; þorðu, R. [6] háttum, T. [7] Sál. U, W, T; at, R. [8] Sál. U, W, T; eð, R.

Sæll es hinn, es, hranna
hádýra, vel, stýrir,
(tíð erumk vitnis váða
vingorð[1]) unir sínu.

Ok svá þó at þat sé í síðarra helmingi, ef maðr er nefndr eða kent nafn hans í fyrra helmingi, þótt þá[2] sé eigi nafn annan veg en hann eða hinn eða sá eða sjá[3]. Tólpta er atriðs-klauf.

Hvat er tíða-skipti? — Þrent. — Hvernig? — Þat er var, þat er er[4], þat er verðr. — Hver setning er þat, at breyta háttum með máli einu? — Þat má svá gera, at gefa nafn háttum ok greina svá tǫlu háttanna ena fyrstu, en halda annarri ok enni þriðju tǫlu setningar; þat er sem fyrr var ritat, at hafa viii. vísu-orð í ørindi, ok en þriðja tala, at hafa vi. samstǫfur í vísu-orði ok sǫmu setning hendinganna. Háttum er skipt með ýmissum orðtǫkum, ok er þessi einn háttr, er kallaðr er sextánmælt[5]:

9. Vex íðn, vellir roðna,
verpr lind, þrimu snerpir,
fæsk gagn, fylkir eignask,
4 falr hitnar, seðsk vitnir;
skekr[6] rǫnd, skildir bendask,
skelfr askr, griðum raskar,
brandr gellr, brynjur sundrask,
8 braka spjǫr, litask ǫrvar.

Hér eru tvau mál fullkomin í hverju vísu-orði, en orða-lengð ok samstǫfur ok hendingar ok stafa-skipti sem dróttkvætt. Nú er breytt annan veg dróttkvæðum hætti ok enn með máli einu.

Þenna hátt kalla menn áttmælt:

10. Jǫrð verr siklingr sverðum,
sundr rjúfa spjǫr undir,
lind skerr[7] í styr steinða,
4 støkkr hauss af bol lausum,
falla fólk á velli,
fremr mildr jǫfurr hildi,
egg bítr á lim lýti,
8 liggr skǫr sniðin hjǫrvi.

Hér er mál fylt í hverju vísu-orði.

Þessi er enn þriði[8]:

---

[1] griþ, R. [2] Sål. U, T; þat, R, W. [3] Ok svá—sjá står i alle efter stuðill, men det passer kun her. [4] Mgl. R. [5] Sål. U, W, T; -mæltr, R. [6] Sål. U, W, T, R[2]; skefr, R. [7] Sål. U, W; sekr, R; skekr, T. [8] Fjórðungalok, som overskr. T.

11. Ýskelfir kann úlfum
auðmildr búa gildi;
lætr gylðis kyn gáti
4 gunnsnarr una harri;
fær gotna vinr vitni
valbjór afar stóran;
vargr tér ór ben bergja
8 blóðdrykk ok grǫn rjóða.

Hér lýkr máli í tveim vísu-orðum.

Sjá háttr, er nú skal rita, er enn fjórði þeira, er breyttir eru, en enn fimti at hátta tali; þetta er stælt kallat:

12. Hákun veldr ok hǫlðum,
harðráðum guð jarðar
tyggja lér með tíri,
4 teitr þjóðkonungs[1] heiti;
vald á víðrar foldar,
vindræfrs jǫfurr gæfu
ǫðlingi skóp ungum,
8 ǫrlyndr skati gǫrla.

Hér er svá[2]:

Hákun veldr ok hǫlðum teitr þjóðkonungs heiti[3],

en annat ok et þriðja vísu-orð er sér um mál, ok er þat stál kallat.

Þessi er enn sétti[4], hjástælt[5]:

13. Manndýrðir fá mærðar,
mæt ǫld fira gæti
lýtr, auðgjafa ítrum,
4 ǫll. Stóð sær of fjǫllum.
Rjóðvendils gatk[6] randa
rœkinjǫrð at sœkja,
hœf ferð vas sú harða,
8 heim. Skaut jǫrð ór geima.

Þetta kǫllum vér hjástælt. Hér er et fyrsta vísu-orð[7] ok annat ok þriðja sér um mál, ok hefir þó þat mál eina samstǫfun með fullu orði af enu fjórða vísu-orði, en þær fimm samstǫfur, er[8] eptir fara[8], lúka heilu máli, ok skal orðtak vera forn minni.

Þessi er enn sjaundi; langlokum[9]:

14. Hákun ræðr með heiðan,
hefr drengja vinr fengit
(lǫnd verr buðlungr brandi
4 breiðfeld) mikit veldi,
rógleiks náir ríki
remmitýr at stýra
(ǫld fagnar því) eignu,
8 orðróm konungdómi.

---

[1] Sål. alle og R*, undt. R, U -kgi(r). [2] Denne sætn. (W) mgl. R, T; þetta er it fyrsta, U. [3] For denne linje (U, W) har R, T harðráðum osv. (l. 2). [4] fimti, R; vi. h. T, sætn. mgl. U, W. [5] Tf. R*. [6] Sål. R, gatz, U; gat, de øvr. [7] Mgl. R, T. [8] Sål. U, W; eru eptir vísu-orð, R; en þer ero eptir vísu-orð, T. [9] Sål. R*.

Hér hefr upp mál í enu fyrsta vísu-orði ok lýkr í[1] enu síðarsta, ok eru þau sér um mál.

Þessi er enn átti háttrinn; tiltekit[2]:

15. Þeim es, grundar grímu
gjaldseiðs ok vas faldinn
(drótt man enn þat[3]) átti
4 áðr hans faðir ráða;
gunnhættir kná grýttu
(gramr býr of þrek) stýra,
stórt ræðr hann en hjarta
8 hvetr, buðlunga setri.

Hér er enn fyrri vísu-helmingr leiddr af þeiri vísu, er áðr var kveðin, ok fylgir þat máls-orð, er afleiðing er kǫlluð, er síðarst var í enni fyrri vísu, þessum vísu-helmingi, ok er sá vísu-helmingr eigi elligar réttr at máli.

Þessi er enn níundi háttr, drǫgur[4]:

16. Setr of vísa vitran
vígdrótt, en þar hníga,
(ýr dregsk) við skotskúrum
4 skjaldborg, í gras aldir;
vápnrjóðr stikar víða,
vellbrjótr á lǫg, spjótum,
þryngr[5] at sverða sǫngvi,
8 sóknharðr þrǫmu jarðar.

Þat máls-orð, er fyrst er í þessi vísu, er síðarst[6] í[6] enni fyrri, ok er en síðarri svá dregin af enni fyrri; því heita þat drǫgur.

Þessi er enn tíundi háttr, er vér kǫllum refhvǫrf; í þeima hætti skal velja saman þau orðtǫk, er ólíkust sé at greina, ok hafi þó einnar tíðar fall bæði orð, ef vel skal. En til þessa háttar er vant at finna ǫll orð gagnstaðlig, ok er hér fyrir því sum orð dregin til hœgenda, en[7] sýnt er í þessi vísu þat, at[8] orðin munu finnask, ef vandliga er leitat, ok mun þat hér sýnask, at flest frumsmíð stendr til bóta; svá er hér kveðit:

17. Síks glóðar verr sœkir
slétt skarð hafi jarðar,
hlífgranda rekr hendir
4 heit kǫld loga ǫldu;
fljótt válkat skilr fylkir
friðlæ, rǫðuls[9] sævar
ránsið ræsir stǫðvar,
8 reiðr, glaðr frǫmum meiðum.

---

[1] Mgl. R, T. [2] Sål. R*. [3] Sål. udg.; þannz, R; þatz, W, T; þess, U. [4] Sål. R*. [5] Sål. R*, T, W; þungr, R; þraungr, U. [6] sıþars er, R; síðarst er í, T. [7] er, R. [8] Sål. U, W, T; er R. [9] Sål. U, rǫðul, de øvr.

Hér er í fyrsta vísu-orði svá kveðit, síks[1] glóðar[2]; sík er vatn, glóð er eldr, en eldr ok vatn hatar hvárt ǫðru; — verr sœkir, þat er ólíkt at verja ok sœkja. Annat vísu-orð er svá: slétt skarð hafi jarðar; slétt[3], þat er jafnt, skarð, þat er óslétt, ok svá hafi jarðar[3], sær er haf, land er jǫrð; en þá er í eitt[4] fall[4] mælt, at sá ferr af hafi til jarðar. Þriðja vísu-orð er svá: hlífgranda, þat er ljóst refhvǫrf-mælt, ok svá: rekr hendir; sá flytr braut, er rekr, en sá stǫðvar, er hendir. Svá[5] er et fjórða[5]: heit kǫld, þat er ljós orð, ok svá: loga ǫldu; logi er eldr, alda er sjár. Fimta orð er svá: fljótt válkat; fljótt er þat, er skjótt er, válkat þat er seint er; ok svá: skilr fylkir; sá, er skilr, dreifir, en sá, er fylkir, samnar. Sétta orð er svá: friðlæ; friðr er sætt, læ, þat er vél; ok enn: rǫðull[6] sævar; rǫðull er sól, ok gengr hon fyrir eld í ǫllum kenningum; sær er enn sem fyrr í móti eldi. Sjaunda orð er svá: ránsið; rán, þat er ósiðr, ok svá: ræsir stǫðvar; sá flytr, er ræsir, en sá heldr aptr, er stǫðvar. Átta orð er svá: reiðr glaðr; þat er ljóst mælt; ok svá: frǫmum meiðum; þat er ójafnt at vinna manni frama eða meizlur. — Hér eru sýnd í þessi vísu sextán orðtǫk sundrgreinilig, ok eru flest ofljós til rétts máls at fœra, ok skal þá svá upp taka: síks glóð, þat er gull; sœkir gullz, þat er maðr; hann verr skarð jarðar hafi slétt, þat eru Firðir; svá heitir fylki í Nóregi; hlífgrandi, þat er vápn; hendir loga ǫldu er maðr, er rekr kǫld heit sverðinu, þat er at hegna ósiðu; fljótt válkat má þat kalla, er skjótráðit er; þat skilr hann af ófriðinum; konungr heitir fylkir; ránsið ræsir stǫðvar sævar rǫðuls frǫmum meiðum. Þetta heita en mestu refhvǫrf.

Þessi eru ǫnnur refhvǫrf, ok eru hér hálfu færi vísu-orð, þau er refhvǫrfum eru ort, ok eru þau tvenn í ǫðru vísu-orði, ok eru fyrir því kǫlluð en mestu:

---

[1] ok, tf. R, T; mgl. U, W. [2] verr sœkir, tf R; mgl. de øvr. [3] slétt— jarðar, mgl. U, T. [4] ætt full, R. [5] Mgl. R, T. [6] Sål. alle (for rǫðuls?).

18. Blóð fremr, Hlǫkk at háðisk
heldr slitnar dul, vitni;
skjǫldr, en skatnar foldir,
4 skelfr harðr, taka varða;
fal lætr[1] of[1] her hvítan
hollr gramr rekinn framðan;
en tyggja sonr, seggjum,
8 svalr brandr, dugir, grandar.

Hér eru þau refhvǫrf í ǫðru[2] orði: heldr ok slitnar ok dul ok vitni; dul er laun, en vitni er sannan. En í fjórða vísu-orði eru þessi: skelfr harðr, taka varða. Í sétta vísu-orði er svá: hollr gramr, rekinn framðan. Í átta vísu-orði er svá: svalr brandr — brandr er eldz-heiti —, dugir grandar; þetta er ofljóst ort. Hér eru ok ǫnnur máltǫk, þau er til máls skal taka, svá at kalla, blóð fremr vitni, þat er vargr, en dul eða laun slitnar eða rofnar, at hlǫkk háðisk, þat er orrosta. Ok í ǫðrum fjórðungi er svá: at harðr skjǫldr skelfr[3], en skatnar taka varða ríki. Ok í[4] þriðja fjórðungi er svá: at hollr gramr of her lætr framðan fal hvítan rekinn; sá er framiðr, er[4] framarr er settr. Í fjórða fjórðungi er svá: at svalr brandr grandar seggjum, en tyggja sonr dugir.

Þessi er enn þriði refhvarfa-háttr:

19. Segl skekr of hlyn Huglar
(hvast drífa skip) rasta,
en fǫll, of gram, gylli[5]
4 grunn djúp hata unna;
né rǫn viðr[6] hafhreinum,
hǫ raust skapar flaustum,
hrǫnn fyr húfi þunnum
8 heil klofnar, frið, deilu.

Hér[7] er eitt vísu-orð í hvárum helmingi, þat er refhvǫrfum er ort, ok tvenn í[8] hvárum[9], svá sem hér: grunn djúp, hata unna; en[10] í[10] enum øfra helmingi er svá: heil klofnar, frið deilu. Þessi eru at kalli en mestu refhvǫrf ok minzt af þessum.

Nú hefjask en minni refhvǫrf. Hér eru ein refhvǫrf í vísu-orði.

---

[1] A. M. udg., látið, alle; jfr. den følgende forklaring. [2] hverju, tf. R, T; mgl. U,W. [3] Mgl. alle. [4] Mgl. R. [5] gulli, R. [6] Sål. Svb. Eg.; við, alle. [7] Foran dette ord har R: Þessi eru at kalli en mestu refhvǫrf, men dette angår den foranstående art. [8] ór, R. [9] hváru, T. [10] Sål. W, U, mgl. R, T.

20. Hélir hlýr at stáli,
hafit fellr, en svífr þelli
(ferð dvǫl firrisk) harða
4 framm mót lagar glammi;
vindr réttr váðir bendir,
vefr rekr á haf snekkjur,
veðr þyrr, vísa iðjur
8 (varar fýsir skip) lýsa.

Hér er eitt refhvarf í hverju vísu-orði ok flest ofljós.

Þessi eru ǫnnur en minni:

21. Lung frák lýða þengils,
lǫ́ reis of skut, geisa,
en svǫrð of her herða;
4 hljóp stóð und gram Róða;
þjóð fær þungra skeiða
þrǫng rúm skipat lǫngum,
stǫ́l lætr styrjar deilir
8 stinn kløkk í mar søkkva.

Hér er refhvǫrf í ǫðru hverju vísu-orði.

Þessi eru en þriðju:

22. Himinglæva strýkr hǫ́var,
hrǫnn skilja sog, þiljur;
lǫgstíga[1] vill lœgir
4 ljótr fagrdrasil brjóta;
lýsheims náir ljóma
(líðr ár) of gram blíðum,
uðr rekkir kjǫl kløkkvan[2]
8 kǫld, eisa, far geisar.

Hér eru ein[3] refhvǫrf í hvárum helmingi. Þessi eru en minztu refhvǫrf.

Enn er sá háttr, er vér kǫllum refhvarfa-bróður:

23. Firrisk hǫnd með harra
hlumr[4], líðr vetr af sumri,
en flaust við lǫg Lista
4 lǫng taka hvílð at gǫngu;
ǫl mœðir lið lýða,
létt skipask hǫll et[5] rétta,
en skǫ́l at gjǫf góla
8 gulls svífr, tóm, en fulla.

Hér er í ǫðru orði[6] ok fjórða þau orð, er gagnstaðlig eru sem refhvǫrf, enda standa eigi saman, ok er ein samstafa millum þeira ok lúkask bæði eigi í[6] eina tíð. Þessir hættir, er nú eru ritaðir, eru dróttkvæðir at hendingum ok orðalengð. Hér eru vi. samstǫfur í hverju vísu-orði ok aðalhendingar í ǫðru ok enu fjórða, en skothendur í fyrsta ok þriðja.

Hvernig skal skipta dróttkvæðum hætti með hendingum eða orða-lengð? — Svá, sem hér er, dunhenda[7]:

---

[1] logstigo, U; lǫgskíða, W; laugstíga, R, T (Arkiv VIII, 317). [2] Sål. U, W, T, R*; kykkvan, R. [3] Mgl. R. [4] hlum, R*. [5] Sål. U; en, R W; at (réttu), T. [6] Mgl. R. [7] Sål. R*.

24. Hreintjǫrnum gleðr horna,
horn náir[1] lítt at þorna,
mjǫðr hegnir bǫl bragna,
4 bragningr skipa sagnir;
fólkhǫmlu gefr framla
framlyndr viðum gamlar,
hinn 's heldr fyr skot
skjǫldum,
8 skjǫldungr hunangs-ǫldur.

Hér er þat máls-orð fyrst í ǫðru ok enu fjórða vísu-orði, er síðarst er í enu fyrsta ok þriðja.

Þetta er tilsagt:

25. Rǫst gefr ǫðlingr jastar,
ǫl virðik svá, firðum;
þǫgn fellir brim bragna,
4 bjór forn es þat, horna;
máls kann mildingr heilsu,
mjǫðr heitir svá, veita;
strúgs kømr í val veiga,
8 vín kallak þat, galli.

Nú er orðskviðu-háttr:

26. Fúss brýtr fylkir eisu
fens; bregðr hǫnd á venju;
ránhegnir gefr Rínar
4 rǫf; spyrr ætt at jǫfrum;
mjǫk trúir ræsir rekka
raun; sér gjǫf til launa;
ráð á lofðungr lýða
8 lengr; vex hverr af gengi.

27. Ískalda skar[2]k ǫldu
eik, vas súð en bleika
reynd, til ræsis fundar[3]
4 ríks; emk kuðr at slíku;
brjótr þá hersis heiti
hátt, dugir sœmð at vátta,
auðs af jarla prýði
8 ítrs; vasa siglt til lítils.

Þetta er álags-háttr. — Hér hefr upp annat ok et fjórða vísu-orð með fullu orði ok einni samstǫfu, ok leiðir þat orð af enu fyrra vísu-orði, en þær v. samstǫfur, er þá eru eptir, eru sér um mál. Þessi er enn fyrsti háttr, er ritaðr sé, þeira, er breytt er af dróttkvæðum hætti með fullu hátta-skipti, ok heðan frá skal nú rita þær greinir, er skipt er dróttkvæðum hætti ok breytt með hljóðum ok hendinga-skipti eða orða-lengð, stundum við lagt, en stundum af tekit.

Þetta er tvískelft:

---

[1] Sál. R*, osv. (ná, R). [2] skal, R; (skar, R*). [3] afrevet, R.

28. Vandbaugs veitti sendir
vígrakkr, en gjǫf þakkak
skjaldbraks skylja mildum,
4 skipreiðu[1] mér, heiða;
fann næst fylkir unna
fǫl dýr at gjǫf stýri
stálhreins; styrjar deilis
8 stórlæti sák mæta.

Hér er[2] í fyrsta ok þriðja vísu-orði þat, er háttum skiptir; hér standask hljóðfyllendr svá nær, at ein samstafa er í milli þeira; þeir gera skjálfhendur stuðlar[3], ok er enn fyrri uphaf vísu-orðs, en hendingar standask sem first; en ef frumhending er í þeiri samstǫfu, er næst er enni fyrstu, þá bregzk eigi skjálfhenda.

Þessi er detthendr háttr:

29. Tvær mank hilmi hýrum
heims vistir[4] ótvistar,
hlautk á-samt at sitja
4 seimgildi fémildum;
fúss gaf fylkir hnossir
fleinstýri margdýrar;
hollr vas hersa stilli
8 hoddspennir fjǫlmennum.

Hér skiptask hættir í ǫðru ok fjórða vísu-orði, ok ræðr en fjórða samstǫfun háttunum.

Þetta er draugsháttr:

30. Þoll biðk hilmis hylli
halda grœnna skjalda;
askr beið af því þroska
4 þilju Hrungnis ilja;
vígfoldar njót valdi
vandar margra landa
(nýtr vast oss) til ítrar
8 elli (dólga fellir).

Hér er enn í ǫðru[5] ok í fjórða[5] vísu-orði þat, er háttum skiptir, ok ræðr hér en þriðja samstafa.

Nú hefr upp annat kvæði.

31. Stáls dynblakka støkkvi
stinngeðs samir minnask,
álms bifsœki aukum
4 Yggs feng, á lof þengils;
odds bláferla jarli
ǫrbrjót né skal þrjóta,
Hárs saltunnu[6] hrannir
8 hrœrum, óð at stœra.

Þetta heitir bragar-bót. Hér skiptir háttum í fyrsta ok þriðja vísu-orði; hér standask, sem first má, stuðlar, en hendingar svá, at ein samstafa er á milli; þat greinir háttuna.

---

[1] -reiðum, R. [2] Mgl. R. [3] Mgl. T, U, W, men T har ordet efter standask (l. 6.). [4] vıst er, R. [5] Ombyttede i R, T. [6] taunnu, R.

Þenna hátt kalla menn riðhendur:

32. Él þreifsk skarpt of Skúla
skýs snarvinda lindar,
egg varð hvǫss í hǫggum
4 hræs dynbrunnum runnin;
seimþreytir[1] bjó sveita
snjallr ilstafna hrafni,
Páll varð und fit[2] falla
8 framm þrábarni arnar.

Hér skiptir háttum í ǫðru ok fjórða vísu-orði; standa þar hendingar báðar samt nær enda ok lúkast á[3] einum hljóðstaf báðar[3], ok er betr, at samhljóðandi sé eptir aðra.

Þessi háttr er kallat veggjat:

33. Lífs varð rán at raunum
(reið[4] sverð) skapat mjǫk ferðum;
stǫng óð þrátt á þingi
4 þjóðsterk, liðu framm merki;
hrauð, of hilmis bróður,
hvǫss egg friðar vǫ́n seggjum,
spjót nǫ́ðu blǫ́ bíta;
8 búandmenn hlutu þar renna.

Hér er hátta-skipti í ǫðru ok fjórða vísu-orði, ok er þar ein samstǫfun sett í, svá at tvær eru síðarr, ok aukit því lengð orðzins.

Nú er flagðaháttr:

34. Flaust bjó fólka treystir
fagrskjǫlduðustum ǫldum,
leið skar bragnings bróðir
4 bjartveggjuðustu reggi;
hest rak hilmir rasta[5]
harðsveipaðastan[6] reipum,
sjár hlaut við þrǫm þjóta
8 þunghúfuðustu lungi.

Hér skiptir háttum í ǫðru ok enu fjórða vísu-orði; er hér aukit bæði samstǫfu ok fullnat orðtak sem framast, ok eptir þá samstǫfun eru þrjár samstǫfur ok er rétt dróttkvætt, ef hon er ór tekin.

Þessi háttr er en forna skjálfhenda:

35. Reist at Vágsbrú vestan,
varrsíma bar fjarri,
heitfastr hǫ́var rastir
4 hjálmtýr svǫlu stýri;
stǫkr óx, es bar blakka
brims fyr jǫrð et grimma
herfjǫlð (húfar svǫlðu)
8 hrannláð[7], búandmanna.

---

[1] Sål. T, W, U; sveim-, R. [2] Sål. W, T; fet, R; fot, U. [3] á—báðar, sål. T, R (hvor dog »um hljóðsta« er afrevet). [4] reð, R. [5] Sål. alle, undt. R*: rastar. [6] Sål. R, U, W, T; greip-, R*. [7] Sål. R*, U, T; -lið, W; rað, R.

Hér er skjálfhent með aðalhending í þriðja vísu-orði í hvárum tveggja helmingi, en at[1] ǫðru sem dróttkvætt. Þenna hátt fann fyrst Veili; þá lá hann í útskeri nǫkkuru, kominn af skips-broti, ok hǫfðu þeir ilt til klæða ok veðr kalt; þá orti hann kvæði, er kallat er kviðan skjálfhenda eða drápan steflausa, ok kveðit eptir Sigurðarsǫgu.

Þetta er þríhent kallat:

36. Hristi hvatt, þás reistisk,
herfǫng, mjǫk lǫng vé-stǫng;
samði fólk, en frǫmðusk
4 fullsterk, hringserk, grams verk;
hǫnd lék, herjum reyndisk,
hjǫrr kaldr, allvaldr mann-baldr;
(egg) frák breiða bjoggu
8 bragning fylking (stóð þing).

Hér[2] eru þrennar aðalhendingar[2] í ǫðru ok enu fjórða vísu-orði ok lúkask allar einnig, ok fylgir samstǫfun fyrir hverja

Nú er enn dýri háttr:

37. Vann, kann virðum banna
vald, gjald, hǫfundr[3] aldar,
ferð verð fólka herði
4 fest mest, sás bil lestir;
hátt þrátt, hǫlða áttar
hrauð auð jǫfurr rauðum,
(þat) gat þengill skatna
8 þjóð (stóð af gram) bjóða.

Hér eru í fyrsta ok þriðja vísu-orði tvær aðalhendingar samt í uphafi, en en þriðja at hætti við enda.

38. Farar[4] snarar fylkir byrjar,
freka breka lemr á snekkjum,
vaka taka vísa rekkar,
4 viðar skriðar at þat biðja;
svipa skipa sýjur hepnar
sǫmum þrǫmum í byr rǫmmum;
Haka skaka hrannir blǫkkum
8 hliðar; miðar und kjǫl niðri.

Hér[5] eru iii. hendingar í vísu-orði ok skothent í fyrsta ok þriðja vísu-orði, en þriðja hending *at hætti við enda*[6], ok fylgir samstafa hverri hendingu.

[1] Mgl. R. [2] þrennar a. e. hér, R. [3] Sål. R, U, W, T; hǫfuð, R* [4] Dette vers står her i U; i W efter v. 55, i R allersidst; i T mgl. det. Dets rigtige plads er netop her, da det i metrisk henseende er pendant til v. 37. [5] Denne forklaring findes kun i W. [6] Dette eller lign. må være udfaldet.

Þessi háttr er kallat tiltekit:

39. Ok hjaldreifan hófu
hoddstiklanda miklir,
morðflýtir kná mœta
4 málmskúrar dyn, hjálmar,
hjaldrs þás hilmir foldar
hugfœrum[1] gaf stœri[1],
ógnsvellir fær allan,
8 jarldóm gǫfugr, sóma.

Hér skiptir háttum it fimta vísu-orð, ok leiðir í því orði máltak af fyrra vísu-helmingi, ok dregsk þat vísu-orð með hljóðfyllingum[2] mjǫk eptir skjálfhendu enni nýju.

Þessi háttr er kallat greppaminni:

40. Hverr fremr hildi barra?
hverr es mælingum ferri?
hverr gerir[3] hǫpp at stœrri?
4 hverr kann auð at þverra?
veldr hertogi hjaldri;
hann es first blikurmanni[4];
hann á hǫpp at sýnni;
8 hann vélir blik spannar.

Þessum hætti er breytt til dróttkvæðs háttar með orðum.

Nú er sá háttr, er vér kǫllum liðhendur:

41. Velr ítrhugaðr ýtum
otrgjǫld jǫfurr snotrum;
opt hefr þings fyr þrøngvi
4 þungfarmr Grana sprungit;
hjǫrs vill rjóðr at ríði
reiðmálmr Gnitaheiðar;
vígs es hreytt[5] at hættis
8 hvatt Niflunga skatti.

Þat eru liðhendur, er enn sami stafr stendr fyrir hendingar, ok þá er rétt ort liðhendr háttr, at í ǫðru ok í enu fjórða vísu-orði sé oddhending ok skothending við þær hendingar, er í enu fyrra[6] vísu-orði eru, ok verðr þá einn uphafs-stafr allra þeira þriggja hendinganna.

Nú er sá háttr, er vér kǫllum rétthent:

42. Alrauðum drífr auði
ógnrakkr fírum Hlakkar,
veitk hvar[7] vals á reitu
4 verpr hringdropa, snerpir;
snjallr lætr á fit falla
fagrregn jǫfurr þegnum,
ógnflýtir verr ýtum
8 arm, Mardallar hvarma.

Hér eru aðalhendingar í fyrsta ok þriðja vísu-orði, en gætt

---

[1] Sål. U, T; stœrum . . . fœri, W; -dýrum . . . stýri, R. [2] Sål. U, W, T; -fylling, R. [3] Arkiv VIII, 318. [4] Sål. U, T, R*; blikurs, W; (blicnar, R). [5] R opr.: hrett (hreytt, R*). [6] Sål. U; mgl. R, T, og W forkorter. [7] hvat, R.

at taka ór skothendur. Enn er sá háttr, er vér kǫllum ena minni aðalhendu, þat eru skothendur í enu fyrsta vísu-orði í báðum helmingum, svá sem hér segir:

43. Samþykkjar fremr søkkvi[1]
snarr Baldr hjarar aldir;
gunnhættir kann Grótta
4 glaðdript hraða skipta;
féstríðir kná Fróða
friðbygg liði tryggva;
fjǫlvinjaðr[2] hylr Fenju
8 falr meldr alinveldi.

En minni alhenda er þá rétt ort, at haldit sé vísu-lengð saman, en ef henni er skotit í fulla alhendu, svá at skothendur sé þar sumar eða allar í vísu-orði, þá er þat eigi rétt.

Nú er alhent:

44. Frama skotnar gram, gotnum
(gjǫf sannask) rǫf spannar,
menstiklir, vensk, miklar[3]
4 manndýrðir vann skýrðar;
herfjǫlð (bera hǫlðar)
hagbáls[4] lagar stála
friðask sjaldan við valdi
8 (vallands svala branda).

Hér eru tvennar aðalhendingar í hverju vísu-orði; þessi þykkir vera fegrstr ok vandastr, ef vel er ortr, þeira hátta, er kvæði sé[5] ort eptir; ok er þá full alhending, ef eigi finzk í at, ek, en, eða þau smáorð, er þeim fylgja, nema þau standi í hendingum, en eigi hafa allir menn þat varazk, ok er þat fyrir því eigi rangt, sem kvað Klœingr byskup:

Baðk sveit á glað Geitis,
gǫr es íð at fǫr, tíðum
drǫgum hest á lǫg lesta,
lið flýtr, en skrið nýtum.

Þetta er stamhendr háttr:

45. Lætr undin brot brotna
bragningr fyr sér hringa,
sá tekr fyr men menja
4 mætt orð of sik fættir;
armr kná við blik[6] blikna
brimlands viðum randa,
þars hǫnd, at lið liðnar,
8 lýslóðar berr glóðir.

Hér er í fyrsta ok þriðja vísu-orði tvíkveðit at einni samstǫfu ok haft þat til hendinga, ok fyrir því kǫllum vér þetta

---

[1] Sål. R* (savckum, R, T, W, U). [2] Sål. W (-jar), R*; vinjat, U, T, R. [3] Sål. U, W; mikla, R, T. [4] Sål R (opr.), U, W, T; -bál, R*. [5] Sål. U, W, T; eru, R. [6] R opr.: brim.

stamhent, at tvíkylft[1] er til hendingarinnar, ok standa svá hendingar í orðinu sem riðhendur.

Nú er sá háttr, er samhent er kallat:

46. Virðandi gefr virðum
verbál[2] liðar skerja,
gleðr vellbroti[3] vellum
4 verðung afar-þungum;
ýtandi fremr ýta
auðs[4] sæfuna rauðum,
þars mætum gram mæti
8 marblakks skipendr þakka.

Hér eru þær hendingar, er vér kǫllum samhendur, þvíat þessar eru allar með einum stǫfum ok eru í fyrsta[5] ok iii. vísuorði svá settar sem skothendur í dróttkvæðum hætti.

Nú er iðurmælt:

47. Seimþverrir gefr seima
seimǫrr liði beima,
hringmildan spyrk hringum
4 hringskemmi brott stinga[6];
baugstøkkvir fremr baugum
bauggrimmr hjarar drauga[7],
viðr gullbroti gulli
8 gullhættr skaða fullan.

Hér er þrim sinnum haft samhending[8] tysvar í fyrsta ok iii. vísu-orði, en í ǫðru ok enu fjórða er haldit afhending sem í dunhendum hætti.

Þessi háttr heitir klifat:

48. Auðkendar verr auði
auðtýr boga nauðir,
þar's[9] auðviðum auðit
4 auðs í gulli rauðu;
heiðmǫnnum býr heiðis
heiðmildr jǫfurr reiðir;
venr[10] heiðfrǫmuðr heiðar
8 heiðgjǫf vala leiðar.

Hér halda samhendingar of allan vísu-helming ok taka með aðalhending ena síðarri í ǫðru ok enu iiii. vísu-orði.

Nú eru þeir hættir, er stúfar heita:

49. Hjaldrremmir tekr Hildi,
hringr brestr at gjǫf, festa,
hnígr und Hǫgna meyjar
4 hers valdandi tjald;
Heðins mála býr hvílu
hjálmlestanda flestum,
morðaukinn þiggr mæki
8 mund Hjaðninga sprund.

[1] Sål. U; -klypt, R, T; sætn. mgl. W. [2] báls, R. [3] -brjóti, R. [4] Sål. U, T; auð, R, W. [5] Sål. W; ǫðru, R, U, T. [6] þinga, U, R, T; stinga, R*; -ninga, W. [7] draugum, R, R*. [8] -ingin, R. [9] þat er, R, T (rettet R*). [10] Sål. W, T, R; verr, U, R*.

Hér er et fjórða vísu-orð stýft ok tekin af samstafa, er í dróttkvæðum hætti skal setja með hending.

Þessi er meiri stúfr:

50\. Yggs drósar rýfr eisa
ǫld móðsefa[1] tjǫld,
glóð støkkr í hof[2] Hlakkar
4 hugtúns firum brún;
geðveggjar svífr glugga
glæs dynbrími hræs,
hvattr[3] es[3] hyrr at slétta
8 hjaldrs gnapturna aldrs.

Hér er stýft annat ok et iiii. vísu-orð.

Nú er enn mesti stúfr:

51\. Herstefnir lætr hrafn
hungrs fullseðjask ungr,
ilspornat getr ǫrn
4 aldrlausastan haus;
vilja borg en vargr
vígsára klífr grár,
opt solgit fær ylgr
8 (jǫfurr góðr vill svá) blóð.

Hér eru ǫll vísu-orð stýfð[4]. — Þessir hættir, er nú eru ritaðir, eru[5] greindir í þrjá staði, þvíat menn hafa ort fyrr svá, at í einni vísu var annarr helmingr stýfðr, en annarr helmingr tvístýfðr, ok eru þat hátta-fǫll; sá er enn þriði, er alstýfðr er, þvíat hér eru ǫll[6] vísu-orð stýfð.

Nú skal rita þann hátt, er skothendr heitir:

52\. Sær skjǫldungs niðr skúr-
um,
(skǫpt) Darraðar (lyptask),
hrindr gunnfana grundar
4 glygg of[7] frœknum tyggja[8];
geysa vé fyr vísa,
veðr stǫng[8] at hlym Gungnis,
styrk eru mót und merkjum
8 málms of ítran hilmi.

Hér eru skothendur í ǫllum vísu-orðum, en annat sem dróttkvæðr háttr.

Nú er sá háttr, er vér kǫllum liðhendur:

53\. Stjóri vensk at stœra
stór verk dunu geira,
halda kann með hildi
4 hjaldrtýr und sik foldu;
harri slítr í hverri
Hjarranda fǫt snerru,
falla þar til fyllar
8 fjallvargs jǫru þollar.

---

[1] með-, R (rettet R*). [2] haf, W, U. [3] Sål. U, W, T, R; hvatt kann, R*. [4] Denne sætn. står i R foran verset; mgl. T. [5] Sål. U; ok, R, T; ændret W. [6] Mgl. R, T. [7] of, T; um, U; af, R, W. [8—8] afrevet R.

Í þessum hætti eru liðhendur með tvennu móti, en aðrar á þá lund[1]: við ena fyrri hending í fyrsta ok þriðja vísu-orði. — Nú skal rita þá háttu, er forn skáld hafa kveðit ok eru nú settir saman, þótt þeir hafi ort sumt með hátta-fǫllum, ok eru þessir hættir dróttkvæðir kallaðir í fornum kvæðum, en sumir finnask í lausa[2]-vísum, svá sem orti Ragnarr konungr loðbrók með þessum hætti:

54. Skýtr at Skǫglar veðri,
en skjaldagi haldask,
Hildar hlemmidrífu
4 of hvítan[3] þrǫm rítar;
en í sœfis sveita
at sverðtogi ferðar
rýðr aldar vinr[4] odda
8 (þat es jarls[5] megin) snarla.

Hér er[6] í fyrsta ok þriðja vísu-orði háttlausa, en í ǫðru ok iiii. aðalhendingar, en hǫfuðstafrinn stendr svá, sá er kveðandi ræðr í ǫðru ok enu fjórða vísu-orði, at þar er fyrir sett samstafa ein eða tvær, en at ǫðru sem dróttkvætt.

Nú skal rita Torf-Einarshátt:

55. Hverr séi jǫfra œgi
jarl fjǫlvitrum betra,
eða gjarnara at gœða
4 glym harðsveldan[7] skjalda?
stendr af[8] stála skúrar
styrr ólítill Gauti,
þás fólks jaðarr[9] foldir
8 ferr signjǫrðum varða.

Hér er í fyrsta ok þriðja vísu-orði háttlausa, en í ǫðru ok fjórða skothent ok riðhent.

Nú er Egilsháttr:

56. Hverr ali blóði byrsta
bens rauðsylgjum ylgi,
nema svát gramr of gildi
4 gráð dag margan vargi;
gefr oddviti undir
egg nýbitnar vitni,
herr[10] sér[10] fenris fitjar
8 frammkló loðna[11] roðna.

Hér er í fyrsta ok þriðja vísu-orði háttlausa, en í ǫðru ok enu fjórða aðalhendingar ok riðhent[12].

Nú er Fleinsháttr:

---

[1] at, tf. R, U, T. [2] Sål. U, W, T; lausum, R. [3] Sål. W, T; hvítum, U, R. [4] vin, R. [5] jarl, R. [6] Mgl. R. [7] Sål. U, T, R; -selldan, W; feldan-, R*. [8] of, R. [9] jarðar(r), R, T. [10] hann er, U, T (ser), W. [11] Sål. K. G. (Efterl. skr. II, 231), loðnar, alle. [12] Her ender U.

57. Hilmir hjálma skúrir
herðir sverði roðnu,
hrjóta hvítir askar,
4 hrynja brynju spangir;
hnykkja Hlakkar eldar
harða svarðar landi,
remma rimmu glóðir
8 randa grand of jarli.

Hér er svá farit hendingum sem í dróttkvæðum hætti, en hendingar eru settar saman í ǫndurðu vísu-orði.

Nú er Bragaháttr:

58. Es til hjálma hyrjar
herjum styrjar væni,
þar svát jarl til ógnar
4 egnir tognu sverði;
sjá kná garð fyr grundu
grindar Þundar jaðra,
es skatna vinr skjaldar
8 skyldisk galdr at fremja.

Hér er í fyrsta ok þriðja vísu-orði et síðarsta máls-orð haft til hendingar, en missir þess orðs ens fyrra, er gera skyldi skothending, en við þetta hendingar-orð eru í ǫðru ok enu fjórða vísu-orði hendingar, ok er þat ǫnnur hending skothenda ok liðhending[1], *en*[2] *ǫnnur*[2] aðalhending við[1] ena fyrstu, en þessar hendingar, er standa í ǫðru ok fjórða vísu-orði[3], standa sem í Fleinshætti. Víða er þat í fornskálda verka, er í einni vísu eru ýmsir hættir eða hátta-fǫll, ok má eigi yrkja eptir því, þóat þat þykki eigi spilla í fornkvæðum.

Nú eru þeir hættir, greindir í þrjá staði, er kimbla-bǫnd heita; þessi er einn:

59. Hjálmlestir skekr[4] Hristar
hreggǫld Sigars veggi,
gramr lætr í byr brjóta
4 brands hnigþili randa
stranda;
stálhrafna lætr stefnir
styrvind of sik þyrja:
þiggr at Gǫndlar glyggvi
8 gagn[5] oddviti bragna sagna.

Hér er í fjórða vísu-orði í hvárum helmingi aukit aðalhending með tveim samstǫfum eptir vísu-orð, en at ǫðru sem dróttkvætt.

Nú er et meira kimblaband:

---

[1] Sål. udg.; hending—við, afrevet, R; en—aðalh. mgl. T. [2] Tf. SnE. [3] eru er, tf. R. [4] Sål. T, W; skerr, R. [5] gang, R.

60. Álmdrósar skylr ísa
ár flest meginbára sára,
kœnn lætr hvatt[1] á hrǫnn-
um
4 hjálmsvell jǫfurr gella fella;
styrjǫkla kná stiklir
stinnr[2] mens legi venja benja,
lætr stillir frǿr fylla
8 fólk sund hjarar lunda unda.

Hér eru tvenn kimblabǫnd í[3] hvárum helmingi.

Þessi eru en mestu kimblabǫnd:

61. Hræljóma fellr hrími, tími
hár vex of gram sára ára,
frost nemr, of hlyn Hristar, Mistar
4 herkaldan þrǫm skjaldar aldar;
gullsendir brýtr grundar Hrundar
gunnveggs stǫfum leggi hreggi,
(sóknvallar) spyrk (svelli) elli
8 (svá skotnar þat) gotna þrotna.

Hér fylgir hverju vísu-orði kimblaband.

Nú skal rita hrynjandi háttu[4]; þessi er enn fyrsti:

62. Tyggi snýr á ógnar ǫ́ru
(undgagl veit þat) sóknar hagli,
yngvi drífr at hreggi hlífa
4 (hjǫrr vélir fjǫr) brynju éli;
(vísi) heldr of fjǫrnis foldir,
fólk (skiptir[5] svá boga dript-um)
skúrum lýstr of hilmi hraust-an,
8 (hans fregnum styr) Mistar regni.

Hér er et fyrsta ok iii. vísu-orð aukit framan tveim samstǫfum til háttar-setningar, en ef þær eru af teknar, þá er eptir sem dróttkvætt, en ór ǫðru ok iiii. vísu-orði má taka máls-orð þat, er tvær samstǫfur fylgja, en v. ok en vi. í vísu-orði, þá er þat orð ok dróttkvætt. Í hrynhendum hátt-um eru optast viii. samstǫfur í vísu-*orði*[6], en hendingar ok stafa-skipti fara sem í dróttkvæðum hætti. Þetta kǫllum vér dróttkvæða hrynjandi.

---

[1] Sål. udg.; hræs, alle. [2] stinn, alle. [3] a, R. [4] Hermed ender T. [5] Sål. W; skipta, R. [6] Mgl. R; forkortet W.

Nú skal sýna fleiri skipun háttanna; er þessi hrynjandi kǫlluð trǫllzháttr:

63. Stála kendi støkkvilundum
styrjar valdi rauðu falda,
rekkar stýrðu rétt til jarðar
4 roðnu barði, austan fjarðar;
oddum rendi eljunstrandir
ýta ferðar hringa skerðir,
hilmir stœrði hvǫssu sverði
8 heila grundar meginundir.

Hér eru viii. samstǫfur í hverju vísu-orði; hér eru hluthendur í ǫllum orðum ok fylgja iii.[1] samstǫfur hverri hendingu, ok svá fara skothendur ok aðalhendingar ok stafa-skipti sem í hrynhendu.

Þessi er einn hrynhendr háttr:

64. Vafði lítt, es virðum mœtti,
vígrœkjandi framm at sœkja;
skerðir gekk[2] í[2] skúrum Hlakkar
4 Skǫglar[2] serks[2] fyr[2] roðnum merkjum.
ruddisk land, en ræsir Þrœnda
Ribbungum skóp bana þungan,
Gunnarr skaut und gera fótar
8 grimmsetta il[2] hjarna kletti.

Þetta er hrynhenda óbreytt.

Þetta er draughent:

65. Vápna hríð velta náði
vægðarlaus feigum hausi;
hilmir lét hǫggum mœta
4 herða klett bana verðan;
fleina lands fylkir rendi
fjǫrnis hlíð meginskíði,
ǫflugt[3] sverð[3] eyddi[3] fyrðum
8 jǫfri kent, holdi fenta.

Í[4] þessum hætti eru tíðast vii. samstǫfur í[4] hverju vísu-orði, en hendingar ok stafa-skipti sem í dróttkvæðum, ok ef hér er ór tekin ein samstǫfun fyrsta eða þriðja vísu-orði, sú er stendr næst enni fyrstu, þá falla hljóðin ǫll sem í dróttkvæðum hætti. Svá má ok af taka í ǫðru ok enu iiii. vísu-orði ena sǫmu samstǫfun, ok er þá þat dróttkvætt, ok verðr sumt eigi mjúkt.

Þenna hátt kǫllum vér munnvǫrp:

---

[1] iiij., R. [2] Afrevet, R. [3] Sål. W; auflum sótti oddi, R. [4] Mgl. R.

66. Eyddi úthlaups-mǫnnum
ítr hertogi spjótum,
sungu stǫ́l of stillis
4 (stóð ylgr í val) dólgum;
hal margan lét hǫfði
hoddgrimmr jǫfurr skemra;
svá kann rán at refsa
8 reiðr oddviti þjóðum.

Hér er háttlausa í[1] enu fyrsta ok iii. vísu-orði, en í ǫðru ok enu fjórða skothendur.

Nú er sá háttr, er kallaðr er háttlausa:

67. Ortak ǫld at minnum,
þás alframast vissak,
of siklinga snjalla
4 með sex tøgum hátta;
sízt hafa veg né vellum,
es virðan mik létu,
á aldinn mar orpit
8 (þat 's oss frami) jǫfrar.

Í þessum hætti eru engar hendingar, en stafa-skipti sem í dróttkvæðum hætti. — Nú eru saman settir í tveim kvæðum sex tigir hátta ok um framm þær viii. greinir, er fyrst er skipat dróttkvæðum hætti með máls-greinum þeim, er fylgja hættinum; ok eru þessir hættir allir vel fallnir til at yrkja kvæði eptir, ef vill.

Nú skal upp hefja et þriðja kvæði —

þat er ort er eptir enum smærum háttum, ok eru þeir hættir þó margir áðr í lofkvæðum. Hér hefr upp tøgdrápulag:

68. *Fremstr vas[2] Skúli* —
Skala lof dvala;
semk mildum gram
4 mœrð fjǫlsnœrða;
meirr skalk stœri
styrs hróðr fyrir
(kærr vask harra)
8 hers[3] gnótt bera.

Hér er í ǫðru ok fjórða vísu-orði fjórar samstǫfur ok tvær aðalhendingar ok svá settr hǫfuðstafr sem í dróttkvæðu, en í fyrsta ok þriðja vísu-orði eru ok fjórar réttar samstǫfur ok en fimta afkleyfis-samstafa, þat er ek eða af eða[4] en eða[4] er eða þvílíkt; þar eru ok skothendingar ok ein hljóðfylling við hǫfuðstafinn.

Þetta er annat tøglag:

---

[1] Mgl. R. [2] Sál. W; varð, R. [3] hans, R. [4] eð, R; mgl. W.

69. Kunn bjók kvæði
konungs bróður þjóð
(þann veitk þengil)
4 þrenn (fjǫlmennan);
framm skal en fjórða
fólkglaðs vaða
ljós elds lagar
8 lofun friðrofa.

Svá ferr hér annat ok fjórða vísu-orð sem í fyrra hætti, en et fyrsta ok þriðja vísu-orð er hér hendingalaust, en ii. hljóðfyllendr við hǫfuðstaf sem í dróttkvæðu.

Þessi er enn þriði háttr, er vér kǫllum hagmælt[1]:

70. Mitt[2] 's of mœti
mart[2] lag[2] bragar
áðr ókveðit
4 oddbraks spakan;
hlýtr grams geta
greppr óhneppra
skýrr skautfara.
8 *skjǫldunga ungr.*

Í þessum hætti eru skothendingar í fyrsta ok iii. vísu-orði ok stafa-skipti sem í dróttkvæðum hætti, en at ǫðru sem tøgmælt. Í ǫllu tøglagi er eigi rangt, þótt v. samstǫfur sé í vísu-orði, er skammar eru sumar ok skjótar. Þat er tøgdrápuháttr, at stef skal vera til fyrsta vísu-orðz ok lúka því máli í enu síðarsta vísu-orði kvæðisins[3], ok er rétt, at setja kvæðit með svá mǫrgum stefja-mélum, sem hann vill, ok er þat tíðast, at hafa ǫll jafnlǫng, en hvers stefjaméls skal stef upphaf ok niðrlag.

Nú er grœnlenzki háttr:

71. Slóð kann sneiðir
seima geima
hnigfák Haka
4 hleypa greypa;
hinn 's af hlunni
hesta festa
lætr leyfðr skati
8 langa ganga.

Hér er et fyrsta ok iii. vísu-orð svá sem hagmælt, en annat ok iiii. með aðalhendingum, ok eru tvær samstǫfur aðalhendar ok endask[4] báðar í einn staf.

Nú er enn skammi háttr:

---

[1] mælt, afrevet, R. [2] Afrevet, R. [3] Rettere stefjabálks. [4] Sál. W; endar, R.

72. Gull kná[1], greppar,
glóa, róa,
váss eru seggir
4 samir framir;
eik má und jǫfri
una bruna,
þá nýtr vísi
8 viðar skriðar.

Hér er et fyrsta ok iii. vísu-orð hendingalaust, en annat ok et iiii. sem grœnlenzki háttr ok skemri orðtǫkin.

Nú er nýi háttr:

73. Ræsir glæsir
Rǫkkva stǫkkva
hvítum rítum
4 hreina reina;
skreytir hreytir
skafna stafna
hringa stinga[2]
8 hjǫrtum svǫrtum.

Í þessum hætti eru í hverju vísu-orði fjórar samstǫfur, en tvær aðalhendingar ok lúkask í einn staf báðar ok engi afkleyfis-orð.

Þetta er stúfhent:

74. Hafrǫst hristir
hlunnvigg tiggja,
borðgrund bendir
4 brimdýrs stýri;
blǫ́ veit brjóta
byrskíð víði
bǫðharðr bǫrðum
8 buðlungr þungan.

Í þessum hætti eru fjórar samstǫfur í vísu-orði, en hendingar ok stafa-skipti sem í dróttkvæðum hætti, nema þat at allar hendingar eru náhendar.

Þetta er náhent:

75. Hrinda lætr hniggrund
hafbekks snekkjur,
þás falla, fleinþollr
4 frǫ́r, mǫ́l, stǫ́lum;
hlumi lítr hergramr[3]
hirðmenn spenna,
en rœði raungóð[4]
8 rógálfs[5] skjálfa.

Í þessum hætti eru fjórar samstǫfur í vísu-orði, ok er eigi rangt í[6] enu fyrsta ok þriðja, þótt v. sé; þar eru skothendur; í ǫðru ok enu fjórða eru aðalhendingar ok báðar saman ok en fyrri stýfð, en stafa-skipti sem í dróttkvæðu.

---

[1] er, tf. R. [2] Sål. er vistnok R's læsemåde = W at forstå. [3] Sål. W; -fram, R. [4] ravð-, R. [5] Sål. W; -álfr, R. [6] Mgl. R.

Þetta er hnugghent:

76. Hrannir strýkva hlaðin borð[1],
haflauðr skeflir,
kasta náir kjalar stíg
4 kalt hlýr sǫltum;
svǫrtum hleypir svana fjǫll
snjallmæltr stillir
hlunna *framm*[2] of Haka veg
8 hríðfeld stóðum[3].

Hér er í fyrsta ok iii. vísu-orði vii. samstǫfur ok hendingalaust, en rétt at stǫfum, en annat ok et fjórða hefir fjórar samstǫfur, en rétt at stǫfum, ok skothending, ok oddhent ok stýfð en fyrri hending.

Nú er hálfhnept:

77. Snyðja[4] lætr í sólroð
snekkjur á Manar hlekk,
árla sér, ungr jarl,
4 allvaldr breka[4] fall;
lypta kná[5] of liði[6] opt
lauki of kjalar raukn,
greiða náir glygg vǫð,
8 greipum mœta dragreip.

Í þessum hætti eru sex samstǫfur í vísu-orði, en eigi er rangt, þótt verði v. eða vii.; í fyrsta ok iii. vísu-orði eru skothendur, en aðalhendingar í ǫðru ok enu iiii. í hvárum tveggja stað, en fyrri hending rétt í dróttkvæðu, en en síðarri stýfð eða hnept — þat er alt eitt.

Sjá háttr er alhneptr:

78. Hrǫnn skerr, hvatt ferr,
húfr kaldr, allvaldr,
lǫ́ brýtr, lǫg skýtr,
4 limgarmr, rangbarmr;
brátt skekr, byrr rekr,
blán vegg, ráskegg,
jarl lætr almætr
8 ósvipt húnskript.

Í þessum hætti eru fjórar samstǫfur í vísu-orði ok tvær aðalhendingar ok[6] lúkask[6] báðar í einn staf, ok allar hendingar hneptar.

Þetta er Haðarlag:

79. Læsir leyfðr vísi
landa útstrandir
blíðr ok[7] bláskíðum[8]
4 barða randgarði;

---

[1] Sål. W; bekk, R. [2] Sål. Rask; mgl. R, W. [3] Sål. K. G.; skíðum, R, W. [4] Afrevet, R. [5] Sål. W; kná lýðr, R. [6] Sål. W; mgl. R. [7] Sål. W; um, R*. [8] Sål. W; skíðu, R; skíða, R*.

ern kná jarl þyrna | jǫrð með élsnœrðum
oddum valbrodda | 8 jaðri hrænaðra.

Í þessum hætti eru v. samstǫfur í vísu-orði, en hendingar ok stafa-skipti sem í dróttkvæðum hætti.

Nú eru þeir hættir, er runhendur eru kallaðir; þeir eru með einu móti; hverr háttr runhendr skal vera með aðalhendingum tveim, ok í sínu vísu-orði hvár hending. Þessi er rétt runhenda:

80. Lof 's flutt fjǫrum | hefk hans fǫrum
fyr gunnǫrum | til[2] hróðrs gǫrum[3]
(né spurð spǫrum | ypt óvǫrum
4 spjǫll) gram[1] snǫrum; | 8 fyr auðs bǫrum.

Þessi háttr er haldinn með einni hending í hverju vísu-orði, ok svá er sú runhending, er skilr hendingar ok skiptir orðum; því er þetta runhent kallat.

Þetta er en minni runhenda:

81. Fluttak frœði | stef skal stœra
of[4] frama grœði, | stilli Mœra,
tunga tœði, | hróðr dugir hrœra,
4 með tǫlu rœði; | 8 ok honum fœra.

Hér gengr hending of hálfa[5] vísu, en ǫnnur í síðarra helmingi.

Þessi háttr er stýfðr eða hneptr af enum fyrra; þessi er en minzta runhenda:

82. Slíkt es svá, | jarla er
siklingr á | austan ver
(ǫld þess ann) | skatna skýrstr
4 orðróm[6] þann, | 8 Skúli dýrstr.

Í[7] þessum hætti eru þrjár samstǫfur í vísu-orði, en tvau vísu-orð sér um hending; stafa-skipti sem í dróttkvæðu; en finnzk þat svá, at eigi er rangt, ef stendr einu sinni fyrir máls-orð hljóðstafr sá, er kveðandi ræðr.

---

[1] Sål. W; grams, R. [2] Sål. R*, W; mgl. R. [3] Sål. W, R*; avrum, R. [4] Sål. R*, W; ok, R. [5] ha, R. [6] Sål. R*, W; oþrom, R. [7] Mgl. R.

Þessir eru enn runhendir:

83. Naðrs gnapa ógn alla
eyðis[1] baugvalla
hlunns of hástalla
4 hestar svanfjalla;
orms es glatt galla
með gumna spjalla,
jarl fremr sveit snjalla;
8 slíkt má skǫrung kalla.

Þessi háttr er ortr[2] með fullri runhending, ok eru þar tíðast v. samstǫfur í vísu-orði, eða sex, ef skjótar eru.

Þessi er annarr:

84. Orð fekk gott gramr,
hann es gunntamr,
mjǫk es fullframr
4 fylkir rausnsamr;
hinn es mǫl metr,
milding sízt getr,
þann es svá setr
8 seggi hvern vetr.

Þessi er hneptr af[3] enni[3] fyrri runhendu.

85. Mærð vilk auka
Mistar[3] lauka
góma sverði[3]
4 grundar skerði;
dýrð skal segja
(drótt má þegja)
styrjar glóða
8 støkkvi-Móða.

Í þeima hætti eru iiii. samstǫfur í hverju vísu-orði, en hǫfuðstafr sem í dróttkvæðum hætti, ok fylgir þeim einn hljóðfyllandi.

Þessi er enn þriði háttr runhendr:

86. Veitk hrings hraða
í hǫll laða,
gott 's[4] hús Hlaða,
4 hirð ǫlsaða;
drekkr gramr glaða[5],
en at gjǫf vaða
vitar valstaða[6],
8 vandbaugskaða.

Þetta er rétt runhending, ok er þessi háttr tekinn af tøglagi; hér eru iiii samstǫfur í vísu-orði eða v., ef skjótar eru.

Þessi er en minni runhenda:

87. Drífr handar hlekkr,
þars hilmir drekkr;
mjǫk 's brǫgnum bekkr
4 blíðskálar þekkr;
leikr hilmis her
hreingullit ker,
segik alt sem er,
8 við orða sker.

[1] Sål. Rask, eyðir, R, W. [2] ort, R. [3] Afrevet, R. [4] Sål. R*; mgl. R. [5] Her ender W. [6] Sål. R* -s. aða, R.

Þessi er hneptr af enum fyrra.

Þessi er en minzta:

88 En þá 's hirð til hallar   búin es gjǫf til greizlu
hers[1] oddviti kallar,   at gullbrota veizlu,
opt tekr jarl at fagna   þrǫngt sitr þjóðar sinni,
4 við ótali bragna;   8 þar es mestr frami inni.

Þessi runhenda er tekin af dróttkvæðum hætti, ok eru hér jafnmargar samstǫfur ok svá stafa-skipti sem í dróttkvæðu

Nú hefr upp enn fjórða bálk runhendinga:

89 Hirð gerir hilmis kátt,   slíkt telk hilmis hǫ́tt,
hǫll skipask þrǫngt at gǫ́tt,   hans es rausn of mǫ́tt,
auð gefr þengill þrátt,   jarl brýtr sundr í smátt
4 þat spyrr framm í ǫ́tt;   8 slungit gull við þǫ́tt.

Þessi háttr er hneptr af enum fyrra ok rétt runhendr.

Nú er en minni runhenda:

90. Mǫrg þjóð ferr til siklings sala,
sœmð es þar til allra dvala,
tyggi veitir seima[2] svala,
4 satt es bezt of hann at tala;
bresta spyrjum bauga flata,
bragna vinr kann gulli hata,
œðri veitk at gjǫflund gata
8 grundar vǫrðr, fyr hringa skata.

Þessi runhenda er tekin af hrynhendum hætti.

91. Þiggja kná með gulli glǫð
gǫtna ferð at ræsi mjǫð;
drekka lætr hann sveit at sín
4 silfri skenkt et fagra vín;
greipum mœtir gullin skǫ́l,
gumnum sendir Rínar bál,
eigi hittir œðra mann,
8 jarla beztr, en skjǫldung þann.

Þessi er hneptr af enni fyrri runhendu.

---

[1] Sål. R*; her, R. [2] Sål. R*; seim, R.

Hér hefr upp enn fimta runhendan bálk:

92. Getit vas grams fara,
gǫrt hefk mærð snara,
þengil mun þess vara,
4 þat namk lítt spara;
finnrat frœknara
fœði gunnstara
mann né mildara
8 merkir blóðsvara.

Þessi er ok full runhenda ok tekin af hálfhnefstum hætti eða náhendum.

Þessi er en minni runhenda:

93. Þengill lætr hǫpp hrest,
honum fylgir dǫð mest,
vísi gefr vel flest
4 verbǫl *ok*[1] ólest;
húfar brutu haf ljótt,
heim létk jǫfur sótt,
Yngva lofar[2] ǫll drótt,
8 jarls sák[3] frama gnótt.

Þessi er stýfðr eða hneptr af fyrra hætti.

94. — — — — — Gramr,
gulli søri Kraki framr[4],
efla frǫgum Haka hjaldr,
4 — — — — — — aldr;
ormi veitti Sigurðr sár
(slíkt vas alt fyr liðit ár)
Ragnarr þótti skatna skýrstr,
8 Skúli jarl es miklu dýrstr.

Málaháttr[5]:

95. Munðak mildingi,
þás Mœra hilmi
fluttak fjogur kvæði,
4 fimtán stórgjafar;
hvar viti áðr orta
með œðra hætti
mærð of menglǫtuð
8 maðr und himins skautum.

Fornyrðislag[6]:

96. Ort 's of ræsi,
þann 's rýðr granar
vargs ok ylgjar
4 ok vǫpn litar;
þat mun æ lifa,
nema ǫld farisk,
bragninga lof,
8 eða bili heimar.

Bálkarlag[6]:

97. Lyptak ljósu
lofi þjóðkonungs;
upp 's fyr ýta
4 jarls mærð borin;
hverr myni heyra
hróðr gjǫflata
seggr svá kveðinn
8 seims ok hnossa.

---

[1] Mgl. R. [2] Sål. R*; lofa, R. [3] Sá er, R. [4] Sål. R*; fram, R. [5] Sål. R*. [6] Sål. R*.

Sú er grein milli þessa hátta, at í fornyrðislagi eru í fyrsta ok iii. vísu-orði[1] einn stuðill, en í ǫðru ok iiii. vísu-orði þá stendr hǫfuðstafr í miðju orði, en í stikkalagi eru ii.[2] stuðlar, en hǫfuðstafr í miðju orði, en í bálkarlagi standask stuðlar ok hǫfuðstafr sem í dróttkvæðu.

Starkaðarlag:

98. Veitk verðari
þás vell gefa,
brǫndum beita
4 ok búa snekkjur,
hæra hróðrar
en heimdrega,
unga jǫfra,
8 en auðspǫruð.

99 Þeir ró jǫfrar
alvitrastir,
hringum hæstir,
4 hugrakkastir;
vellum verstir,
vígdjarfastir,
hirð hollastir,
8 happi næstir.

Ljóðaháttr:

100. Gløggva grein
hefk gǫrt til bragar;
3 svá 's tírœtt hundrað talit;
hróðrs ørverðr[3]
skala maðr heitinn vesa,
6 ef svá[4] fær alla hǫttu ort.

Galdralag:

101. Sóttak fremð,
sóttak fund konungs,
3 sóttak ítran jarl;
þás ek reist,
þás ek renna gat
6 kaldan straum kili,
kaldan sjá kili.

102. Njóti aldrs
ok auðsala
konungr ok jarl,
4 þat 's kvæðis lok;
falli fyrr
fold í ægi,
steini studd,
8 en stillis lof.

---

[1] er, tf. R. [2] Sål. Sn. E , iii., R. [3] Sål. R* (Se Arkiv VIII, 316).
[4] Sål. Sn. E., sá, R.

TILLÆG.

I.

Gylfaginning, kap. 1.

Gylfi konungr réð þar londum, er nú heitir Svíþjóð. Frá honum er þat sagt, at hann gaf einni farandi konu at launum skemtunar sinnar eitt plógs-land í ríki sínu, þat er iii. øxn drœgi upp dag ok nótt. En sú kona var ein af[1] ása-ætt; hon er nefnd Gefjun. Hon tók iiii. øxn norðan ór Jǫtunheimum, en þat váru synir jǫtuns nǫkkurs[2] ok hennar, ok setti þá fyrir plóg, en plógrinn gekk svá breitt[3] ok djúpt, at upp leysti landit, ok drógu øxninir[4] þat land út á hafit ok vestr ok námu staðar í sundi nǫkkuru. Þar setti Gefjun landit ok gaf nafn ok kallaði Selund. Ok þar sem landit hafði upp gengit, var þar[4] eptir vatn; þat er nú Lǫgrinn kallaðr í Svíþjóð, ok liggja svá víkr í Leginum sem nes í Selundi. Svá segir Bragi skáld gamli:

Gefjun dró frá Gylfa
glöð djúprǫðuls[5], ǫðla[6],
svát af rennirauknum
4 rauk, Danmarkar auka;
bǫru øxn ok átta
ennitungl, þars gengu
fyr vineyjar víðri
8 vallrauf[7], fjogur haufuð.

---

[1] Sål W, T; at, R. [2] Sål. W, T, mgl. R. [3] Sål. W, T, hart, R. [4] Sål. alle. [5] Sål. K. G.; -rǫðul, alle. [6] avþla, R. [7] Sål K. G.; val-, alle.

II.

Hvad den såkaldte »Eptirmáli«, se s. 226—28 i den AM'ske udgave, angår, henvises til denne; da indholdet intet har med Snorre at göre og er et langt yngre makværk, er det unødvendigt, her at optage det.

III

Et brudstykke af Haustlöng (se s. 88).

Svá segir þar:

1. Eðr of sér, es jǫtna
óttí lét of sóttan[1]
hellis »biaur«[2], á hyrjar,
4 haug Grjótúna, baugi;
ók at ísarnleiki
Jarðar sunr, en dunði,
móðr svall Meilabróður,
8 mána vegr und hǫnum.

2. Knǫttu ǫll, en, Ullar,
endilǫg, fyr mági,
grund vas grápi hrundin,
4 ginnunga vé brinna[3],
þás hafregin[4] hafrar[5]
hógreiðar framm drógu
(seðr gekk Svǫlnis ekkja
8 sundr) at Hrungnis fundi.

3 Þyrmðit Baldrs of barmi,
berg, solgnum þar dolgi,
hristusk bjǫrg ok brustu,
4 (brann upphiminn) manna;
mjǫk frák móti hrøkkva
myrkbeins[6] Haka[7] reinar,
þás vígligan, vagna
8 vátt[8], sinn bana þátti[8].

4. Brátt fló bjarga gæti
(bǫnd ǫll því) randa
[ímun-] fǫlr und[9] iljar
4 íss [vildu svá -dísir];
varðat hǫggs frá hǫrðum[10]
hraundrengr[11] þaðan lengi
trjónu trolls of rúna
8 tíðs[12] fjǫllama at bíða.

5. Fjǫrspillir lét falla
fjalbrs ólágra gjalbra
bǫlverðungar Belja
4 bolm á randar holmi;
þar hné grundar gilja
gramr fyr skǫrpum hamri,
en bergdana bægði[13]

---

[1] Sål. W, T; sottum, R. [2] Sål. R; borv(?), W; maur, T. [3] hrinna, R. [4] Sål. udg.; hof-, alle. [5] hafrir, R; hǫfðu, W; hafði, T. [6] Sål. W; -hreins, R, myrkþorms, T. [7] Sål. W, T, baka, R. [8] vatr ... þatri, R. [9] ok, R. [10] Sål. Sk. Thorlacius; hǫrðu, alle. [11] drengs, R. [12] Sål. udg.; tíðr, alle. [13] bagði, alle.

8 brjótr við jǫrmunþrjóti[1].

6. Ok harðbrotin herju
heimþingaðar[2] Vingnis
hvein í hjarna mœni
4 hein at Grundar sveini,
þar svát[3], eðr í Óðins
ólaus burar hausi,
stála vikr[4] of stokkin
8 stóð Einriða[5] blóði.

7. Áðr ór hneigihlíðum
hárs ǫlgefjun sára
reiðitýs et rauða
4 ryðs hœlibǫl gœli.
Gǫrla lítk á Geitis
garði þær of farðir;
baugs þák[6] bifum[7] fáða
8 bifkleif at Þórleifi.

IV.

Þórsdrápa (se side 90).

1. Flugstalla réð felli[8]
fjǫrnets[9] goða at hvetja[10]
(drúgr vas Loptr at ljúga)
4 lǫgseims faðir heiman;
geðreynir kvað grœnar
Gauts herþrumu brautir
vilgi tryggr til veggjar
8 viggs Geirrøðar liggja.

2. Geðstrangr[11] *of* lét gǫngu
gamnleið Þóarr skǫmmum[12]
(fýstusk þeir at þrýsta
4 Þorns niðjum) sik biðja;
þás garðvitjuðr[13] gerðisk,
Gandvíkr Skotum[14] ríkri,
endr til Ymsa kindar
8 Iðja setrs frá Þriðja.

3. Gǫrr, varð í fǫr fyrri
farmr[15], meinsvárans, arma
sóknar hapts með svipti
4 sagna galdrs an Rǫgnir;
þylk granstrauma[16] Grímnis;
gall- mantælir halla
-ópnis ilja gaupnum
8 Endils á mó spendi[17].

4. Ok, Gangs[18], vanir gingu
gunn, vargs himintǫrgu
fríðrar[19] unz[19] til fljóða
4 frumseyrir[20] kom dreyra;

---

[1] þrjóti, mgl. R. [2] Sål. W; -uð-, R, T. [3] Sål. T (svá at), svá, R, W. [4] virtr, R. [5] Eindr-, R [6] þá er, R. [7] bıfa, W, bifð, R. [8] Sål. udg.; fellır, alle. [9] Sål. K G., fiornatz, W; -njóts, R; -mots, T. [10] hveria, R. [11] Sål. T; -strangrar, R, W, of, tf. udg. [12] Sål. W, T; skǫmmu, R. [13] Sål. udg.; gjarðvendi, W, T; gjarðveniuðr, R. [14] Jfr. Arkiv VI, 4. [15] Sål. W, T; farms, R. [16] Sål. W, T; grunn-, R. [17] Sål. udg., spendu, alle (måske skal der dog læses tælendr). [18] Sål. W, T; gagns, R. [19] Sål. udg., friðar vers, alle. [20] Sål. udg.; -seyris, alle.

þás bǫlkveitir[1] brjóta
bragðmildr Loka vildi
bræði vændr á brúði
8 bág sef-grímnis mága.

5. Ok vegþverrir varra[2]
vann fetrunnar Nǫnnu
hjalts, af hagli oltnar,
4 hlaupáar, of ver gaupu;
mjǫk leið ór stað støkkvir
stikleiðar veg breiðan
urðar þrjóts, þars eitri,
8 œstr, þjóðáar fnœstu.

6. Þar í mǫrk fyrir (markar)
(málhvettar[3] byr) settu
(né hvélvǫlur hálar)
4 háfs[4] skotnaðra (svǫ́fu);
knátti, hreggi hǫggvin,
hlymþél við mǫl glymja,
en fellihryn fjalla
8 Feðju þaut með steðja.

7. Harðvaxnar leit[5] herðar[6]
halllands of sik falla
(gatat[7]) mar[8] njótr (en neytri)
4 njarð- (rǫ́ð fyr sér) -gjarðar;
þverrir lét[9], nema þyrri
Þorns[10], barna sér Marnar,
snerriblóð, til, svíra,
8 salþaks megin vaxa.

8. Óðu fast (en) fríðir[11]
(flaut) eiðsvara Gauta
setrs víkingar snotrir
4 (svarðrunnit[12] fen) gunnar;
þurði hrǫnn at herði
hauðrs rúmbyggva[13] nauðar
jarðar skafls af afli
8 áss hretviðri blásin.

9. Unz með ýta sinni
(aflraun vas þat) skaunar
á seil (himinsjóla)
4 sjalflopta kom Þjalfi;
hǫ́ðu[14] stáli[14] stríðan
straum hrekkmímis ekkjur;
stophnísu fór steypir
8 stríðlundr með vǫl Gríðar[15].

10. Né djúp akarn drǫ́pu
dolgs, vamm[16], firum, glamma[17],
stríðkviðjǫndum[17], stǫðvar
4 stall við rastar falli[18];

[1] kueutir, T. [2] Sål. K. G.; vorru, alle. [3] Sål. udg.; -hvettan, alle. [4] Sål. udg.; haf alle. [5] let, W, T; ser, R. [6] herðir, alle. [7] gatar, R. [8] Sål. Sk. Thorl.; maðr, alle. [9] Sål. W, T; lætr, R. [10] þons, R, T; þors, W. [11] Sål. udg.; friðar, alle. [12] sverð-, alle, -runnar, R. [13] Sål. udg.; runnkyqva, alle. [14] Sål. udg., od ostali, T, ad ost., W. [15] De sidste 6 linjer for det meste afrevne i R. [16] vamms, alle. [17] I R -amma —ǫnd afrevne. [18] palli, R; pallar, T.

ógndjarfan hlaut Atli[1]
eirfjarðan[2] hug meira
Skalfa Þórs né Þjalfa
8 þróttar steinn við ótta.

11. Ok sifuna síðan
sverðs liðhatar gerðu
hlífar borðs við Hǫrða
4 harðgleipnis[3] dyn[4] barða[5],
áðr hylriðar hæði[6]
hrjóðendr fjǫru þjóðar
við skyld-Breta skytju
8 skál-leik[7] Heðins reikar.

12 Dreif fyr[7b] dróttar kneyfi
dolg Svíþjóðar kolgu[8]
(sótti) ferð (á flótta
4 flesdrótt í vǫ́[9]) nesja,
þás, »funristis«, fasta,
flóðrifs Danir, stóðu,
knǫ́ttu, Jólnis ættir,
8 útvés fyrir lúta.

13 Þars[10] í þróttar hersar[11]
þornrann[12] hugum bornir,
hlymr varð hellis[13] Kumra
4 hringbalkar[14], framm gingu;
Lista[15] *vas*[15] fœrðr í fasta
(friðsein vas þar) hreina[16]
gnípu hlǫðr á greypan
8 (grǫ́n) hǫtt risa[17] kvánar.

14. Ok, hǫ́m, loga himni
hall, fylvingum, vallar,
trǫ́ðusk þær, við tróði
4 tungls brá salar[18] þrungu;
húfstjóri braut hvǫ́ru
hreggs váfreiða tveggja
hlátr-Élliða hellis
8 hund[19]fornan kjǫl
sprundi[19].

15. Fátíða nam frœði,
fjarðeplis, konr Jarðar,
mœrar legs né mugðu
4 menn ǫlteiti, kenna;
almtaugar laust œgir
angrþjóf sega[20] tangar[21]
Óðins[22] afli soðnum
8 átruðr í gin Suðra.

16. Svát hraðskyndir handa
hrapmunnum svalg gunnar
lyptisylg á lopti
4 langvinr síu Þrǫngvar[23];
þás ǫrþrasis[24] eisa[25]
ós[26] Hrímnis fló drósar
til þrámóðnis Þrúðar

---

[1] Sål. udg.; arfi, alle. [2] eiðs fjarðar, W, T; afr. i R og hug. [3] gleipnir, W. [4] kyn, W; sun, T. [5] Sål. udg.; barði alle. [6] helði, alle. [7] skáleik, alle. [7b] með, alle. [8] Sål. W; kolga, T, R. [9] i uǫ, W; ivo, R; iue, T. [10] Sål. udg.; þeirs, alle. [11] Sål. udg.; hersa, alle (b-, W). [12] Sål. udg.; rans, alle. [13] hellir, R. [14] hrin-, alle. [15] Sål. udg , listi, alle. [16] Sål. udg., hreini, alle. [17] Sål. udg ; res, alle. [18] Sål udg.; sol-, alle. [19] Sål. W, T (dog horn); horn . sporna, R. [20] Sål. T, segu, R, sege, W. [21] tongu, alle. [22] Óðnis, alle. [23] þru-, R. [24] Sål. W, T; -þursis, R. [25] eisu, R, T, esio, W. [26] Sål. T, as, W, R.

8 þjóst af greipar brjósti.
17. Bifðisk hǫll þás hǫfði
heiðreks of kom breiðu
und fletbjarnar fornan[1]
4 fótlegg þrasis[2] veggjar;
ítr gulli laust Ullar
jótrs vegtaugar þrjóti
meina niðr í miðjan
8 mest[3] bígyrðil nestu[3].
18 Glaums niðjum fór gǫrva
gramr með dreyrgum hamri;
of salvanið Synjar
4 sigr hlaut arinbauti[4];
komat tvíviðar tívi
tollur karms, sás harmi,
brautar liðs, of beitti
8 bekk, fall, jǫtuns rekka.
19. Herblótinn[5] vá hneitir
hógbrotningi skógar
undirfjalfrs af afli[6]
4 alfheims bliku kalfa;
né liðfǫstum Lista
látr valrygir[7] mǫttu
aldrminkanda aldar[7]
8 Ellu steins of bella.

V.

Skáldskaparmál, kap. 21—22 (se side 90).

21. Hvernig skal kenna Sif? — Svá at kalla hana konu Þórs, móður Ullar, et hárfagra goð, elja Járnsǫxu, móðir Þrúðar.

22. Hvernig skal kenna Iðunni? — Svá[8], at[8] kalla hana konu Braga ok gætandi eplanna, en eplin ellilyf ásanna; hon er ok ránfengr Þjaza jǫtuns, svá sem fyrr er sagt, at hann tók hana braut frá ásum. Eptir þeiri sǫgu orti Þjóðólfr enn hvinverski í Haustlǫng:

1. Hvé skal gjalla[9] gjǫldum
gunnveggjar brú leggja;
raums þás rekka sœmi[10]
4 raddkleif[11] at Þórleifi[12];
týframra sék tíva
trygglaust of[13] far[14] þriggja
á[15] hreingǫru[15] hlýri
8 Hildar fats[16] ok Þjatsa.
2. Segjǫndum fló sagna

[1] fornar, R. [2] Sål. W, T, þurnis, R. [3] mez ... nezu, alle. [4] Sål. W; brauti, R, T. [5] Sål. udg.; hel-, alle. [6] Sål. T; alfi, R, W. [7] rvgar, R,— elldar R; elda, T. [8] Sål. U, T; mgl. R, W. [9] ek got, T, ek gótt(?) R. [10] Linjen mgl. W, T. [11] Sål. W, T. [12] brú—Þórleifi, ulæsel. og afr. R. [13] ok, alle. [14] fia ... R. [15] Afr. R. [16] Sål. K G.; vez, alle.

snótar[1] ulfr at[1] móti
í gemlis ham gǫmlum
4 glamma ó[2] fyr skǫmmu;
settisk ǫrn, þars æsir,
ár (gefnar[3]) mat bǫ́ru
(vasa byrgitýr bjarga
8 bleyði vændr) á seyði.

3. Tormiðlaðr vas tívum
tálhreinn meðal beina;
hvat kvað[4] hapta snytrir
4 hjalmfaldinn því valda;
margspakr of nam mæla
mǫ́r valkastar bǫ́ru
(vasa Hœnis vinr hǫ́num
8 hollr) af fornum þolli.

4. Fjallgylðir bauð[5] fyllar[5]
feðr[6] Meila sér[7] deila[7]
(hlaut[8]) af helgum[9] skutli
4 (hrafnásar vinr blása);
ving-rǫgnir lét vagna[7]
vígfrekr ofan sígask,
þars vélsparir vǫ́ru
8 varnendr goða farnir.

5. Fljótt bað foldar dróttinn
Fárbauta mǫg Várar[10]
þekkiligr með þegnum
4 þrymseilar hval deila,
en af breiðu bjóði
bragðvíss at þat lagði
ósvífrandi ása
8 upp þjórhluti[11] fjóra[11].

6. Ok slíðrliga síðan
svangr (vas þat fyr lǫngu)
át af eikirótu
4 okbjǫrn faðir Marnar[12],
áðr djúphugaðr dræpi
dolg ballastan vallar
hirðitýr meðal herða
8 herfangs ofan stǫngu.

7. Þá varð fastr við fóstra
farmr. Sigynjar[13] arma,
sás ǫll regin eygja,
4 ǫndurgoðs, í bǫndum;
loddi rǫ́ við ramman
reimuð Jǫtunheima,
en holls vinar Hœnis
8 hendr við stangar enda.

8. Fló með fróðgum tívi
fangsæll of veg langan
sveita nagr, svát slitna
4 sundr ulfs[14] faðir[15] mundi;
þá varð Þórs ofrúni
(þungr vas Loptr of sprunginn)
mǫ́lunaut[16], hvats mátti

[1] Afr. R. [2] Sål. T; a, W, R. [3] Sål. W, T; gnæfar, R. [4] Rask; kváðu, R, W; qedo, T. [5] Sål. W; fullan, R; bað, alle. Verset mgl T. [6] Sål. Sk. Thorlacius; fet-, R, W. [7] Mgl R. [8] Sål. W; hlut, R. [9] helgu, W, R. [10] vara, W, T; vǫru, R [11] þior hlifi ora, R, þórs skr. T. [12] Mornar, T, morna, R, W. [13] -nyiar, R. [14] alfs, R. [15] Sål. W; fǫður. R, T. [16] Sål. udg.; -nautr, R, W; nautz, T.

8 miðjungs[1] friðar biðja.

9 Sér bað sagna hrœri
sorgœran[2] mey fœra,
þás ellilyf ása,
4 áttrunnr Hymis, kunni;
Brunnakrs of kom bekkjar
Brísings goða dísi
girðiþjófr í garða
8 grjót-Niðaðar síðan.

10. Urðut brattra[3] barða[4]
byggvendr at þat hryggvir;
þá vas Ið- með jǫtnum
4 unnr[5] nýkomin sunnan;
gerðusk allar áttir
Ingvifreys[6] at þingi
(vǫru heldr) ok hárar
8 (hamljót regin) gamlar.

11 Unz hrynsæva hræva
hund[7] ǫlgefnar fundu
leiðiþir ok lævi
4 lund ǫlgefnar bundu;
þú skalt véltr, nema vélum
(Veiðr[8] mælti svá) leiðir[9]
munstœrandi mæra
8 mey aptr, Loki, hapta[10]

12 Heyrðak svá þat (síðan
sveik opt ǫsu[11] leikum)
hugreynandi Hœnis
4 hauks[12] fló bjalba aukinn;
ok lómhugaðr lagði
leiðblaðs reginn fjaðrar
ern at ǫglis barni
8 arnsúg faðir Marnar[13].

13. Hófu skjótt, en skófu,
skǫpt, ginnregin, brinna,
en sonr biðils sviðnar[14]
4 (sveipr varð í fǫr) Greipar
þats of fátt á fjalla
Finns ilja brú minni;
baugs þák[14] bifum fáða
8 bifkleif at Þórleifi.

VI.

Samme, kap. 41, sidste del, 42 (se side 106).

Lítlu síðarr drap Guðrún tvá sonu sína ok lét gera með gulli ok silfri borðker af hausum þeira, ok þá var gǫrt erfi Niflunga. At þeiri veizlu lét Guðrún skenkja Atla konungi með þeim borðkerum mjǫð ok var blandit við blóði

---

[1] Sål. W, T; mildings, R. [2] Sål. udg.; -eyra, alle (T?). [3] Sål. W, bjartra, R, T. [4] Sål. udg.; borða, alle. [5] uðr, alle, men i W rettet til vnnr (14. årh.) [6] Ingi-, alle. [7] hrund, R. [8] reiðr, R, T. Herfra mgl. resten i W. [9] leiðar, R. [10] Sål. udg., mgl. R, T. [11] ása, R, T [12] hauðs, R. [13] mornar, R. [14] Mgl. R.

sveinanna, en hjǫrtu þeira lét hon steikja ok fá konungi at eta; en er þat var gǫrt, þá sagði hon honum sjálfum með mǫrgum ófǫgrum orðum. Eigi skorti þar áfenginn drykk[1], svá at flest fólk sofnaði þar sem sat. Á þeiri nótt gekk hon til konungs, er hann svaf, ok með henni sonr Hǫgna, ok vágu at honum; þat var hans bani. Þá skutu þau eldi í[2] hǫllina ok brann þat fólk, er þar var inni Eptir þat fór hon til sjávar ok hljóp á sæinn ok vildi týna sér, en hana rak yfir fjǫrðinn, kom þá á þat land, er átti Jónakr konungr. En er hann sá hana, tók hann hana til sín ok fekk hennar; áttu þau iii. sonu, er svá hétu, Sǫrli, Hamðir, Erpr; þeir váru allir svartir sem hrafn á hárs-lit sem Gunnarr ok Hǫgni ok aðrir Niflungar. Þar fœddisk upp Svanhildr, dóttir Sigurðar sveins, ok[3] var allra kvinna fegrst. Þat spurði Jǫrmunrekkr konungr enn ríki; hann sendi son sinn Randve at biðja hennar sér til handa. En er hann kom til Jónakrs, þá var Svanhildr seld honum í hendr; skyldi hann fœra hana Jǫrmunrekki konungi[4]. Þá sagði Bikki jarl[5], at þat var betr fallit, at Randver ætti Svanhildi, er hann var ungr ok bæði þau, en Jǫrmunrekkr var gamall. Þetta ráð líkaði þeim vel enum ungum mǫnnum. Því næst sagði Bikki þetta konungi. Þá lét Jǫrmunrekkr konungr taka son sinn ok leiða til gálga. Þá tók Randver hauk sinn ok plokkaði af fjaðrarnar ok bað senda feðr sínum; þá var hann hengðr. En er Jǫrmunrekkr konungr sá haukinn, þá kom honum í hug, at svá sem haukrinn var ófleygr ok fjaðrlauss[6], svá var ríki hans ófœrt, er hann var gamall ok sonlauss. Þá leit[7] Jǫrmunrekkr konungr Svanhildi[8], er hann reið ór skógi frá veiðum[9], hvar[10] hon[10] sat at haddbliki; þá riðu þeir á hana ok tráðu hana undir hesta-fótum til

---

[1] Sål. T, 1eβ; mjǫð, R. [2] Sål. T, 1eβ; á, R. [3] Sål. T, 1eβ; hon, R. [4] Sål. T, 1eβ; mgl. R. [5] Sål. 1eβ; mgl. R, T. [6] ok, tf. R; mgl. T, 1eβ. [7] Sål. T; let, R. [8] Sål. T, mgl. R. [9] með hirð sína, tf. R, mgl. T, 1eβ. [10] Sål. T, en Svanhildr drotning, R.

bana. En er þetta spurði Guðrún, þá eggjaði hon sonu sína til hefnðar eptir Svanhildi En er þeir bjoggusk til ferðar, þá fekk hon þeim brynjur ok hjálma svá sterka, at eigi mundi járn á festa. Hon lagði ráð fyrir þá, at þá er þeir kvæmi til Jǫrmunrekks konungs, at þeir skyldu ganga of nótt at honum sofanda; skyldi Sǫrli ok Hamðir hǫggva af honum hendr ok fœtr, en Erpr hǫfuðit. En er þeir kómu á leið, þá spurðu þeir Erp, hver liðsemð þeim myndi at honum, ef þeir hitti Jǫrmunrekk konung; hann svarar, at hann myndi veita þeim þvílíkt sem hǫnd fœti. Þeir segja, at þat var allz ekki, at fótr styddisk við hǫnd. Þeir váru svá reiðir móður sinni, er hon hafði leitt þá út með heiptyrðum, ok þeir vildu gera þat, er henni þœtti verst, ok drápu Erp, þvíat hon unni honum mest. Lítlu síðarr, er Sǫrli gekk, skriðnaði hann ǫðrum fœti, studdi sik með hendinni; þá mælti hann: »veitti nú hǫndin[1] fœtinum; betr væri nú, at Erpr lifði«. En er þeir kómu til Jǫrmunrekks konungs of nótt, þar sem hann svaf, ok hjoggu af honum hendr ok fœtr, þá[2] vaknaði hann ok kallaði á menn sína, bað þá vaka. Þá mælti Hamðir: »af myndi nú hǫfuðit, ef Erpr lifði«. Þá stóðu upp hirðmenninir ok sóttu þá ok fengu eigi sótt þá með vápnum. Þá kallaði Jǫrmunrekkr, at þá skal berja grjóti; var svá gǫrt. Þar fellu þeir Sǫrli ok Hamðir; þá var ok dauð ǫll ætt ok afkvæmi Gjúka. Því[3] er brynja kǫlluð klæði eða váðir Hamðis ok Sǫrla[3]. Eptir Sigurð svein lifði dóttir, er Áslaug hét, er fœdd var at Heimis í Hlymdǫlum, ok eru þaðan ættir komnar stórar. Svá er sagt, at Sigmundr Vǫlsungsson var svá máttugr, at hann drakk eitr ok sakaði ekki, en Sinfjǫtli, sonr hans, ok Sigurðr váru svá harðir á húðna, at þá sakaði ekki eitr, at útan kvæmi á þá bera; því hefir Bragi skáld svá kveðit:

---

[1] Mgl. R, men tilskr. over linjen med yngre hånd. [2] Sål. T; svá, R.
[3] Því—Sǫrla, sål. 1eβ; mgl. R, T.

Þás forns Litar flotna
á fangboða ǫngli
hrøkkviáll of hrokkinn
hekk Vǫlsunga drekku.

Eptir þessum sǫgum hafa flest skáld ort ok tekit ýmsa þáttu. Bragi enn gamli orti um fall Sǫrla ok Hamðis í drápu þeiri, er hann orti um Ragnar loðbrók:

1. Knátti eðr við illan
Jǫrmunrekr at vakna
með dreyrfáar[1] dróttir
4 draum í sverða flaumi;
rósta varð í ranni
Randvés hǫfuðniðja,
þás hrafnbláir hefnðu
8 harma Erps of barmar.

2. Flaut of set við sveita
sóknar alfs í[2] golfi
hræfa dǫgg, þars[3] hǫggnar
4 hendr sem fœtr of kendusk[4];
fell í blóði blandinn[5]
brunn ǫlskála[6] (runna
þat 's á Leifa landa
8 laufi fátt), at hǫfði.

3. Þar svát gerðu gyrðan
golfhǫlkvis sá fylkis[7]
segls naglfara siglur
4 saums andvanar standa;
urðu snemst ok Sǫrli
samráðir þeir Hamðir
hǫrðum herðimýlum
8 Hergauts vinu barðir.

4. Mjǫk lét stála støkkvir
styðja Gjúka niðja
flaums, þás fjǫrvi næma[8]
4 Foglhildar[9] mun vildu;
ok bláserkjar[10] birkis
bǫllfǫgr gǫtu allir
ennihǫgg ok eggjar
8 Jónakrs sonum launa.

5. Þat sék fall á fǫgrum
flotna randar botni;
Ræs gafumk reiðar mána
Ragnarr ok fjǫlð sagna.

VII.

Samme kap. 43, slutningen (se side 107).

Gróttasǫngr[11].

1. Nú erum komnar
til konungs húsa
framvísar tvær
4 Fenja ok Menja;

---

[1] -fár, alle. [2] Sál. udg., á, alle. [3] Sál. 1eβ; of, R, T. [4] Sál. 1eβ, kendu, R, T. [5] Sál. 1eβ; brunnin, R, T. [6] Sál. Bugge; -skali, 1eβ; -skakki. R; spaci, T. [7] Sál. 1eβ; fylkır, R, T. [8] Sál. 1eβ; nama, T, R. [9] Sál. T, 1eβ; folg-, R. [10] Sál. 1eβ; serkja, T; serkjan, R. [11] Denne overskrift findes i T og fandtes vistnok i R.

þær ró at Fróða
Friðleifs sonar
mátkar meyjar
8 at mani hafðar.

2. Þær at lúðri
leiddar vǫ́ru
ok grjóts grjá
4 gangs of beiddu;
hét hann hvárigri
hvílð né ynði,
áðr hann heyrði
8 hljóm ambátta.

3. Þær þytu þulu
þǫgnhorfinnar[1],
2 »leggjum lúðra,
léttum steinum«;
bað hann enn meyjar
6 at þær mala skyldi[2].

4. Sungu ok slungu
snúðga-steini[3],
2 svát Fróða man
flest sofnaði;
þá kvað þat Menja,
6 vas til meldrs komin:

5. »Auð mǫlum Fróða,
mǫlum alsælan,
mǫlum[4] fjǫlð féar
4 á fegins-lúðri,
siti hann á auði,
sofi hann á dúni,
vaki hann at vilja,
8 þá es vel malit.

6. Hér skyli engi
ǫðrum granda,
til bǫls búa,
4 né til bana orka,
né hǫggva því
hvǫssu sverði,
þó at bana bróður
8 bundinn finni«.

7 En hann kvað ekki
orð et fyrra:
2 sofit eigi þit[5],
né of sal gaukar,
eða lengr an svá
6 ljóð eitt kveðak.

8. Vasattu[6], Fróði,
fullspakr of þik,
málvinr manna,
4 es þú man keyptir;
kauss þú at afli
ok at álitum,
en at ætterni
8 ekki spurðir.

9. Harðr vas Hrungnir
ok hans faðir;
þó vas Þjazi
4 þeim ǫflgari,
Iði ok Aurnir,
okrir niðjar,
brœðr bergrisa,
8 þeim erum bornar.

[1] Disse 2 linjer mgl. T. [2] Sål T; skyldu, R. [3] steina, T. [4] Sål. T; mgl. R. [5] Mgl. T. [6] Varta-, T.

10. Kœmia Grótti
ór grjá fjalli,
né sá enn harði
4 hallr ór jǫrðu,
né mœli svá
mær bergrisa,
ef vissi vit
8 vætr til hennar.

11. Vér vetr níu
vǫrum leikur[1]
ǫflgar alnar
4 fyr jǫrð neðan,
stóðu meyjar
at[2] meginverkum,
fœrðum[3] sjalfar
8 setberg ór stað.

12. Veltum grjóti
of garð risa,
svát fold fyrir
4 fór skjalfandi;
svá sløngðum[4] vit
snúðga[5]-steini,
hǫfga-halli,
8 at halir tóku.

13. En vit síðan
á Svíþjóðu
framvísar tvær
4 í folk stigum;
beiddum[6] bjǫrnu,
en brutum skjǫldu,
gengum í gegnum
8 gráserkjat lið.

14. Steypðum stilli,
studdum annan,
3 veittum góðum[7]
Gothormi lið,
vasa kyrrseta,
6 áðr Knúi felli.

15. Framm heldum því
þau misseri,
at vit at kǫppum
4 kendar vǫrum[8];
þar skorðu[9] vit
skǫrpum geirum
blóð ór benjum
8 ok brand ruðum.

16. Nú erum[10] komnar
til konungs húsa
miskunnlausar
4 ok at[11] mani hafðar;
aurr etr iljar,
en ofan kulði,
drǫgum dolgs sjǫtul;
8 daprt es at Fróða.

17. Hendr skolu hvílask,
hallr standa mun;
malit hefk fyr mik,
4 mitt of létti[12];
nú[13] muna hǫndum[13]
hvílð vel gefa,
áðr fullmalit
8 Fróða þykki.

---

[1] leikom, T. [2] á, T. [3] haufom (ɔ: hófum?), T. [4] slaungdu, T. [5] snuðug-, T. [6] beittum, T. [7] vitrom, T. [8] váru, R [9] skerðu, T. [10] eru, T. [11] Mgl. T. [12] leiti, T. [13] Munuma hondum heldr, T.

18. Hendr skolu hǫlða
harðar trjónur,
vǫpn valdreyrug[1],
4 vaki þú Fróði,
vaki þú, Fróði,
ef þú vill hlýða[2]
sǫngum okrum
8 ok sǫgum fornum.

19. Eld sék brenna
fyr austan borg,
vígspjǫll vaka,
4 þat mun viti kallaðr;
mun herr koma
hinig af bragði
ok brenna bœ
8 fyr buðlungi.

20. Munat þú halda
Hleiðrar stóli,
rauðum hringum
4 né regingrjóti;
tǫkum á mǫndli,
mær, skarpara;
eruma valmar[3]
8 í valdreyra.

21. Mól mins fǫður
mær ramliga,
þvít hon feigð fira
4 fjǫlmargra sá[4];
stukku stórar
støðr frá lúðri
járni[5] varðar[6].
8 Mǫlum enn framarr

22. Mǫlum enn framarr!
Mun Yrsu sonr,
niðr[7] Halfdanar[8],
4 hefna Fróða;
sá mun hennar
heitinn verða
burr ok bróðir;
8 vitum báðar þat[9].

23. Mólu meyjar,
megins kostuðu,
óru[10] ungar
4 í jǫtunmóði;
skulfu skaptré,
skauzk lúðr ofan,
hraut enn hǫfgi
8 hallr sundr í tvau.

24. En bergrisa
brúðr orð of kvað:
3 »malit hǫfum[11], Fróði[11]!
senn[12] munum hætta,
hafa fullstaðit
6 fljóð at meldri«.

Einarr Skúlason kvað svá:

Frák, at Fróða meyjar
fullgóliga mólu,
lætr stillir grið golli,
4 grafvitnis beð, slitna;

---

[1] Linjen mgl. T. [2] Sål. T; hlýða vill, R. [3] valnar, T. [4] fjǫlð of vissi, T. [5] iarnar, R. [6] fiarðar, R. [7] Sål. Rask; við, R, T. [8] -dana, R, T. [9] þar, R. [10] Sål. T; varu, R. [11] hefk fyr mik, T. [12] Sål. Rask; sem, R, T.

(mjúks) bera minnar øxar
meldr þann, við hlyn
feldrar[1],
(konungs dýrkar fé) Fenju
8 fǫgr hlýr (bragar stýri).

Svá kvað Egill:
Glaðar flotna fjǫl[2]
við Fróða mjǫl.

VIII.

Samme, kap. 47 (se side 119); Ragnarsdrápa.

1. Ok ofþerris[3] æða[4]
ósk-Rǫn at þat sínum
til fárhuga fœra[5]
4 feðr veðr boga[6] hugði,
þás hristi-Sif hringa
hals en[7] bǫls of fylda
bar til byrjar drǫsla
8 baug ørlygis draugi.

2. Bauða sú til bleyði
bœti-Þrúðr at móti
malma mætum hilmi
4 men dreyrugra[8] benja;
svá lét ey, þótt etti,
sem orrostu[9] letti,
jǫfrum ulfs at sinna
8 með alglfris lifru.

3. Letrat lýða stillir
landa vanr á sandi
(þá svall heipt í Hǫgna)
4 hǫð glamma mun[10] stǫðva;
es þrymregin þremja
þróttig Heðin[11] sóttu,
heldr an Hildar svíra[12]
8 hringa þeir of fingi[13].

4. Þá má sókn á Svǫlnis
salpenningi kenna.
Ræs gafumk reiðar m[14].

5. Ok fyr hǫnd í holmi
hveðru brynju Viðris
fengeyðandi fljóða
4 fordæða nam ráða;
allr gekk herr und hurðir
Hjarranda framm kyrrar
reiðr af[15] Reifnis skeiði
8 raðaralfs[16] mari[17] brǫðum.

---

[1] Feldrat, R. [2] fiǫlð, R, T. [3] um-, alle. [4] Sål. W, R(að-); aðan, T. [5] Sål. K. G.; færi, alle. [6] boþa, R. [7] Sål. W, T; of, R. [8] -uga, R. [9] orrosta, R. [10] Sål. W; man, R, T. [11] Sål. udg.; -ins, alle. [12] Sål. W, svika, R. [13] Sål. K. G.; fengu, alle. [14] Sål. alle, e. tf. R. [15] Sål. udg., at, alle. [16] Sål. udg.; rað., alle; alfs, Svb. Eg., alfr, alle [17] Sål. udg., af mar, alle (of, R).

IX.

Skáldskaparmál, kap. 75, ɔ: navneremserne (se side 147).

[Søkonger].

Atli, Fróði,
Áli, Glammi,
Beiti, Áti
4 ok Beimuni,
Auðmundr, Guðmundr,
Atall ok Gestill,
Geitir, Gauti,
8 Gylfi, Sveiði.
Gœir, Eynefir[1],
Gaupi ok Endill,
Skekkill, Ekkill,
12 Skefill ok Sǫlvi,
Hǫlfr ok Hemlir,
Hárekr ok Gorr,
Hagbarðr, Haki,
16 Hrauðnir, Meiti[2]
Hjǫrólfr ok Hrauðungr,
Hǫgni, Mýsingr,
Hundingr, Hvítingr,
20 Heiti, Mævill,
Hjálmarr, Móir,
Hæmir, Mævi,
Róði, Rakni,
24 Rerr ok Leifi.
Randver, Rǫkkvi[3],
Reifnir, Leifnir,
Nævill, Ræfill,
28 Nóri, Lyngvi,
Byrvill, Kilmundr,
Beimi, Jórekr,
Ásmundr[4], Þvinnill,
32 Yngvi, Teiti.
Virfill, Vinnill,
Vandill, Sǫlsi,
Gaurekr ok Húnn,
36 Gjúki, Buðli,
Hómarr, Hnefi,
Hǫrvi[5], Sǫrvi[5].
Sékkat ek fleiri
40 **sækonunga**.

[Jætter, I].

Ek mun **jǫtna**
inna heiti.
Ymir, Gangr ok Mímir,
4 Iði ok Þjazi,
Hrungnir, Hrímnir,
Hrauðnir, Grímnir,
Hveðrungr, Hafli,
8 Hripstoðr, Gymir.
Harðverkr, Hrøkkvir
ok Hástigi,

---

[1] Sål. 748, T, 757; -nefr, R, 1eβ. [2] Ulæsel., R. [3] Sål. 748, T, 757(?); ravcnı, rauknir, R. [4] Sål. 748, 757, T (ǫs-); iǫs-, R, 1eβ. [5] Sål. 1eβ; med y de øvr. (v 748).

Hræsvelgr, Herkir
12 ok Hrímgrímnir,
Hymir ok Hrímþurs,
Hvalr, Þrígeitir,
Þrymr, Þrúðgelmir,
16 Þistilbarði.
Geirrøðr, Fyrnir,
Galarr, Þrívaldi[1],
Fjǫlverkr, Geitir,
20 Fleggr, Blapþvari,
Fornjótr, Sprettingr,
Fjalarr, Stígandi,
Sómr ok Svǫ́suðr,
24 Svárangr, Skrati.
Surtr ok Stórverkr,
Sækarlsmúli,
Skærir[2], Skrýmir,
28 Skerkir, Salfangr,
Ǫskruðr ok Svartr,
Ǫnduðr[3], Stúmi,
Alsvartr, Aurnir,
32 Ámr ok Skalli.
Kǫttr, Ǫsgrúi
ok Alfarinn,
Vindsvalr, Víparr
36 ok Vafþrúðnir,
Eldr[4], Aurgelmir,
Ægir, Rangbeinn,
Vindr, Víðblindi,
40 Vingnir, Leifi.
Beinviðr, Bjǫrgólfr
ok Brandingi,
Dumbr[5], Bergelmir,
44 Dofri ok Miðjungr,
Nati, Sǫkmímir[6] —
Nú es upp talið
ámáttligra
48 jǫtna heiti.

[Jættekvinder].

Skalk **trollkvinna**
telja heiti.
Gríðr ok Gnissa,
4 Grýla, Brýja,
Glumra, Geitla,
Gríma ok Bakrauf,
Guma, Gestilja,
8 Grottintanna.
Gjálp, Hyrrokkin,
Hengikepta,
Gneip ok Gnepja,
12 Geysa, Hála,
Hǫrn ok Hrúga,
Harðgreip, Forað,
Hryggða, Hveðra
16 ok Hǫlgabrúðr.
Hrímgerðr, Hæra,
Herkja, Fála,
Imð, Járnsaxa,
20 Íma, Fjǫlvǫr,

---

[1] Því-, R. [2] Skor-, R, T. [3] And-, R. [4] ok, tf. R. [5] Dumr, R. [6] Sek-, R, sǫk, 748; sauck, T; sókn-, 757.

Mǫrn[1], Íviðja,
Ámgerðr, Simul,
Sívǫr, Skríkja,
24 Sveipinfalda,
Ǫflugbarða
ok Járnglumra,
Ímgerðr[2], Áma
28 ok Járnviðja,
Margerðr, Atla,
Eisurfála,
Leikn, Munnharpa
32 ok Myrkriða[3].
Leirvǫr, Ljóta
ok Loðinfingra,
Kráka, Varðrún
36 ok Kjallandi,
Vígglǫð, Þurbǫrð —
viljum nefna
Rýgi síðarst
40 ok Rifingǫflu.

[Tor].

Þórr heitir Atli
ok Ásabragr,
sá 's Ennilangr
4 ok Eindriði[4],
Bjǫrn, Hlórriði
ok Harðvéorr,
Vingþórr, Sǫnnungr,
8 Véoðr ok Rymr[5].

[Aser].

Burir eru **Óðins**
Baldr ok Meili,
Víðarr ok Nepr,
4 Váli, Áli,
Þórr ok Hildólfr,
Hermóðr, Sigi,
Skjǫldr, Yngvifreyr
8 ok Ítreksjóð,
Heimdallr, Sæmingr,
Hǫðr ok Bragi[6].

[Jætter, II].

Enn eru eptir
jǫtna heiti.
Eimgeitir, Verr,
4 Ímr, Hringvǫlnir,
Viddi, Víðgrípr[7]
Vandill, Gyllir,
Grímnir, Glaumarr,
8 Glámr, Sámendill
Vǫrnir, Harðgreipr
ok Vagnhǫfði,

---

[1] Sål. 748, 757; Morunn, 1eβ; niorn, R, T. [2] Sål. 748, T, 757; vn-, R, 1eβ. [3] Munn-, R, T, 1eβ. [4] Ein-, T. [5] Ása hetja, tf. R, T, men dette er sikkert forvansket af de andres Ása heiti som overskrift til den følgende række. [6] Denne linje findes kun i 748, 757. [7] Sål. 748, 757 vin-, R; vind-, 1eβ.

Kyrmir, Suttungr
12 ok Kaldgrani[1],
Jǫtunn, Óglaðnir
ok Aurgrímnir,
Grímlingr[2], Gripnir[3],
16 Gusir, Ófóti.
Hlói, Ganglati
ok Helreginn,
Hrossþjófr, Dúrnir,
20 Hundálfr[4], Baugi,
Hrauðungr, Fenrir,
Hróarr ok Miði.

[Aser].

Enn skal telja
ása heiti.
Þar es Yggr ok Þórr
4 ok Yngvifreyr,
Víðarr ok Baldr,
Váli ok Heimdallr,
þá es Týr ok Njǫrðr,
8 telk næst Braga,
Hǫðr, Forseti;
hér es øfstr Loki.

[Asynjer].

Nú skal **ásynjur**
allar nefna.
Frigg ok Freyja,
4 Fulla ok Snotra,
Gerðr ok Gefjon,
Gnǫ́, Lofn, Skaði,
Jǫrð ok Iðunn,
8 Ilmr, Bil, Njǫrun.
Hlín ok Nanna,
Hnoss, Rindr ok Sjǫfn,
Sól ok Sága,
12 Sigyn ok Vǫr,
þá es Vǫ́r ok Syn
verðr at nefna,
en Þrúðr ok Rǫ́n
16 þeim næst talið.
Grét ok at Óði
gulli Freyja.
Heiti eru hennar
20 Hǫrn ok Þrungva[5],
Sýr, Skjǫlf ok Gefn
ok et sama Mardǫll.
Dœtr eru hennar[6]
24 Hnoss ok Gørsemi.

[Valkyrjer m. m.].

Enn eru aðrar
Óðins meyjar.
Hildr ok Gǫndul,
4 Hlǫkk, Mist, Skǫgul;

---

[1] Kall-, R. [2] Grillir, T. [3] Sál. 748, 757; mgl. de øvr. [4] Sál 748; -ólfr, 757; -allr, R, T, 1eβ [5] Sál. Svb. E., þrungra, T; þungra, 748. 757, 1eβ. [6] Fra l. 20 mgl. R, men her findes et henvisningstegn, det manglende har været tilskrevet i den øverste nu afskårne margin.

Þá es Hrund ok Eir[1],
Hrist, Skuld talið.
Nornir heita,
8 þær es nauð skapa,
Nipt ok Dísi
nú mun ek telja.

[Kvinde].

Snót, brúðr, svanni,
svarri, sprakki,
fljóð, sprund, **kona**,
4 feima, ekkja,
rýgr, víf ok drós,
ristill, sæta,
man, svarkr ok hæll,
8 mær ok kerling.

[Mand].

Mál es at segja
manna heiti.
Greppar ok gumnar,
4 gumar ok drengir,
gotnar, rekkar,
garpar, seggir,
sveit, snillingar
8 ok sælkerar.
Bragnar, þegnar,
beimar, hǫlðar,
firar ok flotnar,
12 fyrðar . . . [2]
fǫruneyti, drótt,
flokkr, harðmenni,
kníar ok kappar,
16 kenpur, nautar.
Ǫld ok ærir
ok afarmenni,
liðar ok lofðar,
20 lýðr ok sagnir,
ljóðr, oflátar[3],
ljónar ok ferðir,
mildingr, mæringr,
24 mannbaldr, spekingr
Þá es glæsimaðr
ok gullskati[4],
auðkýfingar
28 ok oflátar,
herr ok helmingr
ok hǫfðingjar,
fólk ok fylki,
32 fundr, almenning.
Nú es þrǫng ok þyss,
þorp, auðskatar,
drótt ok syrvar,
36 dúnn, prýðimenn,
sǫgn ok samnaðr,
seta, stertimenn,
fjǫrr ok brjónar.
40 — — — — —[5]

---

[1] Sål. 1eβ; Mist, R, T; mgl. 748; ulæsel. 757. [2] Her mgl. et navn; der står hǫlðar i R, 748, 757, men dette findes i l. 10. [3] af-, R. [4] Þá eru snyrtimenn (-maðr 757) ok (sælingar 748, sælkerar 757, T) tf. R, T, 748, 757, mgl. 1eβ. [5] Her mgl. vistnok en linje.

Enn eru eptir
aldar heiti.
Hirð ok gestir
44 ok húskarlar,
inndrótt ok hjón,
ef ek alt segi,
rúni ok þopti
48 ok ráðgjafi.
Innhýsingar,
aldaþoptar,
sessi ok máli,
52 serlar ok fylgðir,
þá es félagar
ok frændr saman,
vinr, einkili,
56 verðung, halir.
Ái ok ǫttungr,
afi, sonr, faðir,
bróðir, barmi,
60 blóði ok lifri,
jóð, burr, nefi
ok arfuni;
þá eru hlýrar
64 ok hǫfuðbaðmar.
Niðr, hleytamaðr[1],
niðjungr ok barn,
konr ok kynkvísl,
68 kundr, ættbogi,
mǫgr, mǫlunautr,
mágr ok spjalli,
ættbaðmr, ættslóð,
72 ofskǫpt ok sveinn
Sessunautar
ok sifjungar,
afspringr es þá
76 ok ættstuðill,
þá es rǫðunautr
ok ráðgjafi[2];
þjónar, þrælar,
80 þírr, ǫnnungar,
verkmenn, kefsar,
ok vílmegir[3].

[Kamp].

Þau eru heiti:
hjaldr ok rimma,
gǫll, geirahǫð,
4 ok geirþriful,
róg ok róma,
randgríðr[4] ok storð,
svipul ok snerra,
8 sig, folk, jara.
Sóta, morð ok víg
sókn, dólg[5] ok ógn,
dynr, gnýr, tara[5],
12 drima ok ímun,
þá es **orrosta**
ok ørlygi,
hríð ok etja,
16 herþǫgn, þrima.

---

[1] hlæta-, R. [2] Denne linje kun i 748, 757. [3] Denne linje kun i 748, 757. [4] Sál. 1eβ; ranngrið, R, T, -gnið, 748, 757. [5] dolg—tara, sál 748, 757 (ok mgl.); ok ið (mgl. T) dolg, ógn, tara, R, T, 1eβ.

[Sværd].

Ek mun segja
sverða heiti.
Hjǫrr ok hrotti,
4 hǫguðr, dragvandill,
gróa, gramr, gellir,
gjallr ok neðanskarðr,
sigðr ok snyrtir,
8 sómi, skjómi.
Skǫlkr, skerkir, stúfr,
skrýmir, laufi,
ǫltírr, langbarðr
12 ok ormþvari,
leggbiti ok kýrr
ok Leifnis-grand,
herberi, hneitir[1]
16 ok hafrakan.
Lotti, hrǫnduðr,
lǫgðir, mækir,
mǫnduðr[2], mundriði
20 ok mistilteinn,
málmr, þrór ok marr
ok miðfáinn,
fetbreiðr, grindlogi[3]
24 ok fjǫrsoðnir.
Vægir, veigarr,
vallangr ok brandr,
verr[4], úlfr, valnir,
28 vindbjartr[5] ok kvǫl,
askr, angrvaðill,
eggjumskarpi[6],
svipuðr ok svipaljótr,
32 salgarðr, hnefi.
Hvati, hǫfuðhvessingr,
hausamǫlvir[7],
hrævagautr, herbrái
36 ok holdmímir,
bensogr, brigðir,
brimir, huglognir,
skyggðir, skreyfir[8],
40 skarðr, grindlogi.
Mimungr ok fellir
ok málvitnir,
taurarr, hrævarðr,
44 trani, vindþvari,
liðnir, kvernbiti,
ljómi, herðir,
vitnir, ýfrir,
48 veggjalestir.
Skelkvingr, fylvingr,
flæmingr, skerðingr,
skotningr, skilfingr,
52 skǫfnungr, rifjungr,
brotningr, hvítingr,
bæsingr, tyrfingr,
hœkingr ok hringr,
56 hittask mun nettingr.
Logi ok mundgjallr[9]
langhvass ok eldr,

---

[1] heitir, R, 1e*β*. [2] mund-, 1e*β*. [3] -lagi, R, 1e*β*. [4] Sål. 748, jfr. 757; ver-, R, T, 1e*β*. [5] Sål. 1e*β*; vinn-, R, T, de øvr. [6] skarþi, men þ rettet til p R. [7] -mǫlnir, R. [8] Skrýfir, 748 (skryð, 757), skræuir, 1e*β*; skreuuir, T; skreivir, R. [9] munn-, R.

ǫrn ok eygir
60 ok naglfari,
brigðir, mǫrnir,
blær ok skerðir,
hyrr ok helsingr,
64 hríðir, atti.
Fellir, fǫlvir,
fáfnir, raufnir,
imnir, eimnir,
68 afspringr, þinorr,
sigðir, snyrtir,
svelgr, skarr ok nár,
góinn, gestmóinn,
72 gárr[1], þrimarr, níðhǫggr.

Oddr, blóðvarta
ok benknúar,
blóðrefill, blóðvarp
76 ok blóðiða,
blóðvaka, ljúgfengr
ok blóðhnefi,
iðvarp[2] ok brandr,
80 eggteinar, fólk.
Emjar, þremjar
ok ǫlrøðarnautr,
merki, véttrim
84 ok missifengr,
ǫ́nn ok skafningr,
undirdregningr,
vargr[3], kaldhamarsnautr,
88 valbǫst ok herðr.
Sverð ok gelmingr
ok samnagli,
hugró, sigrhnoð,
92 hjalt ok tangi,
mundríðr[4], hǫggfáðr
ok meðalkafli.

[Økse].

Øx[5], jarðhyrna
ok járnsparða[6],
skjáfa ok skeggja,
4 skráma ok genja,
reginspǫnn, gnepja,
gýgr ok fála,
snaga ok búlda,
8 barða ok vígglǫð,
þveita ok þenja,
þá es arghyrna;
hon es øfst talið
12 øxar heita.

[Spyd].

Darr, **spjót** ok nǫt,
dǫf, lenz[7] ok vigr,
snata, fleinn ok sváf,
4 sviða, hræmæki,

---

[1] ok g. R, T, 748. [2] Sål. 748, 757, 1eβ; iðhvarf, R; iðþuarr, T. [3] ok tf. R. [4] -riði, 748, 757, 1eβ. [5] ok tf. R. [6] Disse to linjer er rekonstruerede. Øx ok jarðsparða, hyrna, R, 1eβ; øx jarnsparða, hyrna, T. Øx, jarðhyrna, 748, 757. [7] -len, R, T, -lęinn, 1eβ.

geirr, spjǫr, nata,
gefja, kesja,
gaflak, frakka,
8 gungnir, peita.

[Pil].

Ǫr es ok akka,
oddr, hvítmýlingr,
fenja ok drífa,
4 flaug[1], dynfara,
bǫsl, bǫl, bílda,
broddr ok hremsa,
gǫgnflaug ok þrǫs,
8 gǫgn ok skaptsnǫr,
flugglǫð, flugsvinn,
fífa ok skeyti,
geta skal Fenna
12 ok Gusis smíðis;
Jólfs[2] smíði es,
en øfst þura.

[Bue].

Álmr, dalr, **bogi,**
ýr ok tvíviðr,
sveigr, glær ok þrymr,
4 sómr, skálgelmir

Enn kveðk heita
ǫll vǫ́pn saman:
jǫ́rn, ǫr ok slǫg,
ísarn ok spjǫr.

[Skjold].

Skjǫldr, þrunginsalr,
skaunn, salbendingr,
bugnir, hlébarðr
4 ok buklari,
véttlimi, targa,
veðrglaðr ok hlíf,
víðbleiknir, rít,
8 vígglaðr ok lind.
Gjallr, dǫggskafi
ok gimskýlir[3],
bǫðljós, grýta
12 ok bǫðskýlir,
svalinn ok randi,
saurnir, borði,
skuttingr, barði,
16 skirr, tvíbyrðingr,
ørlygr ok svarmr,
eilífnir, heiðr,
baugr, fagrbláinn,
20 bera, miðfjǫrnir[4].

---

[1] Sål. 748, 757, flug, de øvr. [2] Jols, R, T. [3] gunn- 748, 757 [4] Sål 757, -fǫrnir, T; -fornir, de øvr.

[Hjælm].

Hropts hattar skalk
heiti[1] segja[1].
Hjálmr, gullfáinn,
4 hrǫnn, valhrímnir,
hallhrímnir, skólkr[2]
ok hlífandi,
fjǫrnir, þokki
8 ok fikmóinn,
hildigǫltr, kellir,
herkumbl ok velgr,
gríma, œgir,
12 glævir, stefnir.

[Brynje].

Brynja, kund, hjálmgǫll,
hrauð ok náin[3],
kǫld, Finnzleif,
bǫðfara[4], þýð, sýn
ok blóðleika.

[Sø].

Sær, sílægja,
salt, ægir, haf,
lǫgr, sumr, lœgir,
4 lagastafr[5] ok vágr,
gjallr, gnap, geimi,
gnarr, svífr ok marr,
súgr, sog, sami,
8 svelgr, rǫst ok fjǫrðr.
Sund, ǫgr, velfœrr[5],
simi[6] ok víðir,
hríð, ver, breki,
12 húm, flóð ok brim,
grœðir, glýjuðr,
gymir ok vægir,
gniðr ok órór,
16 gjálfr, fen, snapi.

Gnat, vǫrr, vika,
vǫst, hóp[7] ok mið,
vatn, djúp ok kaf,
20 vík, tjǫrn ok sík,
stormr, díki, hylr,
straumr, lœkr ok bekkr,
áll, bruðr, kelda,
24 iða, fors ok kíll.
Hefring, alda,
hvítingr ok lǫ́,
hrǫnn, rǫ́n, kólga[8]
28 ok himinglæva,
drǫfn, uðr ok sólmr,
dúfa, bylgja,
boði ok bára,
32 blóðughadda.

---

[1] Omv., R, 1eβ. [2] Sål. 748, 757 (ska-) = T; skollr, 1eβ; skolir, R. [3] Sål. 748, 757, nati, de øvr. [4] Sål. 748; blóð-, 757; bofǫra, R, borofa, T, bofæða, 1eβ. [5] laugr stop, R, T. [6] Sål. T, 1eγ; søm, 748, saman, 757, R afrevet og udvisket. [7] hof, R. [8] Sål. 748, 757; kelda, R, T, 1eγ.

[Elve]

Gjǫll, glit, gera,
glóð ok valskjǫlf,
vǫn, við, vimur,
4 ving ok ýsa,
sið, suðr, freka,
sœkin, einstika,
elfr, ró, ekla,
8 ekin, rennandi.
Þyn, rín ok nið,
þǫll, rimr, ysja,
dun, ógn, dýna,
12 dyn, hǫllfara,
órun ok brǫ,
auðskjǫlg, lodda,
mun, merkriða,
16 mein ok saxelfr.
Tífr, durn, vína,
tems, vǫnd ok strǫnd,
mǫrn[1], móða, þrym,
20 morn ok gautelfr,
alin, uðr, ólga[2]
ok evfrátes,
ógn, eiðrennir
24 ok apardjón.
Rǫgn, hrǫnn ok raun,
raumelfr, hnipul,
hnǫpul, hjǫlmunlǫ,
28 humra, vína,
vil, vín, vella,
valin, semð[3], salin,
nepr, drǫfn, strauma,
32 nis, mynt, gnapa.
Gilling ok níl,
ganges, tvedda,
luma, vervaða,
36 leira ok gunnþró,
iðsvǫl[4], vegsvinn,
yn, þjóðnuma,
fjǫrm, strǫnd ok spé
40 ok fimbulþul.
Nyt, hrǫnn ok nauð,
nǫt, slíðr ok hríð,
kǫrmt, leifstr ok ǫrmt,
44 kerlaugar tvær,
gǫmul, sylgr ok yn
ok geirvimul,
ylgr, vǫð ok flóð[5],
48 jórdǫn es á lesti.

[Fiske].

Lax ok langa,
lýsa, brosma,
birtingr, hœingr,
4 bust ok hrygna,
humarr, hrognkelsi,
hveðnir, flóki,
ǫlunn, aurriði
8 ok andvari.
Síld, seiðr, skata,
síl, reyðr ok ǫgr,
skreiðungr ok síkr[6],
12 skálgi, flyðra,

[1] Sål. alle undt. R, 1e*β*: maura. [2] Sål. 748, 757; alkoga, R, T, 1e*β*. [3] sǫmd, 748. [4] Sål. 748; við-, de øvr [5] Sål. 748, 757, T; fold. R, 1e*β*. [6] sitr, R.

fyldingr, styrja
ok fuðryskill[1],
hámerr, steinbítr
16 ok háskerðingr.
Fjǫrsungr, þrǫmmungr
ok fengrani,
hamarr, sandhverfa
20 ok horngæla,
marknútr, glǫmmungr[2]
ok marþvara,
sílungr, skelfiskr[3],
24 sverðfiskr ok lýr[4].
Þyrsklingr, upsi,
þorskr, vartari,
grunnungr, gedda,
28 gjǫlnir, keila,
áll ok karfi,
krabbi, geirsíl,
hár ok goðlax,
32 hornsíl, igull.
Hafrhvalr, geirhvalr
ok hafgufa,
hnísa, hafstrambr
36 ok hnýðingar,
reyðr, reyðarkálfr
ok rauðkembingr,
búrungr[5], rostungr
40 ok[6] blæjuhvalr.
Norðhvalr, kýrhvalr,
náhvalr ok leiptr,
skeljungr. fiskreki
44 ok skútuhvalr,
sléttibaka, skjaldhvalr
ok sandlægja,
hrosshvalr, andhvalr,
48 hrafnreyðr ok vǫgn.

[Skib].

Nú mun ek skýra
of **skipa** heiti.
Ǫrk, ára-kló,
4 askr, sessrúmnir,
skeið, skúta, skip
ok skíðblaðnir,
nór, naglfari,
8 nǫkkvi, snekkja.
Byrðingr, búza,
barðkaldr ok hreinn,
bakki, hǫmlungr,
12 hélugbarði,
rǫst, bátr ok regg,
rǫð, hringhornir,
lung, kjóll, langskip,
16 leifnir, karfi.
Hringr, gnóð, freki,
hrauð, móðrói,
hemlir, barði
20 ok hylbauti,
ugla, leðja
ok askvitull,

---

[1] Sál. 748 ,T, fyðr-, 1eβ, fyðrusk-, R. [2] -ugr, R. [3] Sál. 748, 757; skelfingr, R, 1eβ; skeljungr, T. [4] I R, 1eβ er rækkefølgen af linjerne. 22—24, 19—21, 18. [5] Sál. T, brú-, 748, 757; bun(n)-, R, 1eβ. [6] Mgl. R.

kæna, ketla,
24 kati, reið ok skálpr.
Knǫrr, kuggr, knúi,
keipull, eikja,
dreki, élliði,
28 drómundr ok prámr,
fura, vigg, galeið,
ferja, skálda,
fley, flaust ok þekkr,
32 fartíðr ok líð.

Segl, skǫr, sigla,
sviðvíss, stýri,
sýjur, saumfǫr,
36 súð ok skautreip,
stag, stafn, stjórnvið[1],
stuðill[2] ok[2] sikul[2]gjǫrð,
snotra ok sólborð,
40 sess, skutr ok strengr.
Sǫx, stœðingar,
svipting ok skaut,
spíkr, siglutré,
44 saumr, lekstólpar[3],
laukr, siglutoppr,
lína, eyru,
flaug, flaugarskegg
48 ok farnagli.
Húnn[4], húnbora
ok hjǫlmunvǫlr,
húfr, hlýr, hrefni
52 ok hálsstefni,
hefill, háls, hanki
ok hǫfuðbendur,
háir, hæll, hamarr,
56 hjálpreip ok lík.
Rǫ, rakki, rif,
rengr ok hǫmlur,
vindáss, vengi,
60 vǫndr, langnefjur,
vǫlt, beitiáss,
varta, brandar,
bitar, bóglína,
64 búlka-stokkar
Barð, kné, byggði,
belti ok kinnungr,
kjǫlborð, keili
68 ok kjǫlsýja,
kraptar, kerling,
klær ok þoptur,
kjalreip, þrimir,
72 klofar ok þiljur.
Drengir, dragreip,
dæla, árar,
aktaumar, rær,
76 arinn ok nálar,
aurborð, kjalarhæll
ok akkeri,
hnakkmiði, austker
80 ok húnspænir.

[Jord].

Jǫrð, fjǫrn, rofa[5],
eskja ok hlǫðyn,

---

[1] Sål. T, 748, 757; -viðr, 1eβ; -vǫlr(?) R, [2] Afrevet, R. [3] -stopar, R, T. [4] Mgl. R, 1eβ. [5] Sål. 748, 1eβ; rufa, de øvr.

gyma, sif, fjǫrgyn,
4 grund, hauðr ok rǫnd,
fold, vangr ok fif[1],
frón, hjarl ok barmr,
land, bjǫð, þruma,
8 láð[2] ok merski.
Holt, háls ok fjǫll,
hlíð ok leiti,
hóll, heiðr ok hvilft,
12 hváll ok brekka,
hró, dalr ok vǫllr,
hvammr ok tunga,
mold, flag, rimi,
16 mór, laut ok sandr.

[Okse, Ko].

Enn skal segja
øxna heiti[3].
Árvakr, drjóni
4 ok jǫrmunrekr,
simi, freyr, reginn,
smiðr, eyþvari,
rauðr ok rekningr
8 ok røkkvihliðr,
viggi, bautuðr[4],
vingnir[5], stjóri.
Himinhrjóðr, simir
12 ok harðfari,
hœfir[6], digni,
hjǫlluðr, simull,
hliðr, stúfr ok litr,
16 hríðr[7], forsimi,
arfr[8], jǫrmuni
ok eikismiðr.
Gneisti, apli[9],
20 gollinhorni,
auðr, kvígr, ǫldungr
ok arfuni,
griðungr, ólgr, gellir,
24 glymr ok hreiði[10],
tíðungr, boli,
tarfr, aurgefinn.
Kýr heitir skirja,
28 kvíga ok frenja
ok auðhumbla,
hon es elzt[11] kúa.

[Vædder].

Hrútr, ofrhyrningr,
hornumskváli,
gumarr, hornglóinn
4 ok gjaldhróinn,
hveðurr, hornglói[12],
hallinskíði,

---

[1] Sål. 748, 757, sif, R; mgl. T, 1eβ. [2] Sål. 748, 757; mgl. de øvr. [3] Disse to linjer er vistnok et senere tillæg [4] Sål. 748, 757, baur-, de øvr. [5] vingnis, R, T, 1eβ. [6] Sål 1eβ, bev-, R; kef-, 748, 757, beg-, T. [7] hnð. R, T; her, 1eβ. [8] arnr, R. [9] ok, tf. R, 1eβ. [10] Sål 1eβ; hreði, de øvr. [11] Sål 748, 757, T; æzt, R, 1eβ. [12] Sål. 748, 757, T (-inn), mgl R, 1eβ

berr, hornhróinn
8 ok heimdali,
bekri, miðjungr,
blær, mǫrðr ok veðr.

[Buk, Ged].

Hafr heitir grímnir
ok geirǫlnir,
tanngnjóstr, kjappi
4 ok tanngrisnir,
skimuðr ok brúsi,
bokkr, grímr taliðr,
Heitir ok heiðrún
8 haðna ok kiðlingr,
es kolmúla
ok kið saman.

[Björn].

Björn, bersi, bólmr[1],
bera, elgviðnir,
blájaxl, ísólfr
4 ok breiðvegi,
bestingr, bassi,
balti, hlébarðr,
úfr, frekr, vilnir,
8 jórekr, mǫsni,
fetvíðnir, húnn,
fress, vetrliði,
íugtanni, jǫlfuðr,
12 ifjungr, vilskarpr.

[Hjort].

Hjǫrtr, dyraþrór,
hliðr, eikþyrnir,
duneyrr, dáinn,
4 dvalarr, mótrǫðnir[2].

[Galt].

Goltr, valglitnir,
gríss ok hrímnir[3],
svíntarr, runi,
4 sæhrímnir, bǫrgr[4],
rái[5], valbassi,
røðr[6], dritroði,
þrór, vigrir, skunpr,
8 þrǫndr, vaningi.

[Ulv].

Vargr, úlfr, geri,
vitnir[7], grádýri,
hati, hróðvitnir
4 ok heiðingi,

---

[1] Sål. 1eβ; blomr, de øvr. [2] met-, R, T. [3] Sål. T; hrinnir, R, 1eβ; forvansket 748, 757. [4] bavgr, R. [5] Sål. 748, ras, 757, rar, T, 1eβ; tarr(r-?), R. [6] rððr, T; roðr, 748, 757; mgl. R, 1eβ. [7] ok hvinnir ok, tf. R, 1eβ (mgl ok 2); mgl. T; 748, 757 anderledes.

freki ok viðnir,
fenrir, hlébarðr,
goti, gildr, glammi,
8 gylðir, ímarr,
ímr *ok*[1] egðir
ok skollkini;
enn heitir svá:
12 ylgr, vargynja,
borkn ok íma,
. . . . . svimul.

[Himle].

Níu eru[2] himnar[2]
á hæð talðir[3].
Veitk enn nezta,
4 sá es vindbláinn,
sá[4] es heiðþyrnir
ok hreggmímir;
annarr heitir
8 andlangr himinn
— þat máttu skilja —
þriði víðbláinn;
víðfeðmi kveðk
12 vesa enn fjórða,
hrjóðr ok hlýrni
hygg enn sétta,
gimir, vetmímir —
16 getk nú vesa
átta himna
upp of talða,
skattyrnir[5] stendr
20 skýjum øfri;
hann es útan
alla heima.

[Sol].

Sól ok sunna,
sýn, fagrahvél,
leiptr, hrjóðr, leika,
4 líknskin, rǫðull,
leiptr, ifrǫðull
ok ljósfari,
drífandi, álfrǫðull
8 ok Dvalinsleika.

---

[1] Mgl. alle. [2] Afrevet, R. [3] Sål. 1eβ, talit, de øvr. [4] Sål. R ved egen rettelse, T, 1eβ; þá, de øvr. [5] -urnir, R, 1eβ.

SNORRES LAUSAVÍSUR OG DIGTBRUDSTYKKER.

1. *Sturlunga I, 288—89. År 1229.*

Raun 's, at eigi einir
Eyfirðingar heyja
(drótt es sein til sátta)
4 snarþing[1] fetilstinga;
en þingviðir þorðu
þramskýs (í gný býjar
títt gekk ǫld of óttu
8 inn) harmsakar minnask.

2. *Sst. s. 381. År 1238.*

Tveir lifið Þórðr, en, þeira,
þá vas œðri hlutr brœðra
(rán vasa lýðum launat
4 laust) en sex á hausti;
gera svín, en verðr venjask
vǫr ætt, ef svá mætti,
óskelfandi úlfar,
8 afarkaupum, samhlaupa.

3. *SnE. II, 184, 426; Den 3 og 4 grt. afhdl. 31, 116—17; Fms. IX, 455, Flat. III, 120; Eirsp. 352; Fris. 491; Icel. sag. II, 173. År 1238—39.*

Herfanga bauð Hringi
hjaldr einskǫpuðr galdra
(Gautr hvatti þrym þreyta
4 þann) ok Hilditanni;
oflengi veldr Yngva
ósætt, en vel mætti
herstefnandi hafna
8 hans dóm, vǫlundr rómu.

4. *SnE. II, 204; Den 3 og 4 grt. afhdl. 127. Uvist når.*

Eyjólfi berðu, elfar
úlfhleðjandi[2], kveðju
heim, þás hónum sómi
4 heyra bezt með eyrum;
þvít skilmildra skálda
skǫrungmann lofak ǫrvan;
hann lifi sælstr und sólu
8 sannauðigra manna.

---

[1] Sål. K. G.; f. svertings. [2] Sål. K. G.; f. seðjandi.

5. *SnE. II, 500. Uvist når.*

Komk inn, þars sat svanni	gerðr leysti sú svarðar
svanna vænstr í ranni,	svarðakr raðar garða[1].

Hertil kommer to anonyme vers, der uden tvivl må tillægges Snorre.

6. *Sturl. I, 249. År 1221.*

Bjǫrn frák brýndu járni	auðkýfingr lét ævi
(bragð gott vas þat) lagðan,	óblíðr fyr Grásíðu,
gerði Guðlaugr fyrðum	hvǫss vas hon heldr at kyssa;
4 geysihark, í barka;	8 harðmúlaðr vas Skúli.

7. *Sst. s. 275. År 1226.*

Êls, varð mynd á mǫlum,	seggr vas samr at þiggja
meir á[2] skylt til þeira,	sárbœtr, es því mœtir,
stála hjarls, en Sturlu,	margr verðr hræddr of hodda
4 starr[3] reifandi, Skeifu;	8 hald, en tregr at gjalda.

Endelig er der følgende to små digtbrudstykker.

8. *Omkvæd af en drape om Skule; Sturl. I, 244. År 1218.*

Harðmúlaðr vas Skúli	rambliks framast miklu

gnaphjarls skapaðr jarla.

9. *Af et helgendigt (?). SnE. II, 116. 410; Den 3 og 4 grt. afhdl. 17. 76.*

Byskup heyr á bæran	bragþǫtt gǫfugs máttar.

---

[1] Sål. udg. f. garði. [2] hann tf. hdskrr. [3] Sål. udg. f. stra.

NAVNEREGISTER.

A.

Til navneremserne er der intet hensyn taget i navneregistret.

H.

I.

J.

K.

N.

O.

T.

U.

V.

Æ.

Trykfejl.

S. 26, Sıð- læs Síð-. — S. 90 not. 7, 22 skal stå efter parantesen. — S. 139, Egmundar læs Emundar. —

CPSIA information can be obtained at www.ICGtesting.com
Printed in the USA
LVOW101651030113

314252LV00011B/631/P